张思锋

封铁英

循环经济：
建设模式与推进机制

人民出版社

目　录

载 体 篇

推 进 篇

案　例　篇

附　录

绪　　论

一、人口对经济的巨大压力

我国最基本、最重要、最不能忽视的国情是人口基数大、增长快。2006 年，我国人口总量达 131448 万，是 1949 年 54167 万的 2.43 倍，平均每年递增 1.57%①；是 1978 年 96259 万的 1.37 倍，平均每年递增 1.12%。1978 ~ 2006 年，我国人口平均每年自然增长 1256 万；进入劳动年龄人口平均每年 2300 万，减去平均每年 900 万退出劳动年龄的人口，按照 70% 的劳动参与率②计算，我国平均每年新增就业人口 1000 万。加上由于技术进步、资本有机构成提高、产业结构变动等形成的下岗失业人员，1996 ~ 2005 年我国需要就业和再就业的人口平均每年 1700 万[1]。

与人口自然增长率接近零的德国、英国、法国、意大利、美国、加拿大等欧美发达国家相比，我国必须长期保持经济高速度的增长，以便在确保存量人口生存和发展水平不断提高的同时，还有足够的新增 GDP 养活新增人口、提供新增劳动力和下岗失业人员的就业岗位。

1978 ~ 2006 年，按当年价格计算，我国 GDP 平均每年递增

---

① 《绪论》中凡未注明来源的数据，是作者对历年《中华人民共和国国民经济和社会发展统计公报》和《中国统计年鉴》等相关原始数据处理后得出的。

② 蔡昉认为，1978 ~ 2002 年我国劳动参与率在 70% ~ 86% 之间。见蔡昉：《人口转变、人口红利与经济增长可持续性》，载《人口研究》2004 年第 2 期，第 5 页。

15.6%；按可比价格计算，平均每年递增 9.64%。同期，我国城市居民家庭人均可支配收入平均每年增长 6.9%，农村居民家庭人均可支配收入平均每年增长 7.0%，低于按当年价格计算的 GDP 平均每年增长速度 8.6 ~ 8.7 个百分点；按当年价格计算，全社会固定资产投资平均每年递增 20%，高于按当年价格计算的 GDP 平均每年增长速度 4.4 个百分点。即使这样，我国城镇登记失业率还在不断攀升：1986 ~ 1995 年为 2% ~ 2.9%，1997 ~ 2000 年为 3.1%，2001 年为 3.6%，2002 年为 4%，2003 年为 4.3%，2004 年为 4.2%，2005 年为 4.2%，2006 年为 4.6%。近年来，城镇的真实失业率已高达 9% 左右，出现了经济高增长与高失业率并存的局面[2]；农村剩余劳动力也高达 1.36 亿人[3]，每年还新增 600 万人。

根据 2007 年 1 月 11 日国家人口发展战略研究课题组发布的国家人口发展战略研究报告，我国总人口将于 2010 年、2020 年分别达到 13.6 亿人和 14.5 亿人，2033 年前后达到峰值 15 亿人左右①。我国人口自然增长 2007 ~ 2010 年平均每年 1138 万，2011 ~ 2020 年平均每年 900 万，2021 ~ 2033 年平均每年近 400 万。也就是说，我国人口对经济增长造成的压力还将延续近 30 年，保持较高的经济增长速度，以实现比较充分的社会就业，仍然是今后相当长时间内我国经济社会发展的基本目标之一。

二、经济对资源环境的巨大压力

温家宝总理对《华盛顿邮报》总编唐尼说过的一段话，足以表明我国的人口、经济、社会、资源、环境之间的相关性："13 亿，是一个很大的数字，如果你用乘法来算，一个很小的问题，乘以 13 亿，都会变成一个大问题。如果你用除法的话，一个很大的总量，除以 13 亿，都会变成一个小的数目。"[4]

---

① 国家人口发展战略研究课题组：《国家人口发展战略研究报告》，http://www. xinhuacj. com/article. asp？ articleid = 327。

我国矿产资源总量约占世界的 12%，居世界第 3 位；已发现矿产 171 种，其中探明储量的矿产 158 种，是世界上矿产资源总量丰富、矿种比较齐全的少数国家之一[5]。但是，由于人口与经济增长的压力，我国矿产资源的下述特点也日益显著：一是人均少。石油、天然气、煤炭、铁矿石、铜、铝等重要矿产资源的人均储量分别只有世界平均水平的 11%、4.5%、79%、42%、18%、7.3%[6]。二是消耗多。2003 年，石油、钢材、铁矿石、原煤、水泥等重要矿产资源的消耗量分别占到了世界消耗总量的 7.4%、27%、30%、31%、40%[7]。三是利用率低。2004 年，我国以 19.1% 和 14.8% 的石油、原煤消耗量的增长速度，实现了 9.5% 的 GDP 增长速度[8]，2003 年，我国以占世界 7.4%、31%、30%、27%、25%、40% 的原油、原煤、铁矿石、钢材、氧化铝、水泥的消耗量，生产了约占世界 4% 的 GDP[9]。四是进口依赖大。1991 ~ 2004 年，我国石油、钢、铜消费量年均增长 6.7%、13.3%、11.9%，而产量年均增长只有 1.6%、9.8%、9.6%[10]，2005 年，我国石油消费量为 32535.4 万吨，其中净进口 14275.1 万吨，进口依赖高达 43.9%。其他如土地、森林、水等自然资源的人均占有量也都远远低于世界平均水平。

由此归纳出我国的资源问题现状是：以利用率很低、消耗量很大、人均占有量很小的自然资源，支持巨额人口压力下的经济高速增长这一趋势还能持续多久？在能源安全日益成为世界各国高度关注的全球性问题之时，我国将近一半的石油消费依赖进口，其带来的国家战略安全隐患究竟有多大？

环境问题包括原生环境问题和次生环境问题。由火山、地震、海啸、水灾、干旱等自然灾害引起的环境破坏是原生环境问题；由矿山开采、毁林造田、废弃物排放等人为活动引起的环境破坏是次生环境问题。当代全球的环境问题，如大气臭氧层损耗、全球气候变暖、生物多样性减少、酸雨、水资源污染、荒漠化、森林退化等基本属于次生环境问题。

在经济的高速增长、资源的大消耗量和低利用率压力下，我国的次生环境问题也日益凸现。第一，由沙尘和二氧化硫、二氧化碳等排放引起的尘污染和酸雨污染十分严重：2006 年，我国 113 个环境保护重点城市中，8 个城市空气质量为劣三级，占 7.1%①；北京、沈阳、西安、上海、广州 5 城市总悬浮颗粒物年日平均浓度在 200 ~ 550μg/m³ 之间，超过世界卫生组织（WHO）规定标准 60 ~ 90μg/m³ 的 3 ~ 9 倍，被列入世界污染最严重的 10 个城市之中[11]；酸雨污染区域占我国国土面积的 40%，降水 pH 值低于 4.60 的酸雨控制地区占我国国土面积的 8.40%，达 80 万平方公里②。第二，由生活废水、工业废水和含有农业污染物的地面径流等造成的水污染危害严重：2006 年，在国家环境监测网实际监测的 745 个地表水监测断面中，劣 V 类水质的断面比例为 28%；七大水系的 197 条河流 408 个监测断面中，劣 V 类水质的断面比例为 26%，失去饮用水功能的河段占 63.1%；50% 的城市地下水受到污染；沿海城市 59.7% 的近岸海域水质以 3 类和劣 3 类为主③。第三，由工业噪声、交通噪声、建筑施工噪声、社会生活噪声等造成的噪声污染是城市居民反映最为强烈的环境问题之一：2006 年，全国约有 3400 万人受到强噪声干扰；约 2700 万人白天在平均噪声 70 分贝、夜间在 55 分贝的高噪声干扰下工作、生活；上海有 141 公里铁路沿线居民受列车噪声和振动的折磨[12]。第四，由工业垃圾、建筑垃圾、生活垃圾等造成的固体废物产生量剧增：2006 年，全国工业固体废物产生量为 15.20 亿吨，是 1997 年 10.6 亿吨的 1.43 倍④；2004 年，工业固体危险废物产生量 963.0 万吨[13]。第五，由于人类活动范围不断扩大和自然生态系统不断破坏造成动植物生境恶化，物种数量急剧减少：在"濒危野生动植物种国际贸易公约（CITES）"列出的 640 个世界性濒危物种中，我国有 156 种，占 25%[14]；我国有 398 种脊椎动物濒危，占脊椎动物总数的 7.7%，有 1009 种高等植物濒危，占高等植物总数的 3.4%[15]，有 10

---

① 国家环境保护总局：《2006 中国环境状况公报》，www.chinagate.com.cn,2007 年 6 月 5 日。

② 张序、钱兢，http://www.no60school.edu.sh.cn/research/sharelw/1/来自自然的威胁——酸雨.html。

③ 《我国的水环境》，载《金属世界》2001 年第 5 期，第 19 页。

④ 国家环境保护总局：《2006 中国环境状况公报》，www.chinagate.com.cn,2007 年 6 月 5 日。

余种动物绝迹[16]。第六，由矿产开发、土地滥用、森林草地的过度采伐及使用等引起的自然植被破坏日益严重：20 世纪 70 年代我国草地退化面积占草地总面积的 10%，80 年代占 30%，90 年代中期达到 50%①。目前，全国退化草原的面积以每年 200 万平方公里的速度扩张，天然草原面积每年减少约 65～70 万平方公里②；荒漠化土地面积 267.40 万平方公里，占国土面积的 27.9%；其中沙漠化土地面积达 174.31 万平方公里，占国土面积的 18.2%，且呈不断扩大的势头：80 年代每年扩大 21 万平方公里，90 年代末每年扩大 34.6 万平方公里③。

由此归纳出我国的环境问题现状是：人口压力下的经济高速增长对环境的破坏已经远远超出生态系统的自我修复能力；环境破坏反过来又殃及人类自身，污浊的空气、不洁的水质、被污染了的衣食住用行诸物，导致了各种疾病的肆虐，在经济总量和人均量不断增长的同时，人类的生存质量却呈现下降趋势。由此引发了一个具有哲学意义的话题："经济的增长究竟为了什么？"

三、经济学的悖论

从古希腊的经济思想到古典经济学尽管对财富的理解不尽相同，但是都把追求财富增长作为研究的目的。色诺芬④把财富理解为有用且可交换的东西，认为奴隶主管理庄园财产的目的就是使财富不断增加。重商主义认为只有金银才是一国真正的财富，对外贸易是财富的真正源泉，当然曾任法国财政大臣的重商主义者柯尔培尔⑤还主张也可以通过

---

① 平原：《草地退化现状及其恢复方法》，http://www.tingyuan.com.cn/xxlr1.asp? ID =428，2006 年 9 月 26 日。

② 于卫亚. 生态环境 [G/OL]，http://www.gov.cn/test/2005 - 07/28/content_ 17792.htm，2005 年 7 月 28 日。

③ 陈越光：《再造中国？——"大西线"的梦想与困惑》，http://www.cng.com.cn/ bbs/printpage.asp? BoardID = 9&ID = 15386，2005 年 5 月 22 日。

④ 色诺芬（约公元前 430～前 354 年），古希腊著名思想家，著作有《经济论》、《雅典的收入》等。

⑤ 让·巴蒂斯特·柯尔培尔（1619～1683 年），法国路易十四的财政大臣。

建立强大的海军掠夺别国的金银来增加本国的财富。魁奈①认为只有农业生产才能创造出代表国家繁荣与否的"净产品"，也只有把越来越多的资源重新投资于农业生产才能使国民财富得以增长。亚当·斯密研究了促进或者阻碍国民财富发展的原因[17]后指出：第一，节俭和勤劳是资本和利润的基础，每个节俭的人都是"捐助者"；第二，强调劳动分工对机器的发明使用和生产效率的意义，甚至"想象在未来的经济中，各种机器会由机器自动地制造出来，劳动力设想减少到只有一个人"；第三，经济人的利己主义追求和供求规律的作用可以使社会利益自发的实现，理想的政府应当扮演守夜人的角色。

如果说经济人假设把财富增长目标转化为厂商的利润目标，那么资源稀缺性假设则明确了实现财富增长目标的约束条件。斯密已经注意到，稀缺的土地是积累的限制性因素[18]。瓦尔拉把稀缺性解释为一种货物的数量相对于它能满足需要的能力是有限的，把社会财富解释为有用且稀缺的东西[19]。罗宾斯用稀缺性定义经济学：每一个经济问题都有着目的很多而实现目的的手段很稀缺的特点，经济学是研究人的行为目的的多样性与实现目的的手段的稀缺性之间关系的科学[20]。马克思认为节约社会劳动，使生产单位商品耗费的劳动量达到最小是价值规律的基本内容。马歇尔认为每家厂商都根据"替代原理"用一种生产要素或生产方法替代另一种更加稀缺的生产要素或生产方法，力求使生产成本最小化[21]。

因此，以更少的成本获得等量的收益，或者以等量的投入获得更多的产出，一直是经济学基于经济人假设和资源稀缺性假设的逻辑结论。因此，经济学一直致力于在稀缺资源的约束下探寻实现财富最大化的路径。因此，尽管人们对"经济"术语的使用是多样的，比如经济是指财富或收入，经济是指生产、分配、交换、消费再生产全过程，经济是指区别于政治、社会、文化等的人类最基本的实践活动等等；但是把"经济"的本质理解为"节约"，理解为以更少的成本获得等量的收益，或以等量的投入获得更多的产出，却是从古希腊经济思想到古典经济

---

① 弗朗斯瓦·魁奈（1694~1774年），重农学派创始人。

学、新古典经济学再到当代经济学一致公认的原理。

有意思的是，自从 20 世纪 30 年代凯恩斯关于政府运用宏观经济政策刺激消费和投资，以增加社会总需求、实现充分就业的反萧条理论问世后，我们看到了另一番景象：很多国家的政府运用财政、货币等一系列政策工具通过"乘数"效应一轮又一轮地刺激居民消费、刺激厂商投资，由此推动或者拉动产业扩张、GDP 增长，由此导致有限的自然资源迅速被消耗，引起脆弱的生态环境不断恶化。所谓消费信贷实际上是鼓励人们提前使用未来的收入；所谓投资乘数实际上是倡导人们提前使用本应留给后代人的不可再生的自然资源。由此，我们不难证明下述经济学的悖论：第一，凯恩斯经济学是以自然资源的无限供给为假设前提的，这显然与事实相悖；第二，凯恩斯经济学更关心经济增长的目标，而不管资源稀缺的约束，因而是不理性的；第三，凯恩斯经济学养成了以豪华、奢侈的物质享受为荣的消费理念，孳生了 20 世纪 50 年代开始形成的以要素高投入、废弃物高排放、产出高增长为特征的经济发展模式，不讲"节约"、不考虑成本，因而是不经济的。

四、发展模式的艰难选择

在人口总量增长和确保人民生活水平提高的双重压力下，追求经济增长的高速度，成为改革开放以来我国的主体价值取向和奋斗目标；由此我国也走上了以要素高投入、废弃物高排放、产出高增长为特征的经济发展模式。当然，这种经济发展模式带来的资源问题、环境问题，也不断引起人们的关注。

早在 20 世纪 80 年代初，国内理论界就有关于"外延型扩大再生产和内涵型扩大再生产"的讨论[22]。外延型扩大再生产是指通过增加生产要素数量和扩大生产场所容量而扩大生产规模；内涵型扩大再生产是指通过改善和提高生产要素质量与使用效率而扩大生产规模。在我国经济建设规模需要迅速扩张的改革开放之初，就有很多学者主张中国要走内涵式扩大再生产的道路。

　　1992 年，中国政府向联合国环境与发展大会提交的《中华人民共和国环境与发展报告》阐述了中国关于可持续发展的基本立场和观点；1994 年《中国 21 世纪议程》白皮书确立了 21 世纪中国可持续发展的总体战略框架和各个领域的主要目标。此后，不能以牺牲后代人的利益为代价来实现当代人发展的可持续发展思想，成为我国追求人口、经济、社会、资源、环境协调与持续发展的战略思想。1995 年，中共十四届五中全会通过的《关于国民经济和社会发展"九五"计划和 2010 年远景目标建议》中，提出了经济增长方式从粗放型向集约型转变的目标。粗放型经济增长方式依靠增加资本、劳动、自然资源等生产要素的投入，通过铺新摊子、上新项目、扩大投资规模，片面追求社会生产总量的增长；集约型经济增长方式依靠提高资本、劳动、自然资源等生产要素的效率，通过科技进步和提高劳动者素质，实现经济持续、快速、健康地发展。此后，转变经济增长方式成为经济理论界和政府管理部门最关心的话题之一[23]。

　　进入 21 世纪，以要素高投入、废弃物高排放、产出高增长为特征的经济发展模式引发的资源环境问题在我国更加凸现。2002 年 10 月 16 日，江泽民在全球环境基金第 2 届成员国大会开幕式的讲话中提出将循环经济的发展理念贯穿到区域经济发展、城乡建设和产品生产中，使资源得到最有效的利用。2003 年十六届三中全会提出以人为本，全面、协调、可持续的"科学发展观"，强调人与自然的和谐，经济发展和人口、资源、环境的协调。自 2004 年 9 月 19 日十六届四中全会完整提出和谐社会概念之后，十六届五中全会、六中全会均以构建社会主义和谐社会为主题，通过了《关于制定国民经济和社会发展第十一个五年规划的建议》和《关于构建社会主义和谐社会若干重大问题的决定》两个重要文件，把人与自然的和谐作为构建社会主义和谐社会的主要内容之一。期间，国务院于 2005 年 7 月 5 日发出了旨在落实科学发展观的《关于做好建设节约型社会近期重点工作的通知》，部署了以节能、节水、节材、节地、资源综合利用和发展循环经济为重点，尽快建立健全促进节约型社会建设的体制和机制，逐步形成节约型的增长方式和消费模式的各项工作。

在实践和理论上对经济发展模式的艰苦探索，一方面表明我们对人口、经济、社会、资源、环境之间依赖关系的认识越来越清晰，对我国经济发展规律的把握越来越准确；另一方面也说明转变经济发展模式是一项复杂的、长期的、艰巨的任务，不可能一蹴而就。

五、循环经济发展模式

人本来是自然界的一部分，自人从动物界分离出来之后，就以人类社会的身份与自然界相对立。人类的生产活动就是从自然界索取或者以自然界为基础创造生存与发展资料的过程。长期以来，流行的生产力概念就是"人们征服自然、改造自然的能力[24]"，用以表示人们在生产过程中对自然界的关系。在漫长的游牧社会和农业社会，人类"征服自然、改造自然"的生产活动对自然界的破坏基本上保持在生态系统自我修复的能力之内。但是工业化以来，尤其是20世纪50年代开始的以要素高投入、废弃物高排放、产出高增长为特征的经济发展模式，对自然界的破坏已经远远超越生态系统自我修复的能力。也就是说，在当下的时点上，生态系统处于负增长状态。

与流行的生产力概念相适应的传统的线性经济发展模式，是在生产的源头投入资源，在生产的末端产出产品和排放废弃物；在消费的源头投入产品，在消费的末端排放废弃物。线性经济发展模式的特点是，为了实现产出产品的目标，既不考虑自然资源的耗费量，也不顾及废弃物的排放量。以要素高投入、废弃物高排放、产出高增长为特征的经济发展模式，是典型的极端的线性经济发展模式。

科学发展观与和谐社会的理念，主张把人重新纳入自然界，人与自然和谐并存、共同发展。因此，有必要重新界定生产力概念：生产力是人们顺应自然，发展经济，实现人类与自然共同进步的能力。循环经济发展模式体现着新的生产力概念：在生产的源头投入资源，在生产的末端产出产品，把生产过程产生的废弃物作为资源再投入生产源头，直到实现生产末端的废弃物趋向零排放；在消费的源头投入产品，把消费过程产生的废弃物作为资源再投入生产源头，直到实现消费过程的废弃物趋向全利用。循环经济发展模式的特点是：使生产和消费的资源利用率趋向 100%，以节约自然资源；使生产和消费过程的废弃物排放量趋向零，以实现环境友好；使生产和消费等量产品耗费的资源量达到最小，以体现经济本质。循环经济发展模式的原理是在资源稀缺性的约束条件下，通过技术的不断进步、经济组织的不断优化、"节约"的理念与行为更加普遍化，实现人的生存质量提高与经济增长同步，实现自然界与人类社会共进。循环经济发展模式将首先停止生态系统的负增长，然后使生态系统恢复到工业化初期的出发点，然后实现生态系统的正增长。

作为一种发展理念，循环经济已经得到人们比较一致的认可；但是，作为一种区别于传统线性经济发展模式的新型经济发展模式，循环经济还有着漫长的甚至曲折的发展道路。重要的是必须适时地把理念转变为行为，把理论的结论转化为实践的成果，把发展模式具体化为建设模式。本书把生态企业、生态园区、生态城市作为循环经济的载体，探索以这些载体为内容的循环经济建设规律和建设模式；把政策支持、法制保障、技术支撑作为循环经济的推进手段，研究发展循环经济的动力源头、传导装置和推进机制；把生态工业园生态效率评价、生态城市发展水平测度、城市生活垃圾减量化效益评估和受损植被生态补偿评估作为案例进行专题研究；在此基础上，提出了"全面推进，重点突破"的陕西省循环经济发展战略。

参考文献

[1] 周天勇：《我国 2000 年前后的就业形势及其对策》，载《中国党政干部论坛》1997 年第 5 期，第 15 页。

[2] 于林：《中国经济增长与就业增长的悖论》，载《理论研究》2007 年 4 月（下），第 136 页。

[3] 程建平：《中国与日本农村剩余劳动力转移模式比较研究》，

载《郑州大学学报（哲学社会科学版）》2007年第3期，第32页。

[4]《中国"和平崛起"纲举目张》，载《瞭望新闻周刊》2004年1月31日。

[5] 王小马、赵鹏大：《我国矿产资源禀赋、国家安全以及解决之道》，载《中国矿业》2007年第3期，第4页。

[6] 陈立荣：《对我国外贸依存度问题的思考》，载《统计与决策》2006年12月（下），第131页。

[7] 陈立荣：《对我国外贸依存度问题的思考》，载《统计与决策》2006年12月（下），第132页。

[8] 王小马、赵鹏大：《我国矿产资源禀赋、国家安全以及解决之道》，载《中国矿业》2007年第3期，第5页。

[9] 周小知：《经济增长油耗太大　结构沉重难以承受》，载《证券时报》2006年8月15日，第3版。

[10] 王小马、赵鹏大：《我国矿产资源禀赋、国家安全以及解决之道》，载《中国矿业》2007年第3期，第5页。

[11] 李嘉岩：《我国城市化的发展质量》，载《经济管理》2005年第23期，第13页。

[12] 孟苏北：《城市交通干线两侧的交通噪声污染治理存在的问题》，载《海峡科学》2007年第4期，第56页。

[13] 杜吴鹏等：《中国城市生活垃圾排放现状及成分分析》，载《环境科学研究》2006年第5期，第86页。

[14] 范志勇：《〈濒危野生动植物种国际贸易公约〉简介》，载《野生动物》1987年第38卷第4期，第7～8页。

[15] 陈灵芝：《中国的生物多样性——现状及保护对策》，科学出版社1993年版。

[16] 李景侠、赵建民、陈海滨：《中国生物多样性面临的威胁及保护对策》，载《西北农林科技大学学报（自然科学版）》2003年第5期，第159页。

[17] 亚当·斯密：《国民财富的性质和原因的研究》（上卷），商务印书馆1972年版。

[18] 亚当·斯密：《国民财富的性质和原因的研究》（上卷），商务印书馆 1972 年版。

[19] Walras, L., *Elements of the pure Economics, or the Theory of Social Wealth*, Trans. W. jaffe, landun：George Allen & Unwin, 1954. Reprinted Fairfield：A. M. Kelley, 1977, p. 26.

[20] Robbins, L., *An Essay on the Nature and Significance of Economic Science*；London：Macmillan, 1952, p. 16.

[21] Alfred Marshall, *Principles of Economics：An Introductory Volume*, London：Macmillan, 8th ed. . 1890.

[22] 罗季荣：《论技术进步与内涵扩大再生产》，载《经济研究》1984 年第 12 期，第 57~63 页。

[23] 陈清泰：《当前经济调整时期的企业行为研究》，《管理世界》1999 年第 4 期，第 1~6 页。

[24]《辞海》（缩印本），上海辞书出版社 1980 年版，第 1728 页。

载体篇

基本篇

1　生态企业建设

1.1　引　言

　　企业既是物质产品的供给者，也是生产过程废弃物的排放者。在线性经济发展模式下，企业表现出"高投入、高消耗、高排放、低产出"的特征，即以较多的土地、矿产、水等资源投入、消耗，和较高的固体、液体、气体废弃物排放为代价，生产出一定量的产品。在循环经济发展模式下，企业表现出"低投入、低消耗、低排放、高产出"的特征，即以较少的土地、矿产、水等资源投入、消耗，和较低的固体、液体、气体废弃物排放为代价，生产出一定量的产品。生态企业是把企业作为一个闭路循环的生产系统，在生产的源头投入资源，在生产的末端产出产品，把生产过程产生的废弃物作为资源再投入生产源头，直到生产末端的废弃物趋向"零排放"。20世纪90年代以来，世界主要发达国家都将生态企业作为推进循环经济发展的重要载体。近年来，我国生态企业的建设也取得了一定进展，但总体来讲，尚未真正发挥循环经济的载体作用。

　　黄朴、王进东等分析了企业发展面临的资源环境、政策法律、国内外市场等问题[1]，较早论证了建设生态企业的必要性；刘春雁总结了钢铁行业通过推广节能节水技术、加强环境保护建设生态企业的经验，论证了发展生态企业的可能性[2]。杨永芳把生态企业建设不足的原因归结为缺乏鼓励性政策、市场驱动力不足、存在地方保护主义以及认识障碍等；[3]何劲则从市场需求、环保技术、绿色资本、法律和政策等方面分析了生态企业建设不足的原因[4]。陈浩把引进高效节能技术、实施生态化管理、绿化生产环境等作为创建生态企业的基本措施；[5]谢钰敏强调了健全法制、推行循环经济政策、加快技术开发等措施对于创建生态企业的作用。[6]这些研究对于宣传生态企业理念，推进生态企业建设发挥了积极的作用。目前，进一步探索生态企业建设的规律，分析我国生态企业建设中的问题和不足，针对这些问题和不足研究生态企业发展的思路和对策，是深化生态企业研究的重要课题。

本章在借鉴国内外关于生态企业研究成果的基础上，界定了生态企业的概念，归纳了生态企业的特征，论证了生态企业的循环经济载体作用；通过梳理我国生态企业发展的历程和总结生态企业建设的成就，分析了生态企业建设中存在的问题和不足；针对造成这些问题和不足的技术、法律、政策等方面的深层原因，提出了我国生态企业建设的基本思路。本章的研究一方面可以切实解决在建企业的问题，另一方面可以为更多的企业走上生态化道路提供指导，推进我国生态企业的建设，发挥其循环经济载体作用，进而推动我国循环经济的发展。

1.2　生态企业的基本原理

1.2.1　概念

学术界对于生态企业的概念，尚无统一的表述。生态企业的内涵，一般包含理论依据、生产方式、实现途径和建设目标四个要素：生态企业主要以生态经济规律和生态系统原理为理论依据[7]；通过生态性技术手段[8]和全新的管理策略[9]；保障企业按照"资源—产品和用品—再生资源"[10]的闭路循环方式[11]进行生产；以实现其经济效益和生态效益的建设目标[12]。

据此，本章将生态企业界定为：依据循环经济的"3R"原则和生态经济规律，以生态化经营理念为指导，以循环经济技术为支撑，通过清洁生产方式，在生产的源头投入资源，在生产的末端产出产品，把生产过程产生的废弃物作为资源再投入生产源头，工序之间形成"资源—产品—再生资源"的闭路循环生产系统，直到生产末端废弃物趋向零排放，与环境和谐统一、可持续发展的新型企业。

　　生态企业的具体流程如图 1－1 所示。企业在生产的起点投入资源，经过生产过程，在工序 I 的末端产出产品 I，并将产生的废弃物 I 作为工序 II 的资源使用（部分返回工序 I 作为资源）；经过工序 II 的生产过程产出产品 II，并将产生的废弃物 II 继续作为资源投入下一道工序进行生产（部分返回前两道工序成为资源）；依此类推，直至最后一道工序产出产品，并将废弃物作为资源投入前面的工序之中继续使用，最终实现整个企业生产过程的废弃物零排放。

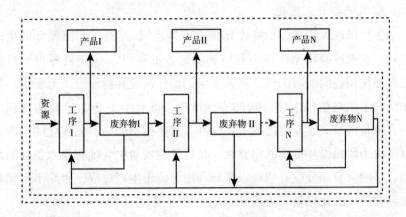

图 1－1　生态企业示意图

1.2.2　特征

　　作为一种新型的企业组织形式，生态企业在企业理念、生产方式、废弃物处置等方面具有区别于传统企业的特征。

　　1. 企业理念生态化

　　企业理念生态化是指将生态学的原理渗透到企业全部活动之中。生态企业按照"和谐、高效"的原则[13]对企业内的组织体系进行功能划分和机构设置，把企业的生存与发展视为一个完整的生命周期，把追求平衡与和谐作为企业的内在需要[14]，使企业的生产方式、管理理念、经营目标、组织制度等运行机制[15]都能体现生态化思想。

2. 生产方式闭环性

生产方式闭环性是指生态企业以"资源—产品—再生资源"的闭路循环模式进行生产，将生产过程中产生的废弃物适当处理后，作为再生资源返回原生产流程中；或是将生产过程中产生的废弃物适当处理后，作为企业内其他生产流程中的再生资源[16]。由于后者是在原生产流程之外的生产中实现的，因此有必要构建或延长企业的生产链条，保证废弃物能够被再次投入使用。生产方式的闭环性集中体现了循环经济"减量化、再利用、再循环"的要求，可以实现资源的综合、循环利用，最终实现废弃物"零排放"。

3. 生产排放无废化

生产排放无废化，也称废弃物"零排放"，是通过闭路循环的生产方式，实现废弃物循环再生利用和能量多重利用[17]，使资源得到百分之百地使用，而不给大气、水和土壤遗留任何废弃物[18]。"无废化"集中反映了闭路循环生产方式的实现情况，既是生态企业建设的目标之一，也是考察其建设程度的重要标准。需要指出的是，无废化的实现程度取决于闭路循环链条的完整性，在阶段性发展中受现有技术条件的制约，必然会有部分废弃物难以循环利用而流出生产过程，因此不可循环废弃物的无害化也是"无废化"的一种表现。

1.2.3 作用

生态企业既是生态园区生产链条的基本构成单位，又是生态城市实现生产系统循环化、生态化的起点。因此，生态企业的建设对循环经济实现"经济增长"与"环境发展"双赢的目标具有基础性的载体作用。

1. 生态企业是实现循环经济"经济增长"目标的基础推进力量

生态企业在闭路循环的生产方式下，一方面提高了资源利用率，减少了资源使用量和废弃物排放量，降低了企业的生产成本；另一方面增加了单位资源的产品产量，增强了企业的市场竞争力[19]，提高了经济收益。生产成本减少、经济效益提高，也推动了企业所在地经济的增长和社会的进步。生态企业创造经济效益和社会效益的过程，也就是实现循环经济"经济增长"目标的过程。

2. 生态企业是实现循环经济"环境发展"目标的直接责任主体

循环经济的目标是实现人与自然的和谐发展。就自然而言，包括资源节约和环境改善两个方面。生态企业将废弃物作为资源投入相应的生产工序循环使用，通过资源使用的"减量化"、产品的"再利用"以及废弃物的"再循环"[20]，减少了资源的投入和废弃物的产生，增加了可利用资源的总量，创造了良好的生态环境[21]。作为资源的主要使用者以及环境污染的直接制造者，企业资源利用及废弃物排放状况直接影响着人与自然的关系。生态企业减少资源投入和废弃物排放量的过程，也就是实现循环经济"环境发展"目标的过程。

3. 生态企业是实现循环经济高速发展的技术保障力量

生态企业闭路循环生产链条的建立，对生产设备以及生产、管理技术提出了很高的要求。这将产生两方面的积极效果：一方面，企业在生产过程中提高生产技术水平和人员素质，可以加快科学技术成果的转化和应用，促使企业加大技术研发力度，提高技术研发能力；另一方面，建设生态企业形成的技术需求，引导着技术市场研发和供给的侧重点向循环经济技术转变，从而推动国家整体科研水平和科研实力的增强。生态企业作为技术的需求者与供给者，直接带动了我国循环经济技术的进步，而不断丰富、发展的循环经济技术条件又直接推动着循环经济的实现。因此，生态企业对循环经济技术的需求与供给过程，也就是为循环经济高速发展提供技术保障的过程。

1.3　我国生态企业发展的进程

我国企业的生态化建设是从对污染的末端治理开始逐步发展起来的。随着循环经济理念的形成和传播，生态企业作为循环经济基础载体的地位日益显现。

1.3.1 发展的历程

1. 萌芽阶段（1978～1994 年）

在生态企业建设的萌芽阶段，企业生产和环境污染的矛盾日益凸现，国家和企业开始对污染进行末端治理，并走上资源综合利用的道路。

改革开放以来，我国工业企业生产所需的资源供给形势日益严峻，重要资源的对外依存度不断上升，企业生产造成的环境污染也越来越严重。[22]为此，国家实施了一系列末端治理①手段进行污染防治，包括颁布排污标准，征收超标排污费，对严重污染源实施关、停、并、转、迁等措施，旨在减少废弃物排放量及其对环境的有害影响。企业则开始在生产的末端采取措施治理污染，通过安装污染处理设备对废弃物进行处置，使其污染程度符合国家污染排放标准的要求。

在进行末端治理的同时，国家开始出台相关政策，引导企业以资源综合利用的方式解决污染问题。1978 年，中共中央批转《环境保护工作汇报要点》，将"大力推行奖励综合利用的政策"作为搞好环境保护工作的十大措施之一。[23]1979 年颁布《中华人民共和国环境保护法（试行）》，要求对工业"三废"和矿藏资源实行综合利用。1985 年 9 月 30 日，国务院批转国家经委发布的《关于开展资源综合利用若干问题的暂行规定》，对开展综合利用的方针、原则以及奖励、优惠的政策作了具体规定。[24]我国资源综合利用制度体系基本形成。1993 年，国家经贸委设立了资源节约综合利用司，国务院有关部委、各省（市、区）以及一些地区、县、企业分别成立了相应的资源综合利用管理机构，我国资源综合利用管理网络初步形成。[25]据此，企业开始对资源进行回收利用。截至 1995 年，全国县以上工业"三废"综合利用实现产值 190 亿元，利润 47 亿元，综合利用率达到 43%。[26]

在这一阶段，企业开始关注生产与环境之间的关系，减少废弃物排

---

① 末端治理主要是在生产链条的终点或是在废弃物排放到自然界之前，对污染物进行处理，以降低污染物对自然和人类的损害。

放，并且进行资源及废弃物的综合利用，从"产生废弃物"发展为"净化废弃物"、"利用废弃物"，走上了构建闭路循环生产链条的第一步，这也是生态企业建设的第一步，即生态企业的萌芽阶段。

2. 起步阶段（1995~2003 年）

在生态企业建设的起步阶段，国家开始以清洁生产的思想规范企业的生产活动，企业对废弃物的处置走向源头治理和全过程控制。

经过末端治理和资源综合利用阶段，企业的生产活动对环境的污染和破坏趋势得到减缓，提高了资源的利用效率。但是，末端治理无法从根源上消除废弃物对环境的不利影响，不能适应可持续发展的需要。一种以污染预防为指导思想的生产方式——清洁生产①，应运而生。

1995 年，国家环保总局在《中国环境保护 21 世纪议程》中提出，要在工业企业中积极推行"清洁生产"，拉开了我国企业进行清洁生产的帷幕。[27]随后，国务院出台《关于环境保护若干问题的决定》，明确要求企业采用清洁生产工艺，并于 1997 年由国家环保总局编制了《企业清洁生产审计手册》，将我国的清洁生产工作深入到各地方企业和行业企业，同时开始了清洁生产的审核工作。1999 年，国家出台了《关于实施清洁生产示范试点的通知》，开始了清洁生产的示范试点工作。随着一批清洁生产企业的建立，国家环保总局发布了一系列行业清洁生产标准，以规范企业的清洁生产建设。在政策指导下，全国有 24 个省、自治区、直辖市开展或启动清洁生产示范项目，涉及化学、冶金、石化和电力等 20 多个行业，建立了 20 个行业或地方的清洁生产中心，有效提高了企业污染预防能力。[28]

在这一阶段，企业按照清洁生产的思想变革生产方式，从源头削减并全过程控制废弃物的产生，基本具备了生态企业"生态化、无废化"的特征；另外，企业开始通过循环利用的方式来提高资源利用率，初步

---

① 1996 年，联合国环境署（UNEP）将清洁生产定义为：清洁生产是关于产品生产过程的一种新的创造性的思维方式，通过持续地将整体预防的环境战略应用于生产过程、产品和服务中，实现生态效率的增加、人类和环境风险的减少。对于产品，要求减少和降低产品从原材料使用到最终处置的全生命周期的不利影响；对于生产过程，要求节约原材料和能源，取消使用有毒原材料，在生产过程中排放废弃物之前降减废弃物的数量和毒性；对于服务，要求将环境因素纳入设计和所提供的服务中。

体现了生态企业"闭环性"的特征。这是生态企业的起步阶段。

3. 发展阶段（2004 年至今）

在生态企业建设的发展阶段，国家开始要求企业按照循环经济的理念变革生产方式，并且逐步确立了生态企业作为循环经济的载体地位。

2004 年，中央人口资源环境工作座谈会上，胡锦涛明确指出："要加快转变经济增长方式，将循环经济的发展理念贯穿到区域经济发展、城乡建设和产品生产中，使资源得到最有效的利用"[29]，我国的经济发展模式开始转向循环经济。2005 年 7 月，国务院颁布了《关于加快发展循环经济的若干意见》，提出将循环经济的发展理念贯穿到经济建设中，并把努力降低消耗、提高资源利用率、推进企业废弃物"零排放"作为发展循环经济的重点工作环节。[30] 自此，生态企业开始作为循环经济发展的载体予以重点建设。

为了贯彻上述政策，发挥生态企业的载体作用，2005 年 10 月，国家环保总局发布了《关于推进循环经济发展的指导意见》，提出要推进重点企业开展循环经济实践，并在随后出台的《循环经济试点工作方案》中确定了钢铁、有色、煤炭、电力、化工、建材、轻工 7 个重点行业的 42 家企业作为发展循环经济的试点企业，我国的生态企业建设全面展开。

1.3.2　建设的成就

1. 企业先行、政府推进，生态企业迅速兴起

我国第一批生态企业是在企业自觉认识下通过自发转变、自行改造建成的。随着认识的不断深入，政府也开始大力推进企业的生态化改造。

广西贵糖（集团）股份有限公司于 2001 年开始发展循环经济，成为国内首批自发型生态企业，通过盘活、优化、提升、扩张等步骤吸纳了周边企业，形成"甘蔗—制糖—酒精—造纸—热电—水泥—复合肥"多行业综合性的链网结构，企业规模迅速壮大，现已升级成为国家级生态工业园区。[31]

作为推进主体的政府，把生态企业建设作为发展循环经济的切入

点，出台了强制性改造政策并将其列入循环经济的发展规划中，大力推动生态企业的建设。如2006年《深圳市循环经济发展"十一五"规划及2020年远景目标（修改稿）》中指出，要在2010年前，建成一批资源节约型、清洁生产型、生态环保型的企业[32]，推动大量企业走上生态化道路。

在企业和政府的共同努力下，各类企业的生态化建设迅速兴起，形成了我国发展生态企业的良好局面。如，辽宁省在冶金、电力和煤炭等行业创建了50多家废水"零排放"企业；鞍钢建成了40多个循环经济项目，基本实现了高炉、焦炉和转炉煤气的"零排放"，当年产生的冶金废渣全部回收利用，水资源循环利用率达到91%。[33] 2003年《贵阳市循环经济型生态城市的基本思路和进程》中明确指出，循环经济的发展首先要实现企业层面"小循环"，并启动第一批循环经济示范项目。[34]

2. 企业经济效益初现，推动区域经济发展

生态企业不仅要实现企业自身的经济效益，而且要实现区域的经济效益。

生态化建设使企业的直接收益和间接收益都有所增加。一方面，生态企业通过构建闭路循环链条，实现了同等投入条件下产出量的提高，增加了企业的直接收益。如牡丹江镜泊湖啤酒有限公司投资22万元将过去直接排放的废酵母加工成为农用饲料，当年就收回42万元。[35] 另一方面，由于生态企业在生产过程中原材料和环保成本的下降，企业间接收益增加。如山东潍坊海化集团把生产氯碱树脂的电石泥废渣用做纯碱生产原料，每年节约原材料费1800多万元、环保设施投资1500万元、排污费1000多万元。[36] 虽然在建设生态企业的过程中，引进技术、设备，构建生产链条，培训人员等也加大了企业的成本投入，但是由成本收益理论可知，企业在比较成本与收益之后，只会对能够带来经济效益的项目进行持续性投资。数据表明，我国污染治理项目的投资2003年较2002年增长了225%，2004年较2003年增长了60%[37]，生态企业投资的连年增加，充分说明我国的生态企业正在从这种新的发展模式中获益。

在企业生态化建设的推动下，企业所在区域的经济效益也有所增加。2004年，山东省日照市开始以建设生态企业为切入点推进循环经济发展。2003～2004年日照市的工业经济增长速度由2002～2003年的21.4%提高到25.2%，提高了3.8个百分点。然而，第一产业、第三产业以及第二产业的非工业部分的增长都未超过2个百分点，并且山东省会济南市的工业经济增长速度在这两个时期内没有变化，均为22%。[38]这说明日照市的生态企业建设，在一定程度上对当地经济发展产生了明显的推动作用。

3. 资源利用增效、部分排放"无废"，生产链条走向闭环

生态企业是通过建立闭路循环的生产链条，使资源和废弃物在其中得到循环利用，实现资源高效利用、废弃物"零排放"的。所以，资源的综合利用情况以及废弃物的排放情况也就反映了闭路循环生产链条的构建程度。

就最近几年发展情况来看，我国生态企业在实现废弃物的回收再利用、减排和无害化处理方面取得了很大进展，闭路循环生产链条逐步形成。2004年，我国工业企业的固体废物综合利用率较上年提高了10个百分点，"三废"综合利用产值5年内增加了84.2%；废水排放达标率由2000年的76.9%提高到了2004年的90.7%，工业化学需氧量（COD）[1]排放量减少了27.7%。[39]国家试点生态企业在减少废弃物排放方面成效尤为突出，如日照酒业有限公司通过一系列生态化项目的建设，年利用废酒糟40000吨，节约能源折标煤235吨，废水循环利用率达到100%。[40]

4. 技术水平在项目建设中得到提升，技术需求开始转移

生态企业"生产方式闭环性、生产排放无废化"的特点，对企业的技术条件提出了很高的要求，促进了技术条件更新升级，同时技术需求的重点开始向源头治理技术转移。

企业的技术水平是指设备、工艺、材料的先进与否，因此先进设

---

① COD反映的是水中有机物对环境氧的需求总量，如果水中的溶解氧被消耗光了，水里的厌氧菌就会投入工作，从而使水体发臭，导致环境恶化。COD是环保水质检测中最重要的指标。

备、工艺的采用，是促进企业技术进步的重要措施[41]，也是技术进步的重要表现。我国生态企业的建设主要通过更新、引进清洁生产、综合利用设备和技术，构建闭路循环生产链条，实施清洁生产工艺来实现。如，山西潞安矿业集团通过生产技术装备高效化、管理信息化、安全生产控制自动化等一系列改革，于 2001 年开始实施清洁生产，将原煤开采扩展为煤—电—化、煤—焦—化、煤—油—化三条生产链条，走上了生态企业之路。[42]这些技术、设备和工艺较之前的传统的生产方式和末端治理技术更为先进，大大提高了企业的资源利用率，使同等投入下的产出更大。因此，我国生态企业技术水平在一系列的项目建设中有所提升。与此同时，企业的技术需求由末端治理技术为主转向以清洁生产、产业链接、再生资源回收利用等源头治理技术为主。如山东潍坊海化集团，将原本用于环保设施投资和缴纳排污费的 2500 万元转做实现"电石泥废渣—纯碱"的循环经济生产项目。[43]

1.4　我国生态企业建设中的问题及原因

我国生态企业建设取得了一定成就，但是，目前的建设情况与生态企业"生态化、闭环性、零排放"的基本特征以及所必需的技术、资金等保障条件还有一定距离，暴露出我国生态企业建设中存在的一些问题。究其原因，主要是企业在生态化建设中缺乏所需的技术条件以及足够的动力、压力，制约了生态企业的发展。

1.4.1　存在的问题

1. 企业进行生态化建设的积极性不高

企业进行生态化建设的积极性直接影响着生态企业的建设效果，而作为我国企业主体力量的中小企业多是靠政府推进、被动进行生态化建设的，积极性不高，制约了我国生态企业总体水平的发展。

已进行生态化改造的企业中，有一部分是自发进行生态化建设的，积极性较高，所以一般建设速度快、发展水平高。并且部分企业因基础好、发展快而被列为国家试点生态企业，实现了更高水平的发展，成为我国生态企业建设的典范。但是，由于实现自发转变的企业通常是认识水平高、资金充足、技术完备的大型企业，而大型企业在我国企业构成中所占份额不到3%[44]，其中具有循环经济自觉意识的就更少，因此这部分企业虽然能代表我国生态企业建设的最高水平，却不能决定我国生态企业建设的总体水平，也无法担负起循环经济发展基础载体的重任。

中小企业占我国企业总数的98.7%，中小企业的工业生产总值占全国工业总产值的56.8%[45]；同时，资源型行业中的污染密集型企业大多数是中小企业。因此，把中小企业作为建设生态企业的重点，是我国实践循环经济的重要路径。现在的问题在于，大多数中小企业缺乏建设生态企业的积极性。[46]

2. 生态企业的运行机制建设滞后

生态企业的建设，需要生产方式和运行机制两方面的变革。其中，运行机制作为企业生产的制度环境，是整个企业平稳运行的根本保证。[47]一方面，运行机制可以形成企业内部共同的目标和愿望[48]，增强企业的凝聚力，使各成员主动而真诚地奉献和投入，更好地发挥其积极性和创造性，提高生产建设的效率；另一方面，运行机制，尤其是各项管理制度，可以指导、规范和监督企业的生产活动，保证生产建设的方向。因此，只有在生态化的运行机制中进行生产方式变革，才能保障企业与环境"和谐统一、可持续发展"目标的实现。

然而，目前我国生态企业的建设主要集中在生产方式的变革上，组织机构、管理制度等运行机制的建设相对滞后，影响了生态企业的建设成效。如山西省在循环经济试点企业建设中，对技术的重视普遍远远高于对制度的重视。[49]在建设指导方面，国家针对清洁生产建设，编制了《企业清洁生产审计手册》、行业性清洁生产审核指南及清洁生产标准，成立了行业及地方性清洁生产指导中心，全面地提供了指导及监督考核的标准；但关于运行机制的建设，只在清洁生产审计中涉及了企业的相关组织和制度问题。相对而言，日本生态企业则非常注重企业内部制度的建设，广泛开展企业"环境经营"，从企业战略目标的确定到管理体系，再到生产，企业运作的全过程都体现了制度环境的影响作用。[50]

3. 生态企业的资源循环利用能力与生产能力的发展不协调

我国工业企业生产总值增长率由 2001 年的 11% 提高到 2004 年的 31%。[51]与此同时,生态企业的资源使用"减量化"及废弃物"再循环"能力的增长却非常缓慢,废弃物排放量仍在不断增加。在很多冠名生态企业的企业中,清洁生产、产业链接等技术的使用程度还很低,生产链条仍不连续,不能形成闭路循环。[52]很多本应回收利用的原材料仍然被当作"三废"排放。如表 1 - 1 所示,我国工业固体废弃物的综合利用率从 2000 ~ 2004 年仅增长了 9.8%,而废弃物的产生量却增加了 47.1%,综合利用率的增长远远小于废弃物的增长,使废弃物的产生量与利用量之间的差距不断拉大,废弃物排放量持续增加。

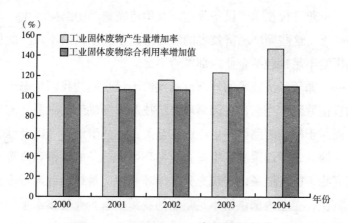

图 1 - 2　工业固体废弃物增长情况示意图

资料来源:根据《中国统计年鉴 2005》数据计算得出。

4. 生态企业建设资金来源结构不合理,投资主体单一

生态企业建设需要资金投入作为保障,因此资金来源是影响生态企业建设的重要因素。目前,我国企业对污染治理项目的投资持续增加,但政府的投资却迅速萎缩,呈现投资主体单一化的趋势。资料显示,2004 年我国针对污染治理项目的投资较 2000 年增长了 28.7%,其中企业的投资比重由 2002 年的 23.12% 上升到 2004 年的 73.81%[53],而其他渠道的资金投入,尤其是政府方面的国家预算内资金与环保专项资金,所占比重不到投资总额的 8%,而且在 2002 ~ 2004 年的短短 3 年内

下降了 20 多个百分点。[54]

发达国家虽然也将企业作为生态企业建设的投资主体，但政府对生态企业的资金支持强度依然很大，如日本政府对生态企业技术研发的拨款最高可达到企业技术开发总费用的 50%，这对小型生态企业的发展具有决定性的意义。[55]

1.4.2 问题的原因

1. 循环经济技术供给不足导致生态企业建设缺乏足够的技术支撑

我国生态企业建设中存在的资源利用能力增长相对缓慢，闭路循环生产链条无法真正建成，废弃物"零排放"难以彻底实现的问题，突出反映了企业进行技术、设备改造以及构建完善的闭路循环生产链条的技术的缺乏。这些循环经济技术的缺乏是由于技术供给不足，既包括外部市场供给不足也包括企业内部供给不足。

首先，循环经济技术的外部市场供给不足是制约我国生态企业建设水平的直接原因。当前，我国循环经济技术市场供给的主要是末端治理技术，而对于构建闭路循环生产链条至关重要的清洁生产以及综合利用技术相对缺失，因而限制了生态企业循环生产链条的质量和资源利用水平，废弃物不能在链条内实现充分的循环利用，最终导致大量废弃物的产生。其次，企业内部供给不足是制约我国生态企业建设水平的根本原因。我国企业不注重循环经济技术的自主研发，主要依赖技术市场的技术供给。因此，当市场缺乏循环经济技术供给时，生态企业的建设只能在现有市场供给的技术条件下止步，难以继续推进。事实证明，企业的自主研发能力是推动生态企业发展的重要动力，循环经济发展较好的国家都是通过企业自觉地改进技术流程和降低成本实现生态企业建设的[56]，如德国的生态企业都非常重视技术的自主研究与开发，小型企业主要通过独立知识产权产品的开发来展开竞争。[57]

2. 循环经济法律体系不健全导致生态企业建设缺乏足够的压力

我国政府在推进企业生态化建设时面临的困难较大。许多企业千方百计地继续沿用传统的生产方式，不愿进行改革；建成的生态企业也大多发展速度较慢、水平一般。这关键在于我国目前对企业环境破坏行为的强制性法律规范缺乏或力度不够，没有形成推动企业进行生态化建设的外在压力，使传统企业仍有很大的生存空间。而且对政府行为的负面作用也缺乏约束，没有构成对政府推进生态企业建设的压力。

我国主要的循环经济法只有《清洁生产促进法》，它只是一种倡导性的法律法规[58]，没有明确企业的义务和责任，无力强制企业进行清洁生产。而且，我国缺乏专项的法律法规，如废弃条件的设置、强制回收和回用名录的建立、回收和回用率的确定、工艺标准及技术性规范的设立、循环信息的公开等规范标准方面都还没有法律予以规定[59]，国家无法规范企业的建设行为。另外，对企业违反规定损害环境的行为处罚力度不够，许多企业宁愿支付罚款也不愿意投资进行清洁生产[60]，这显然无法督促企业开展生态企业建设。德国 1996 年出台的《循环经济和废弃物管理法》，明确了企业在维持循环经济发展中担负着最主要的责任，并根据各个行业的不同情况制定了促进行业循环经济发展的法规，比如《饮料包装押金规定》、《废旧汽车处理规定》、《废旧电池处理规定》、《废木料处理办法》等[61]，规定了不同行业企业的具体权利和义务，有力地约束了企业的行为。

同时，我国的法律也没有明确各级政府在推进生态企业建设中的职责，地方政府决策主要是依据中央政府文件自觉进行的，随意性较大。这一方面造成有些地方政府在推动生态企业建设时，以追求政绩为目标，忽略了对企业自主创新能力的培育，仅仅依靠引进先进设备和清洁生产技术来迅速构建起生态企业的框架，导致生态企业的建设铺开广但水平不高；另一方面造成各级政府在生态企业建设中没有发挥应有的作用。日本通过法律的强制性规定极大地发挥了政府在推动生态企业建设中的作用。比如为了支持生态企业的发展，日本于 2000 年出台了《绿色采购法》赋予政府开发市场的责任，规定国家机构和地方公共团体应当积极购买环境友好产品[62]，极大地拉动了日本国内的绿色消费市场，扩大了生态企业产品销路。而我国就缺乏类似《绿色采购法》这类督促政府更深入的支持生态企业建设的法律法规。

3. 政策环境不完善导致生态企业建设缺乏足够的动力

我国企业进行生态化建设的积极性不高等问题，是以"利润最大化"为目标的企业在缺乏利润驱动时必然出现的结果。我国政府在推进生态企业建设中缺乏增加企业收益的激励性及补贴性政策，很难调动企业参与生态化建设的积极性。

我国目前还没有形成强大的绿色产品消费需求，企业在短期内直接收益较小，间接收益一时也难以显现，而生态化建设所增加的成本多为一次性支出，对大多数中小企业来说资金压力太大。我国政府推进生态企业建设的政策主要是强制性的，在财政补贴、税收优惠、技术引导、市场开发等方面的激励性及补贴性政策缺乏，不足以填补生态企业建设成本与收益之间的差额。而且，政府的行为无形中会影响其他投资主体的行为，弱化了其他主体对环境保护方面的投资。这种不完善的政策环境使企业短期内的成本大于收益、经济效益缺乏，无法调动企业进行生态化建设的积极性。国外政府往往是从企业的经济动力出发，出台政策平衡企业的成本收益，以此调动企业生态化建设的积极性，推动生态企业的发展。如日本政府实施的产业倾斜政策，不仅调动了企业发展循环经济的积极性，而且切实解决了急需财政支持的中小企业在技术开发方面的费用问题[63]；德国政府出台的电力政策，规定对于把垃圾作为资源的发电量，电网必须全部收购，且收购价不得低于20欧分/度。[64]

4. 主体认识不足是造成生态企业建设存在问题的直接原因

生态企业的建设有两类主体——直接进行生态化建设的企业和推动企业进行生态化建设的政府，他们在生态企业建设中存在的不适当行为很大程度上是由于其对生态企业认识的片面性造成的。

从企业方面来看，有许多企业并没有充分认识到循环经济本质上是一种实现经济与环境可持续发展的经济发展模式，而纯粹地将循环经济作为环境治理的一种方式，只看到企业投资、成本增加，没有认识到这是企业自身可持续发展的形式；有些企业即使认识到了企业生态化建设可以带来综合效益，但对于经济效益之外的其他效益并不感兴趣，这都影响了生态企业建设的开展。

从政府方面来看，各地政府只看到了企业长期以来作为能源利用与环境污染的主体造成的外部不经济性，而没有充分认识到生态企业作为循环经济的基础载体对区域性无废工业的实现，以及城市、社会生活质量的提高产生的外部经济性，因此不仅没有对其进行利益平衡，而是大幅度的从环境治理中抽出投资，这无形中也影响了其他投资主体的行为，弱化了其他主体对环境保护方面的投资，造成我国在环保方面其他主体投资份额甚少，以至于出现了投资主体单一的局面。而投资主体的单一造成资金不足，引起生态企业建设中一系列的问题，如中小企业缺乏引进先进设备的资金，建设步伐远远落后于大型企业；企业研发投入不足难以培育自己的技术部门等。

1.5　我国生态企业建设的基本思路

通过对我国生态企业建设中存在的问题及其原因分析，本章认为，当前影响我国生态企业建设的主要是技术、法律、政策和认识方面的原因。因此，可以从这几方面入手，分别加以完善，以推进我国生态企业建设。

首先，应当提供完备的循环经济技术，满足生态企业建设对清洁生产、综合利用技术的需求，为生态企业建设提供技术支撑。一方面，国家应建立生态企业技术支撑平台，提供生态企业建设中所必需的基础性、共同性、攻关性的源头治理、综合利用、清洁生产等技术，并提供技术咨询、指导及技术信息交流。这样既可以避免因分别研发和引进上述技术所造成的资源浪费，也可以避免中小企业因技术障碍而无法发展的问题。另一方面，企业应注重自身的技术研发，加大研发投入，通过自主技术创新推动企业的革新，建设企业可持续发展的技术保障，避免为外部技术市场的供给状况所制约。

其次，应当完善我国的循环经济法律体系，明确生态企业建设主体的义务与责任，提出具体的建设规范要求，为生态企业建设提供法制保障。通过法律规定企业和各级政府在生态企业建设中应尽的义务与责任，推动生态企业建设工作的开展；并且需要制定各类专项法律，建立完备的生态企业建设规范，确立企业建设及评估的标准。另外，要在其他法律中充实与循环经济配套或促进循环经济发展的内容。[65]

再次，应当完善我国的循环经济激励政策，形成以企业的经济效益为导向的外部激励机制，为生态企业建设提供政策支持。政府除了继续采用约束性政策来规制生态企业的建设外，应重点通过财政补贴、税收优惠、技术引导、市场开发等方面的激励性及补贴性政策填补生态企业建设成本，尤其加强对中小企业的政策扶持力度，扩大企业经济收益，以巨大的经济效益引导、调控企业行为，使企业在经济效益驱动下积极进行生态化建设。近年来，发达国家清洁生产政策的倾向之一就是更重视扶持中小企业进行清洁生产，把对大型企业的优先补贴和扶持转移给中小企业，包括提供财政补贴、项目支持、技术服务和信息等措施。[66]我国也应当充分认识到中小企业的地位、作用以及在生态企业建设中的困难，借鉴国外经验，制定专门针对中小企业的扶持政策，加大扶持力度，重点推动中小企业循环经济的发展。

另外，应当加强宣传教育，增强建设主体进行生态企业建设的自觉性。国家应加大力度、坚持不懈地在社会中宣传生态企业的内涵及其对循环经济发展的载体作用，使企业深刻理解生态企业相较于传统企业的优势，使政府明确生态企业在推动经济发展和环境保护方面的作用，使更多企业更好的开展生态化建设。

1.6　结　论

本章明确了生态企业的概念、特征及其作为循环经济载体的作用，系统地梳理了生态企业的发展历程，从大量数据及个案中归纳了我国生态企业的建设成就，找到了现实情况同理想目标之间的差距，阐明了生态企业存在的问题，并深入分析其产生原因，最后针对原因提出了推进我国生态企业建设的一些思路。

通过上述工作，本章得出以下结论：

（1）生态企业是循环经济的微观基础，通过生态化经营，在上下工序之间形成"资源—产品—再生资源"的闭路循环生产，实现废弃物"零排放"或不可循环废弃物的无害化。生态企业作为技术的需求者与供给者，通过自身经济效益的创造过程、环境保护的实施过程，推动了循环经济的实现及高速发展。

（2）我国生态企业的建设历经萌芽、起步、发展三个阶段，以企业先行、政府推进的方式迅速兴起、全面铺开，经济效益逐步显现，部分实现了"无废"排放，技术水平有所提升，初步发挥了循环经济基础载体的作用。

（3）目前我国多数企业，尤其是中小企业进行生态化建设的积极性不高；生态企业运行机制的建设相对滞后；闭环生产链条不完整，废弃物零排放远未实现；投资主体趋向单一化。其原因主要在于我国循环经济技术供给不足，国家对生态企业建设的激励约束机制不健全和建设主体认识的片面性。

（4）推进我国生态企业的建设，主要应当从技术、法律和政策三方面入手，提供完备的循环经济技术，完善我国的循环经济法律体系和激励政策，还应当加强宣传教育，增强建设主体进行生态企业建设的自觉性。

参考文献

［1］黄朴、王进东：《循环经济发展战略下我国企业面临的问题及对策》，载《经济纵横》2005 年第 5 期，第 55～57 页。

［2］刘春雁：《发展循环经济是钢铁企业的必由之路》，载《包钢科技》2006 年第 1 期，第 83～85 页。

［3］杨永芳、胡良民：《我国企业生态化建设的问题及其发展思路》，载《辽宁师范大学学报（自然科学版）》2005 年第 4 期，第 492～494 页。

［4］何劲：《发展生态企业面临的问题及对策研究》，载《市场经济研究》2003 年第 4 期，第 56～58 页。

［5］陈浩：《生态企业与企业生态化机制的建立》，载《管理世界》2003 年第 2 期，第 99～104 页。

［6］谢钰敏：《循环经济与企业生态管理研究》，载《华东经济管理》2005 年第 1 期，第 44～46 页。

［7］李建明：《走生态型企业之路》，载《企业管理》2004 年第 12 期，第 95～96 页。

［8］张庆普：《生态企业探讨》，载《学习与探索》1998 年第 6 期，第 48～50 页。

［9］张燚等：《生态公司论》，载《科技管理研究》2005 年第 6 期，第 152～158 页。

［10］诸大建：《可持续发展呼唤循环经济》，载《科技导报》1998 年第 9 期，第 39～42 页。

［11］李芳：《生态企业——现代企业的必由之路》，载《北方经贸》2002 年第 12 期，第 67～70 页。

［12］中国企业联合会研究部：《大力发展循环经济　走生态型企业之路》，载《现代企业》2005 年第 6 期，第 7～8 页。

［13］张庆普、胡运权：《我国建立完善生态型企业的主要对策及措施探讨》，载《哈尔滨工业大学学报（社会科学版）》2000 年第 4 期，第 81～83 页。

［14］陆玲：《略论企业生态学原理》，载《世界科学》1996 年第 3 期，第 44～46 页。

［15］郭汉丁：《循环经济与企业经营管理绿色变革》，载《中国农业大学学报（社会科学版）》2005 年第 1 期，第 83～87 页。

［16］张思锋、周华：《循环经济发展阶段与政府循环经济政策》，载《西安交通大学学报（社会科学版）》2004 年第 3 期，第 47～52 页。

［17］李建明：《走生态型企业之路》，载《企业管理》2004 年第 12 期，第 95～96 页。

［18］钟丽锦：《可持续发展的“零排放”生态城市模式初探》，载《环境污染治理技术与设备》2002 年第 5 期，第 89～92 页。

［19］汪上：《中小企业发展循环经济的动力机制研究》，载《技术经济》2006 年第 2 期，第 9～11 页。

［20］刘黎辉：《发展循环经济：中国企业应有的对策》，载《中国

科技信息》2005 年第 15 期，第 139～141 页。

[21] 陈德敏：《循环经济的核心内涵是资源循环利用——兼论循环经济概念的科学运用》，载《中国人口·资源与环境》2004 年第 2 期，第 12～15 页。

[22] 中国企业联合会研究部：《大力发展循环经济 走生态型企业之路》，载《现代企业》2005 年第 6 期，第 7～8 页。

[23] 李爱年、同利平：《可持续发展与奖励资源综合利用制度》，载《湖南师范大学社会科学学报》1998 年第 4 期，第 39～44 页。

[24] 李爱年、同利平：《可持续发展与奖励资源综合利用制度》，载《湖南师范大学社会科学学报》1998 年第 4 期，第 39～44 页。

[25] 赵鹏高：《全国资源综合利用工作会议记述》，载《粉煤灰综合利用》1997 年第 1 期，第 49～52 页。

[26] 赵鹏高：《全国资源综合利用工作会议记述》，载《粉煤灰综合利用》1997 年第 1 期，第 49～52 页。

[27] 段宁：《清洁生产在中国》，载《中国环境报》2003 年 2 月 24 日。

[28] 段宁：《清洁生产、生态工业和循环经济》，载《环境科学研究》2001 年第 6 期，第 2～4 页。

[29] 胡锦涛：《在中央人口资源环境工作座谈会上的讲话》，载《人民日报》2004 年 4 月 5 日第 2 版。

[30] 诸大建、朱远：《循环经济：三个方面的深化研究》，载《社会科学》2006 年第 4 期，第 46～55 页。

[31] 梁洪：《创建生态工业园 走可持续发展之路——来自广西贵糖（集团）股份有限公司的报告》，载《沿海环境》2001 年第 9 期，第23～24 页。

[32] 邓媛雯：《2010：建成国内样板城市》，载《深圳特区报》2006 年 3 月 9 日第 A01 版。

[33] 丁东：《辽宁："3＋1"循环经济模式》，载《环境经济》2005 年第 1 期，第 21～27 页。

[34] 中国循环经济网。

［35］李庆生：《牡丹江探索循环经济发展模式》，载《中国环境报》2005年5月12日。

［36］李菲：《山东模式破解循环经济难题》，载《新华每日电讯》2006年4月19日第3版。

［37］《中国统计年鉴2005》。

［38］《中国统计年鉴2005》。

［39］《中国统计年鉴2005》。

［40］《日照市环保局关于日照市发展循环经济工作情况的报告》，日照市环境保护局网站，http：//www.rzhb.gov.cn/news2/list.asp？id＝2214，2005年1月28日。

［41］宋君广、党勇、王香芬：《如何提高企业工艺技术水平的探讨》，载《新技术新工艺》2006年第6期，第4～5页。

［42］任润厚：《发展循环经济建设能化集团》，载《经济问题》2005年第10期，第26～28页。

［43］李菲：《山东模式破解循环经济难题》，载《新华每日电讯》2006年4月19日第3版。

［44］《中国统计年鉴2004》。

［45］《中国统计年鉴2004》。

［46］汪上：《中小企业发展循环经济的动力机制研究》，载《技术经济》2006年第2期，第9～11页。

［47］沈大维：《企业生态系统研究生态位理论与企业竞争策略》，山西大学硕士学位论文，2006年8月，第32～36页。

［48］沈大维：《企业生态系统研究生态位理论与企业竞争策略》，山西大学硕士学位论文，2006年8月，第32～36页。

［49］许桂兰、王秀明：《山西循环经济发展现状及对策分析》，载《经济师》2006年第2期，第268～269页。

［50］余晓私：《日本企业的环境经营》，载《环境保护》2003年第9期，第61～64页。

［51］《中国统计年鉴2005》。

［52］刘庆斌：《我国企业循环经济的实践及发展对策》，载《科技

与管理》2005 年第 5 期，第 79～81 页。

[53] 《中国统计年鉴 2005》。

[54] 《中国统计年鉴 2005》。

[55] 范连颖：《中国发展循环经济可借鉴的日本经验》，载《贵州社会科学》2004 年第 5 期，第 30～32 页。

[56] 崔旭：《德国循环经济的发展经验及其对我国的可借鉴性分析》，载《城市环境与城市生态》2006 年第 3 期，第 34～36 页。

[57] 黄海峰：《德国发展循环经济的经验及其对我国的启示》，载《北京工业大学学报（社会科学版）》2005 年第 2 期，第 38～42 页。

[58] 刘庆斌：《我国企业循环经济的实践及发展对策》，载《科技与管理》2005 年第 5 期，第 79～81 页。

[59] 刘庆斌：《我国企业循环经济的实践及发展对策》，载《科技与管理》2005 年第 5 期，第 79～81 页。

[60] 刘庆斌：《我国企业循环经济的实践及发展对策》，载《科技与管理》2005 年第 5 期，第 79～81 页。

[61] 国家发展改革委员会环境和资源综合利用司：《关于德国发展循环经济的考察报告》，载《理论参考》2005 年第 8 期，第 59～61 页。

[62] 范连颖：《中国发展循环经济可资借鉴的日本经验》，载《贵州社会科学》2004 年第 5 期，第 32 页。

[63] 范连颖：《中国发展循环经济可资借鉴的日本经验》，载《贵州社会科学》2004 年第 5 期，第 32 页。

[64] 马荣：《德国循环经济的发展概况》，载《中国环保产业》2005 年第 5 期，第 43～46 页。

[65] 刘庆斌：《我国企业循环经济的实践及发展对策》，载《科技与管理》2005 年第 5 期，第 79～81 页。

[66] 《国际清洁生产进展》，http：//www.zhb.gov.cn/tech/qjsc/gjhzxm/200607/t20060727_91411.htm，2004 年 4 月 8 日。

2 生态园区建设

2.1 引 言

　　生态企业在生产的源头投入资源，在生产的末端产出产品，把生产过程产生的废弃物作为资源再投入生产源头，直到实现生产末端的废弃物趋向零排放。由于生态企业产品的行业跨度小，因而其产品链的延伸受到限制。而生态园区是在生产的源头投入资源，把上游企业产生的废弃物作为中游企业的资源，把中游企业产生的废弃物作为下游企业的资源，直到园区生产末端废弃物趋向零排放。生态园区的特点是产品的行业跨度大，从而产品链可以不断延伸。

　　诞生于 20 世纪 70 年代的丹麦卡伦堡生态工业园区是公认的世界最早的生态园区。随后，生态园区在德、日、美等国先后兴起。[1] 在我国，自 1999 年"广西贵港生态工业园区"作为国家环保总局首个试点园区以来，广西、江苏、山东等地也相继建设了一批生态园区。[2] 目前，我国生态园区建设中存在的主要问题是园区建设不标准，园区内产业链延伸有限，园区的生态功能发挥不足。

　　国内关于生态园区的研究主要集中在理论方法、思路模式、支持体系等抽象的宏观层面上，而对生态园区建设等具有可操作性的微观层面研究不足。鲁成秀等把可持续发展理论、工业生态学理论、循环经济理论、系统工程理论、景观生态学理论、交易费用理论等列为生态工业园区建设的理论基础，把景观生态规划、生命周期评价等列为生态工业园区的设计、建设、管理的方法与工具[3]；李翔等提出生态工业园区建设的"二元五体"思路，即建设工业系统中的主业、协同两个子系统和决策支持系统中的人力、信息、研发三个子系统[4]；熊文强等则把生态工业园区分为自主实体、复合实体、企业主导、资源主导四种模式[5]；文娱等认为法律体系是生态工业园区建设的最基本保障[6]；蒋和平等提出通过理念创新、制度创新和组织创新推进生态园区建设[7]。

本章借鉴了国内外生态园区的相关研究成果，界定了生态园区概念，指出了生态园区是循环经济建设的载体之一；通过回顾我国生态园区发展历程，总结其建设成就，分析了我国生态园区建设中存在的问题及其原因；在考察国内外生态园区建设经验的基础上，提出了我国生态园区建设的思路。

2.2　生态园区的基本原理

2.2.1　概念

学者们从不同角度对生态园区的概念进行了阐述，其中有代表性的观点大多包含生态园区的理论基础、构成要素、运作机制和作用功能四个方面。学者们普遍认为生态园区的理论基础是循环经济理论、产业生态学、生态经济学和系统工程理论等[8][9]；与一般产业园区不同，生态园区由生态环境、产业群、商业园和周边社区等要素构成[10]；它将不同产业按照物质循环、产业共生原理组织起来，构成完整的产业链和产业网[11]；具有"实现生态环境与经济的双重优化和协调发展"的作用[12]。

本章认为，生态园区是依据产业生态学关于以物质循环和能量分级流动为特征的闭路循环工艺原理，整合特定区域内的相关产业，在生产的源头投入资源，把上游企业产生的废弃物作为中游企业的资源，把中游企业产生的废弃物作为下游企业的资源，直到园区生产末端废弃物趋向零排放的新型产业园区。

生态园区的具体流程如图2-1所示，在生态园区的生产源头投入资源，经过生产单位Ⅰ，产出产品Ⅰ，同时将其生产过程及末端产生的废弃物Ⅰ作为生产单位Ⅱ的资源投入（部分返回生产单位Ⅰ作为资源）；经过生产单位Ⅱ，产出产品Ⅱ，同时将其产生的废弃物Ⅱ作为资源投入下一个生产单位继续进行生产（部分返回前两个生产单位作为资源）；直至生产单位N产出产品N，并将其产生的废弃物N作为资源再投入生产过程。这样，整个园区形成一个闭路循环，最终实现废弃物的零排放。

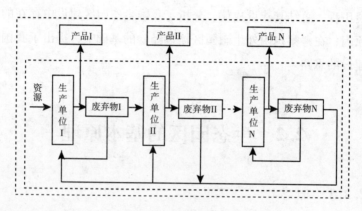

图2-1　生态园示意图

2.2.2　特征

生态园区具有不同于传统园区的特征，本章将其归纳为：横向耦合性、纵向闭合性、系统稳定性以及区域整合性。[13]

1. 横向耦合性

横向耦合性是指园区内不同生产单位之间通过资源共享和废弃物交换构成互惠共生的产业链。这是生态园区的本质特征，能够解决传统园区中由于各单位生产过程相互独立造成资源高消耗、废弃物高排放的问题。生态园区中没有真正的废弃物，通过横向耦合，上游生产单位的生产过程产生的废弃物可以作为下游生产单位的资源进行再利用，各生产单位之间形成共生网络，实现资源共享和能量多级利用，变污染负效益为经济正效益。[14][15]

2. 纵向闭合性

纵向闭合性是指园区通过构建产业链，整个生产过程形成"资源—废弃物—再生资源"的物质和能量的闭路循环流动，实现废弃物的"零排放"。这是生态园区存在的根本原因。目前部分企业难以实现生态化，已有的生态企业也无法实现真正的闭路循环。而生态园区将各生产单位按照"资源—废弃物—再生资源"的循环进行整合，使园区整体实现物质和能量的"纵向闭路循环"。[16]在这个近似封闭的系统中，物质和能量得到最充分利用，同时实现废弃物的"零排放"。[17]

3. 系统稳定性

系统稳定性是指生态园区作为一个整体能够有效的抵御市场风险、保持自身稳定。[18]成熟的生态园区是生态效益和经济效益并重的空间组织形式[19]，与传统园区相比，生态园区在面临资源供应、市场需求以及外界环境随机波动时具有较大的弹性，整体抵御市场风险的能力大大加强。同时，它不断吸收新的生产单位来填补园区产业链上的空缺，设立面向管理者、技术人员等的培训体系，也进一步提高了生态园区的稳定性和可持续性。[20]

4. 区域整合性

区域整合性是指生态园区通过与周边区域资源、环境的耦合，融入到区域发展的生态和经济网络之中，为区域的经济发展和环境改善做出贡献。[21]这是生态园区建设中全面考虑资源利用、经济发展与环境保护的最高境界。生态园区充分依托其所在区域的资源支撑力和环境承载力，从区域发展的角度改善环境质量，带动周边区域经济和社会的可持续发展。[22]

2.2.3　作用

生态园区作为循环经济中观层次的重要载体，它将目前尚难以实现生态化的企业及部分没有完全实现内部耦合的生态企业链接起来，能够实现区域的闭路循环；同时，通过其区域辐射和带动功能，逐步向生态城市过渡，推动循环经济的快速发展，具有明显的经济效益、环境效益和社会效益。

1. 生态园区能够提升园区与企业的经济效益

生态园区通过构建产业链，实现物质闭路循环，极大地降低了生产成本和环境成本；通过加强上下游生产单位之间的合作与交流，在一定程度上能够提高产品质量，增强生产单位的竞争力[23]；同时，园区内布局的网络化和集中化，不仅大大节约了工业用地，而且能够产生极大的集聚效应[24]；另外，生态园区通过改善区域经济和环境状况，还可以改善其中生产单位的外部形象，从而提升经济效益[25]。

2. 生态园区能够减轻园区和区域的环境压力

生态园区通过模拟自然生态系统，对园区企业及产业进行重新设计，将非生态企业及没有完全实现内部耦合的生态企业产生的废弃物重新投入生产，能够提高资源利用率，并在园区层面降低资源的整体消耗水平；同时，通过构建资源共享和废弃物交换的产业共生网络，最终能够实现区域废弃物的"零排放"，减轻区域环境治理的压力。因此，在目前有限的资源存量和环境承载力条件下，生态园区利用其生态技术，能够缓解我国生态环境日益恶化的状况，具有明显的环境改善作用。[26][27]

3. 生态园区能够带动区域社会的协调发展

生态园区作为整个区域系统的一员，不仅注重自身的经济发展和环境保护，而且强调与所在区域的总体发展紧密相连。生态园区通过自身产业的建设能够带动区域工业、农业及第三产业的共同进步，从而促进了整个区域的经济发展；生态园区能够改善区域环境，同时为社区提供更多的就业机会和各类服务，提高了人们的生活质量；生态园区还通过影响人们的观念，带动区域科技、教育、文化的进步，促进区域的协调发展，具有明显的社会作用。[28]

2.3　我国生态园区发展的进程

按照传统产业划分，生态园区可以分为工业型、农业型、混合型以及资源回收型。在实践过程中，生态农业园区实现了规模化、标准化、企业化生产，已经具备了工业化特质[29]；资源回收型生态园区的数量较少，国家环保总局将其归为静脉产业类生态工业园区①；在混合型生态园区中，农业更是与工业、商业紧密结合，在实际建设过程中也被归入生态工业园区。可以看出，目前我国的生态园区主要是生态工业园区，其发展历程与现状代表了我国生态园区的总体状况。因此，本章以生态工业园区为主介绍我国生态园区的建设状况。

2.3.1 发展的历程

1. 试点阶段（1999~2000年）

在生态工业园区建设的试点阶段，我国开始进行生态工业园区的建设规划，随之启动了试点工作。

1999年，国家环保总局起草了《关于加快发展循环经济的意见》，提出在区域层面上展开生态工业园区的规划建设，成为我国生态工业园区建设的起点[30]。随后，我国开始启动生态工业示范园区建设试点工作，并选取广西贵港作为首个试点园区。1999年10月，为推进我国生态工业园区的发展，国家环保总局和联合国环境规划署决定组织实施"中国工业园区的环境管理研究项目"，将大连经济技术开发区、苏州高新技术产业开发区、天津经济技术开发区和烟台经济技术开发区作为试点对象，这些园区均将生态工业园区作为一项长期的发展目标，并积极申报国家生态工业园区。[31]

在这一阶段，我国开始启动生态园区的试点，并在国家环保总局的推动下，积极探索生态园区的建设模式。

2. 正式启动阶段（2001~2004年）

在生态工业园区建设的正式启动阶段，我国首个生态工业园区建成，生态园区建设在全国范围逐步展开。

2001年8月，国家环保总局正式确认了"广西贵港生态工业（制糖）园区"为国家生态工业示范园区，并予以挂牌昭示，标志着我国

---

① 静脉产业（资源再生利用产业）是以保障环境安全为前提，以节约资源、保护环境为目的，运用先进的技术，将生产和消费过程中产生的废弃物转化为可重新利用的资源和产品，实现各类废弃物的再利用和资源化的产业，包括废弃物转化为再生资源及将再生资源加工为产品两个过程。

第一个生态工业园区正式启动。①

2001 年 11 月，国家环保总局选取"广东南海国家生态工业建设示范园区暨华南环保科技产业园"作为首个全新规划型生态工业园区试点，积极探讨生态工业园区的建设模式。2004 年，"中国工业园区的环境管理研究项目"的四个试点园区均成功成为国家生态工业园区。同时，各地政府也积极推动地方生态工业园区的建设，其中部分园区，如长沙黄兴国家生态工业园区和鲁北国家生态工业园区等发展良好，通过了国家环保总局的审批，成为国家生态工业园区。

在这种形势下，国务院 2004 年工作要点明确提出：继续开展生态省（市）、生态示范区、生态文明村、绿色社区等创建活动，推广循环经济典型。国家环保总局也分别召开了"国家环保总局推进循环经济试点经验交流会"和"生态工业循环经济建设试点单位经验总结交流会"，对生态工业园区建设的阶段性成果进行了总结，为我国生态工业园区的下一步发展提供了经验借鉴。②

这一阶段，在国家环保总局的推动下，我国生态园区发展迅速，至 2004 年底，我国国家生态工业园区数目已经达到 12 个，地方和企业自主开发的各类生态工业园区初具规模。生态工业园区的快速发展也带动了生态农业园区的发展，杨凌农业生态示范区等就是在这个时期建成的。③

3. 发展阶段（2005 年至今）

在生态工业园区建设的发展阶段，生态园区建设进入发展期，逐步向标准化建设和规范化管理迈进。

2005 年，国务院颁布了《国务院关于加快发展循环经济的若干意见》，其中提出要开展循环经济示范试点，按循环经济模式规划、建设、改造工业园区，并在 2010 年，建设一批符合循环经济发展要求的工业

---

① 《生态工业园区：可持续发展的战略抉择》，载《人民日报》2001 年 9 月 5 日第六版，http：//211.167.68.243/chinese2/development/bhumons/0020.htm。

② http：//www.ccpp.org.cn/news/status_005.html。

③ 国家环保局：批准建设的国家生态工业示范园区名单，http：//www.zhb.gov.cn/eic/650217100396199936/20040910/1604.shtml。

（农业）园区。① 这一政策的出台，推动生态园区建设进入了新的时期。

2005 年 10 月，江西省环保局颁布了《江西省创建省级生态工业园区管理办法（试行）》和《省级生态工业园区环境保护标准》;② 2006年 3 月，循环经济建设的重要标准——生态工业园区评价指标体系通过国家标准审议，为我国生态工业园区的标准化建设和管理提供了依据。③

在国家的高度重视下，这一阶段，我国生态园区建设向纵深发展，生态园区成为各类园区的建设目标。至 2006 年 9 月，国家生态工业园区已经达到 17 个。地方生态园区试点工作也初见成效，并且开始探索建设的标准化和管理的规范化。

2.3.2 建设的成就

1. 生态园区迅速发展，初步形成两种类型

近年来，国家环保总局颁布了一系列关于生态园区建设和管理的文件，如《国家生态工业示范园区申报、命名和管理规定（试行）》等，为生态园区的建设和管理提供了依据。④ 各地方政府也相继颁布了一系列地方性政策，如广东省南海市颁布的《关于扶持南海国家生态工业示范园区和华南环保科技产业园发展的若干优惠措施》。⑤ 在这些政策推动下，我国生态园区建设进展迅速。地方生态园区试点工作也初见成效，如新疆石河子生态工业园区和陕西韩城生态工业园区等已经通过了国家生态工业园区建设的论证。⑥

---

① 《国务院关于加快发展循环经济的若干意见》，国发 ［2005］ 21、22 号，http：//www. gov. cn/zwgk/2005－09/08/content_30305. htm。

② 《江西省创建省级生态工业园区管理办法（试行）》，http：//www. pxepb. gov. cn/ReadNews. asp？NewsID＝1780。

③ http：//www. zhb. gov. cn/tech/stgyyq/sp/。

④ 《生态工业示范园区规划指南（试行）》，2003 年 12 月，http：//www. zhb. gov. cn/eic/650217096101232640/20040419/1048824. shtml。

⑤ 《首个国家级生态工业示范园在南海奠基》，中国广播网 2003 年 3 月 31 日，http：//www. china. org. cn/chinese/huanjing/304567. htm。

⑥ 国家环保总局网站资料，《批准建设的国家生态工业示范园区名单》，http：//www. zhb. gov. cn/tech/stgyyq/m/200412/t20041201_61324. htm。

从总体来看，现有生态工业园区主要包括行业类生态工业园区和区域类生态工业园区两类。①

行业类生态工业园区主要以某一行业为导向建立，目的是为了减轻我国工业的结构性污染和区域性污染。目前我国已建成 9 个行业类国家生态工业园区（见表 2-1），大多集中在制糖、造纸、化工、钢铁、冶金等污染较大的行业。行业类生态工业园区又可以分成两类②：一是企业主导型，这一类型大部分是以某个或几个企业为核心，吸引产业链上相关企业入园形成的生态工业园区，如我国广西贵港国家生态工业（制糖）建设示范园区；还有一部分是由同属一个集团的多家企业根据生态工业学和循环经济原理构建产业链而形成的生态工业园区，最典型的代表是山东鲁北国家生态工业建设示范园区。二是产业关联型，这一类型指将产业关联度较高的相关产业以生态的观念联合在一起，充分发挥互补效应的园区。如包头国家生态工业（铝业）建设示范园区，园区以铝电联营为核心，以铝业为主导，以电厂为基础，重点发展电力、电解铝、铝深加工、铝合金铸件和建材等相关产业。③

表 2-1　行业类生态工业园区

序　号	名　称	所在行业
1	广西贵港国家生态工业(制糖)建设示范园区	制　糖
2	包头国家生态工业(铝业)建设示范园区	铝　业
3	山东鲁北国家生态工业建设示范园区	化　工
4	抚顺矿业集团国家生态工业建设示范园区	矿　业
5	贵阳市开阳磷煤化工国家生态工业示范基地	磷煤化工
6	潍坊海洋化工高新技术产业开发区国家生态工业示范园区	海洋化工
7	包头钢铁国家生态工业示范园区	钢　铁
8	郑州市上街区国家生态工业示范园区	铝　业

资料来源：国家环保总局网站，http：//www.zhb.gov.cn/tech/stgyyq/m/。

① 《生态工业示范园区规划指南（试行）》环发［2003］208 号附件二。
② 《改造和新建并举——我国生态工业园的建设思路》，2006 年 3 月，http：//gov.finance.sina.com.cn/zsyz/2006-03-31/82544.html。
③ 环境友好篇：《对绿色的潜心经营让安吉尝到甜头》，2006 年 3 月，http：//news.xinhuanet.com/misc/2006-03/10/content_4284533_1.htm。

区域类生态工业园区包括对已有经济技术开发或高新技术开发区进行生态化改造的工业园区，以及新规划建设的生态工业园区。目前在国家生态工业园区中有7个属于区域类生态工业园区（见表2-2）。根据建园基础可以将此类生态工业园区分为全新规划型和改造型：全新规划型是在事先规划和设计的基础上吸引那些处于同一产业链的企业入园，并创建一些基础设施和管理服务中心，使得这些企业之间可以进行废弃物的交换。典型代表有广东南海国家生态工业建设示范园区暨华南环保科技产业园和长沙黄兴国家生态工业建设示范园区；改造型则是通过对园区已经存在的若干企业进行适当的技术改造，建立区域废弃物能量交换中心，实现物质和能量在企业间的相互交换。典型代表有天津经济技术开发区国家生态工业建设示范园区等。

表2-2　区域类生态工业园区

序　号	名　　称	类　型
1	广东南海国家生态工业建设示范园区暨华南环保科技产业园	全新规划型
2	长沙黄兴国家生态工业建设示范园区	全新规划型
3	天津经济技术开发区国家生态工业建设示范园区	改造型
4	大连经济技术开发区国家生态工业建设示范园区	改造型
5	苏州高新区国家生态工业建设示范园区	改造型
6	苏州工业园区国家生态工业建设示范园区	改造型
7	烟台经济技术开发区国家生态工业示范园区	改造型

资料来源：国家环保总局网站，http：//www.zhb.gov.cn/tech/stgyyq/m/。

2. 两类生态园区分别建立了具有自身特色的横向耦合产业链，并初步实现闭路循环目标

行业类生态工业园区大多由资源型产业组建而成，其产业链主要围绕某一特定资源而形成，结构简单，集中性强，初步在整个园区形成了"资源—废弃物—再生资源"的物质和能量的"纵向闭路循环"，废弃物排放明显减少。如鲁北生态工业园区就主要是围绕磷矿和海水形成了磷铵副产磷石膏制硫酸联产水泥，海水—水多用和盐碱电联产三条生态产业链，并且逐步实现了闭路循环，其主要装置的固体废弃物利用率达100%，企业固体废弃物利用率达95%，污水回用率达100%，每万元

产值污染物排放量为 0.045 吨，处于国内同行业领先水平。①

区域类生态工业园区的产业类型比较多样，从而形成了更为丰富的横向耦合产业链，且大多为比较先进的现代科技产业。如湖南长沙黄兴生态工业园区的产业链包括以远大空调及其配套产业为主导的电子工业产业链、以抗菌陶瓷及配套产业为主导的新材料工业产业链、以多种农产品深加工为主导的生物制品工业产业链等，涉及电子工业、新材料工业和环保产业等多个行业。通过构建多样化的产业链，区域类生态工业园区也初步实现了园区的闭路循环。即使部分无法加入产业链的园内企业，通过使用清洁生产、末端处理等手段来控制污染，构建企业自身的内部耦合和闭路循环，也取得了很大的成效，提高了生态工业园区的生态效益。例如苏州国家生态工业示范园区内的各企业分别通过实施清洁生产、建设污水"零排放"工程、开展"3R"系列活动等途径，在园区生态效益的总体要求下，根据自身特点进行企业内部的闭路循环系统建设，取得了良好效果。②

3. 环境与经济效益显著，初步发挥了循环经济载体作用

目前，无论是区域类生态工业园区还是行业类生态工业园区，均为我国循环经济发展中重点关注和建设的对象，在资金、技术、政策等方面具有明显优势，所以一经建成，就迅速为改善区域环境和提升经济效益做出了贡献。

在环境方面，生态园区中的企业强调以生态为中心，通过建立物质闭路循环，实施废弃物的回收再利用，减少了资源使用量，提高了资源的利用效率；同时通过实行生产全过程的污染防治，使"废气、废水、废渣"等得到综合利用与无害化处理，大大削减了废弃物排放量，减少了对环境的污染和破坏。以苏州工业园区国家生态工业建设示范园区为例，如果不进行生态园区的建设，按照目前的经济增长方式和增长速度，到 2020 年，园区每年的水资源需求量和能源需求量将分别达到

①《山东鲁北集团走出发展循环经济新路子》，2005 年，http://www.gdnet.com.cn/newgdnet/economic/detail4.asp? it=0401&no=61770。

②《求真务实，开拓创新，创建高标准苏州工业园区国家生态工业示范园区》，苏州工业园区管理委员会，2005 年，http://www.sepa.gov.cn/tech/xhjjlgddt/2005-07/08/68381.htm。

11257 万吨和 437 万吨标准煤;二氧化硫、废水、固体废弃物的排放量将分别达到 1.88 万吨、6460 万吨和 50 万吨。而通过生态工业园区建设,在相同的 GDP 增长情况下,到 2020 年,水资源和能源总消耗量将分别减少 5500 万吨和 60 万吨标准煤;二氧化硫、废水、固体废弃物则将分别减少 0.7 万吨、3200 万吨和 9 万吨。[32]

在经济方面,传统的粗放型增长方式导致经济发展与资源、环境之间的矛盾日益突出,资源的短缺和过度消耗已使部分传统产业陷入困境,而生态园区的建设可以促进循环经济的发展,使我国经济向集约型增长方式转变,在考虑环境承载能力的前提下,获得较大的经济效益。如鲁北生态工业园区的建成,使主要产品成本降低了 30% ~ 50%,对企业产值的增长贡献率达 40%,每年的共生效益达 2.3 亿元,产生了占总产值 14% 的经济效益。如果将这种循环经济的发展模式在全国推广,一年可减少堆放废渣磷石膏的土地 3 万亩、堆场建设费 6000 万元,为国家节省石灰石开采费 21 亿元、硫铁矿开采费 30 亿元,其经济效益将非常显著。[33]

总体来看,我国生态园区发展迅速,目前以生态工业园区为代表,包括行业类和区域类两种类型,并分别形成具有鲜明特色的产业链和闭路循环,而且环境与经济效益显著,初步发挥了其作为循环经济载体的作用。

2.4 我国生态园区建设中的问题及原因

我国生态园区经过近十年的建设,取得了初步成效,促进了循环经济的发展。但仍然存在许多问题,制约了生态园区的进一步发展及其作为循环经济载体作用的发挥。本章对我国生态园区建设中存在的问题进行总结,并进一步分析产生这些问题的原因。

2.4.1 存在的问题

1. 产业链横向耦合性较差,园区稳定性有待进一步加强

理论界和实际工作部门普遍认为,一个标准的生态园区,其共生网

络应该涵盖园区内所有企业及产业。但是，目前我国生态园区在循环系统的构建及产业链结构的形成方面都存在一定的缺陷，横向耦合性不强，导致园区稳定性较弱。

区域类生态工业园区主要是在原有经济开发区和工业园区的基础上改造而成的，受原有企业特点的限制，其产业链的构建不能完全按照理想模式进行，甚至有个别企业没有相匹配的产业链可以容纳，导致企业间的共生关系薄弱。而行业类生态园区产业类型比较单一，其产业链大多围绕某一种资源形成，一旦资源枯竭，整个产业链就会断裂。此外，从现实来看，目前我国生态园区的产业链大部分为单链结构，即两三家企业串联形成，作为废弃物的排放者（或者原料的供给者）的上游企业和作为废弃物接收者的下游企业都是唯一的，没有分支[34]，如建设中的四川沱牌曲酒酿酒工业生态园区就是"酿酒厂—养殖场—食品厂"等的串联。从链接特征看，由于是一对一的单链结构，脆弱易断，内部调节能力较差，使产业链耦合性不强的问题更加突出。

而产业链横向耦合性不强，会导致园区稳定性降低，在应对自身及外部风险时弹性不足，一旦出现某种变故，将会导致产业链的断裂，引起一系列不良反应。如我国某著名生态工业园区，由于产业链横向耦合性不强，在其核心企业发生高层人事变动时，继任领导在产业布局和发展战略上有不同认识，着手对已经长期运行的企业工艺流程进行重组，结果切断了原有的上下游企业之间的"废弃物—产品"循环流动途径，使原先的一些产业链发生断裂、变动，造成不利影响。[35]

2. 产业链纵向闭合尚未真正实现，资源浪费、环境污染现象依然存在

理想的生态园区通过构建产业链、形成共生网络，能够实现区域闭路循环，达到循环经济提高资源利用率、减少污染的目的。但是，目前我国生态园区的产业链纵向闭合尚没有真正形成，资源浪费、环境污染现象依然存在。

目前，由于管理水平、技术条件以及资金、观念等方面的约束，我国生态园区建设尚处于延长生产链的初级阶段，没有形成真正的闭路循环，导致资源浪费和环境污染现象依然存在。如陕西龙门生态工业园区尽管生态工业已具有雏形，并且通过了国家环保总局的论证，但是在实地调研过程中，我们发现，其产业链尚未闭合，资源浪费和环境污染依然存在，对区域环境仍造成一定的负面影响。相比较，美国查塔努加市作为全美钢铁制造业的中心，20世纪60年代是美国污染最严重的城市，但是，政府运用工业生态学原理构建产业链，建立生态园区，实现了物质闭路循环，建成了世界上第一个"零排放"的工业园区。[36]

3. 整合能力差，对区域经济、环境的带动作用尚未充分发挥

成熟的生态园区应该通过整合周边区域的各种资源，充分发挥其对经济、环境的带动作用，实现区域经济社会的可持续发展。但是，我国生态园区建设大多从自身出发，没有将周边区域发展考虑其中，加之自身发展水平的限制，对区域经济发展、环境改善的推动作用不够明显。

目前，我国部分生态园区是对原有园区改造而来的，还有部分是为了发挥行业的资源优势或者减轻污染而建立的，园区的规划设计受原有园区和行业的限制，更多考虑的是自身发展，没有将周边区域纳入其中。与此相反，美国的生态工业园区建设时就非常注重与周边地区经济、环境的协调发展，强调与所在社区的发展紧密相连。为此，园区管理者不仅考虑让外来跨国公司和本土企业平衡发展，吸引当地精英和重要团体参与生态工业园区建设，同时还致力于为社区提供更多服务，如增加就业机会，带动当地相关产业发展等。[37]

此外，由于自身发展水平限制，我国生态园区对周边区域经济、环境带动作用不强。尤其是行业类生态工业园区，产业类型比较单一，甚至个别园区属于同一家企业集团，开放性较小，对周边地区的影响辐射能力更弱。相比而言，丹麦的卡伦堡生态工业园区的产业链则不仅包括当地企业，还囊括了市政当局、几百家农场和所有居民，使整个卡伦堡市形成了一个巨大的共生网络，给参与各方和周边社区带来了很高的环境经济效益，进而带动了整个区域的协调发展。另外，美国、加拿大、荷兰等发达国家的生态园区都对所在区域的发展起到了巨大的带动作用。[38]

从上文可以看出，虽然近年来我国生态园区建设进展迅速，但是在横向耦合性、系统稳定性、纵向闭合性和区域整合性方面依然存在较多

问题；资源浪费、环境污染现象依然存在，至今没有一个真正实现"零排放"的生态园区；对经济环境的带动作用也不明显，其作为循环经济载体的作用尚未充分发挥。

2.4.2　问题的原因

1. 政策法律的滞后与缺失，无法形成推动生态园区建设的激励约束机制

国外生态园区建设的经验表明，政策法律的激励和约束是生态园区建设的必备条件。比如，为推进生态工业和生态工业园区的发展，美国颁布了支持黑土地区生态工业发展的相关法案，修订了联邦立法，各州政府也颁布了相应的税收政策和规章制度。[39] 而我国生态园区正处于建设初期，相关政策法律缺失，尚未形成一整套激励和约束机制，不能够全面引导企业加入生态园区，导致园区构建产业链、形成纵向闭路时遇到困难，生态园区稳定性较弱，污染浪费现象依然存在。具体表现在以下几方面：

首先，我国目前的政策法律体系比较注重末端治理，对构建生态产业链的支持相对不足，对生态产业本身健康发展的保护力度不够，同时对环境污染企业的惩罚较轻，不能全面引导企业和一般园区走生态经济之路。[40]

其次，已有的某些政策法律在实际操作过程中，由于种种原因，执行不到位，没有发挥其应有功能。比如，常熟铁红厂有限公司的原料基本都是其他企业的副产品，按照《中华人民共和国清洁生产促进法》第35条规定"对利用废物生产产品的和从废物中回收原材料的，税收机关应按照国家有关规定，减免或者免征增值税"，但是在向税收机关申请减免增值税时，由于相应的税收政策尚未出台，该企业无法享受此法规所带来的税收优惠。[41]

再次，我国现有的一些政策法律滞后于生态园区建设的实践，制约了生态园区的进一步发展。按照生态产业理念，一些污染性项目的废弃物在产业生态系统中可能成为中间产品或副产品，然而，目前一些环境法规以及有关产业园区的管理办法却严格限制污染性项目的进入，这就

制约了生态园区产业链的构建，从而阻碍了生态园区的发展。

2. 技术的落后及其实施的困难，无法形成推动生态园区建设的支撑体系

生态园区的长期发展依赖于稳定产业链的形成，而稳定产业链的形成最终取决于相关技术的进步。虽然一些传统的生态园区，诸如桑基鱼塘、卡伦堡生态工业园区的成功得益于巧妙的产业组合，但是，在更大范围内、更广泛的推行物质再循环更多地则应基于技术的进步。[42]新技术的采用会为产业链的形成提供新的机会，将更多的企业链接起来，形成闭合的共生网络。但是，目前我国生态园区建设技术支撑力度不足，是生态园区内企业进行清洁生产以及企业间耦合形成产业链时遇到的最大困难，极大地阻碍了我国生态园区的建设。

首先，我国总体技术水平落后。我国生态园区建设所依赖的环保技术水平低下，大多局限于末端治理方面，而源头治理与过程治理技术相对缺失。更为严重的是，现有产业链接技术单一，导致生态园区的部分产业链集中在单个企业内部，而不同企业间的产业链接严重不足。以陕西龙门生态工业园区为例，通过调研，我们发现园区内的两条主要产业链所涉及的物质流多在企业内部，而企业间的技术链接较少，园区管理人员和企业均表示，目前企业间链接技术缺乏是制约该工业园区发展的重要原因。另外，我国在建设生态农业园区、生态居住小区方面，相关技术也比较薄弱，无法满足实践的要求，影响了生态园区的进一步发展。

其次，由于自主研发能力不足和国外技术壁垒的存在，不能有效进行技术开发和引进。受资金投入不足、企业规模限制，以及投入大、回收期长等因素的影响，在市场中追求利润最大化的企业，往往不愿或难以加大对技术的研究和开发，导致我国企业技术的自主研发能力较差，明显落后于西方国家各大跨国公司。而且，由于受到知识产权以及既得利益等因素的影响，西方国家对我国实行严格的技术贸易壁垒，导致我国在研发能力不强的情况下，寻求技术引进的路径也困难重重。

此外，在技术实施的过程中也会遇到困难。生态园区对园区内企业进行技术改造，构建产业链，需要跨企业、跨行业的协作，难度较大；

而且，由于生态技术投资大、回收期长，大部分中小型企业无力或者不愿意加入产业链进行生态化改造；而老工业企业在技术上具有更大的惰性，许多根本性的改革设想往往遇到更大的技术障碍，这些同样制约了生态园区的进一步发展。

3. 管理、资金、观念等方面的原因也制约了生态园区的进一步发展

除了政策法律以及技术方面的障碍以外，管理、资金、观念等方面的原因也是制约生态园区进一步发展的因素。

从管理方面来看，国外实践表明，生态园区的良性发展，在一定程度上依赖于专门机构的综合管理。如美国在可持续发展总统委员会（PCSD）下设立了"生态工业园区特别工作组"，专门负责生态工业园区的规划及管理。[43] 然而，我国生态园区的建设现在主要是由国家环保总局推动，缺乏国家层面的专门管理机构，地方也是由环保局某个部门监管。专门管理机构的缺乏，不利于生态园区的快速发展，尤其在园区规划时不能从宏观出发综合考虑周边社区，生态园区带动功能发挥不足。

从资金投入来看，目前我国生态园区主要由中央及地方政府出资兴建，受财政状况的限制，它们对生态园区建设的投资规模有限；而企业则对生态园区持观望态度，投资也相对比较保守。这些导致生态园区建设的资金来源单一，规模有限。而在美国，生态工业园区建设资金来源于联邦工程基金、社区投资组织、环境融资组织、环境组织和银行系统等各个方面。同时，网络中还有许多关于融资方式的数据库可供融资查询[44]，为生态园区建设提供了充足的资金保障。

从观念上来看，中央政府和环保部门对推动生态园区建设持积极态度，而地方政府和经济部门相对比较消极[45]；企业更多是以个体利益、短期利益为目标，缺乏生态园区建设的认同感和责任感，主动参与意识和动力不足；民众也对生态经济不了解，绿色消费意识不强，甚至对再生资源产品的质量心存怀疑，这些都不利于生态园区及其企业的发展壮大。[46]

可以看出，与其他国家相比，我国现有政策法律的滞后与缺失，使

得推动生态园区建设的激励约束机制尚未形成；相关技术的落后及其实施过程中的困难，导致推动生态园区建设的技术支撑体系力度不足；再加上管理、资金、观念等方面的制约，阻碍了我国生态园区的进一步建设。

2.5　我国生态园区建设的基本思路

通过对我国生态园区建设中存在的问题及其原因分析可以得出，当前影响我国生态园区建设的主要是政策法律、技术及管理等方面的因素。因此，推进我国生态园区建设也应该从这几方面入手。

首先，完善我国的循环经济政策法律体系，形成推动生态园区建设的激励约束机制。中央政府的环保政策应从政府主导的管制性政策向调动政府、企业、社会团体及个人积极性的引导性政策转变，充分利用环保、财税、区域等政策激励企业加入生态园区，促进各类开发区向生态园区转化，同时鼓励民众进行绿色消费；完善修正我国循环经济相关法律，规定政府、园区和企业在生态园区建设中的责任和义务，对阻碍园区建设的行为进行制裁；尤其要加强政策法律在实际应用过程中的执行力度，各级地方政府和相关部门要制定相应的方案措施，将各类政策法律落到实处，才能推动生态园区建设。

其次，鼓励采用新技术，提倡技术创新，为生态园区建设提供技术支撑。政府应鼓励企业采用无害或低害新技术、新工艺，大力降低原材料和能源的消耗，实现少投入、高产出、低污染，尽可能把对环境污染物的排放消除在生产过程之中；还要鼓励技术创新，牵头加大对外联络力度，寻求各方支持。同时加强园区与环保、财政、计委等相关政策部门的联系，建立园区与高校、研究所等技术支撑机构的紧密合作，把生态产业关键技术、产品开发以及政策法规体系建设研究纳入国家重点科技攻关项目，帮助企业渡过技术难关。

此外，市场调节、资本投入、宣传推广也是促进生态园区发展的重要推动力量。政府应逐步加强市场的调节功能，使企业进行资源的综合利用与污染防治能获得较好的经济效益，同时促进居民的绿色消费，鼓励购买对环境无害的与可回收的商品[47]；园区企业应依托科技产业优势，通过社会募集、银行贷款、引进外资和民营资本等多种形式，实现投资主体多元化，拓宽融资渠道[48]；政府和园区还应不断探索和积累生态园区建设经验，充分利用国内外相关网站、报刊、电视等各种手段，宣传、交流生态园区建设的思想、有关知识和最新动态，为在全国推广打下坚实的基础[49]。

2.6 结 论

本章从推进循环经济发展的角度出发，对我国生态园区的基本概念、特征及其在循环经济中的作用进行了界定；通过回顾其发展历程，总结了我国生态园区建设的成就和问题，并分析了导致问题的原因；结合国外建设经验对我国生态园区建设进行思考，提出了相关建议。主要得出以下结论：

（1）生态园区是循环经济中观层面的载体，它将上游单位在生产过程及末端产生的废弃物作为下游单位的生产资源进行再利用，形成"资源—废弃物—再生资源"的闭路循环流动。它具有横向耦合性、纵向闭合性、系统稳定性以及区域整合性的特征，具有明显的经济、环境和社会作用。

（2）我国生态园区建设经历了试点、启动和发展三个阶段；整体发展迅速，目前已形成了具有行业类和区域类两类园区为主的格局；两类生态园区分别建立了具有自身特色的横向耦合产业链，并初步实现闭路循环目标；环境与经济效益显著，初步发挥了其循环经济载体作用。

（3）目前，我国生态园区产业链横向耦合性较差，园区稳定性有待加强；产业链纵向闭合尚未真正实现，资源浪费、环境污染现象依然存在；区域整合能力差，经济、环境带动功能发挥不足。究其原因，主要是政策法律的滞后和缺失，相关技术的落后和实施困难，以及管理、资金、观念等方面存在的问题。

（4）推动我国生态园区建设，应该发挥政府的主导作用，完善我国的循环经济政策法律体系，形成推动生态园区建设的激励约束机制；鼓励采用新技术，提倡技术创新，为生态园区建设提供技术支撑；还要通过市场调节，加大资本投入和宣传推广，全方位的为生态园区建设提供支持。

参考文献

［1］杨咏：《生态工业园区述评》，载《经济地理》2000 年第 4 期，第 31～35 页。

［2］耿勇、武春友：《国内外生态工业园发展述评》，载《产业与环境》2003 年增刊，第 111～113 页。

［3］鲁成秀、尚金城：《生态工业园规划建设的理论与方法初探》，载《经济地理》2004 年第 5 期，第 399～401 页。

［4］李翔、许兆义等：《生态工业园区建设理论探讨》，载《中国安全科学学报》2004 年第 12 期，第 42～43 页。

［5］熊文强、张洁等：《生态工业园区建设思考》，载《重庆大学学报（社会科学版)》2005 年第 6 期，第 53～56 页。

［6］文娱、钟书华：《日本生态工业园区建设的特点与发展趋势》，载《科技管理研究》2006 年第 1 期，第 2～3 页。

［7］蒋和平、何忠伟：《生态旅游农业开发模式的研究——珠海生态农业科技园区开发实证分析》，载《古今农业》2004 年第 3 期，第 20～27 页。

［8］卢兵友、赵景柱：《生态产业园区：可持续发展的一种理想模式》，载《环境科学》2001 年第 2 期，第 1～6 页。

［9］韩良、宋涛等：《典型生态产业园区发展模式及其借鉴》，载《地理科学》2006 年第 2 期，第 237～243 页。

［10］韩良、宋涛等：《典型生态产业园区发展模式及其借鉴》，载《地理科学》2006 年第 2 期，第 237～243 页。

［11］韩良、宋涛等：《典型生态产业园区发展模式及其借鉴》，载《地理科学》2006 年第 2 期，第 237～243 页。

［12］邱德胜、钟书华：《生态工业园区理论研究述评》，载《科技管理研究》2005 年第 2 期，第 175～178 页。

［13］陈彬、李红伟：《生态工业园建设是发展循环经济的有效途径》，载《科技情报开发与经济》2005 年第 15 期，第 145～146 页。

［14］李科林、杨志等：《长株潭经济一体化进程中的生态工业园建设》，载《中南林学院学报》2005 年第 2 期，第 30～34 页。

［15］欧阳中海、叶雪均：《论在矿区进行生态工业园建设》，载《广州化工》2006 年第 2 期，第 78～79 页。

［16］张成考：《基于生态学理论的生态工业园系统模型研究》，载《工业技术经济》2006 年第 3 期，第 84～87 页。

［17］罗吉文：《生态文明建设与生态工业园初探》，载《现代管理科学》2005 年第 10 期，第 73～74 页。

［18］武春友、邓华等：《产业生态系统稳定性研究述评》，载《中国人口·资源与环境》2005 年第 5 期，第 20～25 页。

［19］薛德升、闫小培：《生态工业园：理论基础、发展阶段与竞争优势》，载《城市规划》2006 年第 8 期，第 47～51 页。

［20］贾德昌：《循环经济在中国》，载《中国工程咨询》2005 年第 6 期，第 21～24 页。

［21］张成考：《基于生态学理论的生态工业园系统模型研究》，载《工业技术经济》2006 年第 3 期，第 84～87 页。

［22］马俊杰、程金香等：《生态工业园区建设中的耦合问题及其实施途径研究》，载《地球科学进展》2004 年 6 月增刊，第 482～486 页。

［23］刘雪娟：《关于生态工业园的几点思考》，载《科技管理》2003 年第 6 期，第 106～108 页。

［24］欧阳中海、叶雪均：《论在矿区进行生态工业园建设》，载《广州化工》2006 年第 2 期，第 78～79 页。

［25］刘雪娟：《关于生态工业园的几点思考》，载《科技管理》

2003 年第 6 期, 第 106 ~ 108 页。

[26] 刘雪娟:《关于生态工业园的几点思考》, 载《科技管理》2003 年第 6 期, 第 106 ~ 108 页。

[27] 王兆华等:《生态工业园我国工业可持续发展的战略抉择》, 载《科技进步与对策》2002 年第 10 期, 第 9 ~ 10 页。

[28] 马俊杰、程金香等:《生态工业园区建设中的耦合问题及其实施途径研究》, 载《地球科学进展》2004 年 6 月增刊, 第 482 ~ 486 页。

[29] 刘永涛:《农业产业化的经营模式探索》, 载《当代经理人》2006 年第 9 期, 第 35 ~ 36 页。

[30] 吴松毅:《中国生态工业园区研究》, 南京农业大学博士学位论文, 2005 年 6 月, 第 53 页。

[31] 王瑞贤:《我国长沙黄兴国家生态工业园区规划设计的研究》, 东北师范大学博士学位论文, 2005 年 3 月, 第 21 页。

[32] 袁增伟、毕军:《苏州工业园区生态工业园建设构想及效益预分析》, 载《地域研究与开发》2005 年第 5 期, 第 50 ~ 51 页。

[33] 刘德玉, 王志:《鲁北集团:打造园区循环经济模式》, 载《今日新疆》2006 年第 1 期, 第 52 页。

[34] 龚晓宁, 钟书华:《生态工业园园区的结构》, 载《科技管理研究》2005 年第 9 期, 第 105 ~ 108 页。

[35] 武春友、邓华等:《产业生态系统稳定性研究述评》, 载《中国人口·资源与环境》2005 年第 5 期, 第 20 ~ 25 页。

[36] 王波、李成:《试谈生态工业园》, 载《工业建筑》2002 年第 7 期, 第 81 ~ 83 页。

[37] 文娱、钟书华:《美国生态工业园区建设的特点与发展趋势》, 载《科技管理研究》2006 年第 1 期, 第 92 ~ 93 页。

[38] 邓南圣、吴峰:《国外生态工业园研究概况》, 载《安全与环境学报》2001 年第 4 期, 第 24 ~ 27 页。

[39] 文娱、钟书华:《美国生态工业园区建设的特点与发展趋势》, 载《科技管理研究》2006 年第 1 期, 第 92 ~ 93 页。

［40］马冰：《生态工业园区建设中的政府角色定位》，载《特区经济》2005 年第 8 期，第 114～115 页。

［41］汪毅、陆雍森：《论生态产业链的柔性》，载《生态学杂志》2004 年第 6 期，第 138～142 页。

［42］汪毅、陆雍森：《论生态产业链的柔性》，载《生态学杂志》2004 年第 6 期，第 138～142 页。

［43］戴永务、刘燕娜等：《生态工业园区建设的国内外比较研究》，载《福建农林大学学报》2006 年第 9 期，第 48～50 页。

［44］文娱、钟书华：《美国生态工业园区建设的特点与发展趋势》，载《科技管理研究》2006 年第 1 期，第 92～93 页。

［45］黄少鹏：《影响生态工业园建设的制约性因素分析》，载《技术经济》2006 年第 4 期，第 20～21 页。

［46］马冰：《生态工业园区建设中的政府角色定位》，载《特区经济》2005 年第 8 期，第 114～115 页。

［47］易成栋、罗志军：《中国生态工业园初探》，载《中国人口·资源与环境》2002 年第 3 期，第 115～116 页。

［48］李翔、许兆义等：《生态工业园区建设理论探讨》，载《中国安全科学学报》2004 年第 12 期，第 43 页。

［49］段宁、孙宁等：《关于推进我国生态工业园区建设的思考和建议》，载《环境保护》2002 年第 2 期，第 42 页。

3 生态城市建设

3.1 引 言

1971年，第16届联合国教科文组织"关于人类聚居地的生态综合研究"会议提出"生态城市"概念。[1]生态城市是把一个具有生产、分配、交换、消费等生产全过程功能的城市视为一个封闭系统，从外部向城市系统投入资源和产品，满足系统内生态企业、生态园区的生产需求和居民的消费需求之后，把产生的废弃物作为资源，再投入城市系统内的生产过程，如此循环，直到向系统外只输出产品，而不输出废弃物。生态城市是一种人与自然和谐相处的、理想的未来城市模式，是通过生态企业、生态园区的建设和居民循环消费行为的养成而逐步实现的。生态城市作为循环经济的重要载体，必将成为城市规划、城市建设的发展趋势。截至2005年5月，我国有14个省（市、区）提出具有生态城市特征的区域建设规划。① 随着生态企业、生态园区建设步伐的加快和居民循环消费行为的逐步养成，生态城市必将从憧憬变为现实。

王祥荣对一些国家生态城市建设中的经验进行了归纳和概括，比如开发"公交导向式"的城市规划、构建"绿色账户"制度、建立详细的具有可操作性的实施方案和制定健全的法律法规等[2]；牛桂敏把构建城市产业循环体系、生活垃圾循环利用体系和水资源循环利用体系等作

---

① 张力军：《大力发展循环经济，扎实推进生态省建设》，第三届生态省建设论坛开幕式讲话。

为生态城市建设的内容[3]；李舒瑜认为，政策法规不健全、产业门类单一、资源循环链条断裂等是生态城市建设面临的主要困难[4]；蒋雪梅把资金、技术、人才短缺和资源节约、环境保护意识薄弱作为生态城市建设面临的困难[5]。把生态城市与生态企业、生态园区并列为循环经济的三个载体，把在生态企业、生态园区基础上进行的生态城市建设作为循环经济发展模式的内容，是我们与其他关于生态城市研究的主要区别。

本章在界定生态城市概念的基础上，通过研究生态城市的特征和作用，勾画出生态城市的理想模式；以理想模式为标准，分析了我国生态城市建设的现状和问题；针对生态城市建设中的问题及其原因，提出了我国生态城市建设的总体思路。

3.2　生态城市的基本原理

3.2.1　概念

目前，学者们对生态城市有多种界定，但是这些概念之间并没有本质的分歧，只是定义角度和强调的重点不同。分析总结国内外具有代表性的观点，我们发现生态城市的概念大都包含理论依据、发展目标、构成形式、实现途径四个要素：生态城市以生态经济学原理和系统工程方法作为理论依据[6]；寻求人与自然健康和谐发展[7]；由社会、经济和自然三个子系统构成[8]；通过物质、能量、信息高效利用，技术与自然充分融合，人的创造力、社会生产力最大限度地发挥来逐步实现[9]。除了这四种大家比较公认的要素以外，有些学者还强调不能把生态城市拘泥于对传统"城市市"的认识，应该根据区域论把城市视为"区域市"[10]，与此同时还需要考虑到生态城市中的生态极限要素[11]。

综合各种观点，本章认为，生态城市是根据生态经济学原理和系统工程方法，结合循环经济理论，在一定区域内，从"社会—经济—自然"复杂系统的承载力出发，把一个具有生产、分配、交换、消费等生产全过程功能的城市视为一个封闭系统，挖掘系统内外一切可以利用的资源潜力，从外部向城市系统投入资源和产品，满足系统内生态企业、生态园区的生产需求和居民的消费需求之后，把产生的废弃物作为资源，再投入城市系统内的生产过程，如此循环，直到向系统外只输出产品而不输出废弃物，实现可持续发展的人类居住环境。

具体流程如图 3-1 所示，在城市 a 的源头，将资源和产品输入以生态企业和生态园区为主体的生产领域和以居民为主体的消费领域。在生产领域，输入的资源和产品经过生产过程，产生产品和废弃物，部分产品流入消费领域，部分产品流入其他城市系统，废弃物作为资源投入再生产过程；在消费领域，产品和资源经过消费过程产生废弃物，一类流回生产领域进行资源再利用，另一类流回消费领域进行再循环。经过循环往复的过程，在城市 a 的末端只输出产品。

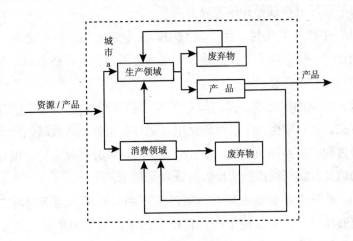

图 3-1　生态城市示意图

3.2.2　特征

生态城市与传统城市有着本质的区别，本章将生态城市的特征归纳为系统平衡性、运转可持续性和转化高效性。

1. 系统平衡性

系统平衡性，主要是指在城市这个复杂系统中，环境胁迫与承载力、资源利用与更新、生产与消费之间的平衡[12]，本质上体现出人与自然之间的平衡^[13]。生态城市按照物质循环和能量流动规律重构经济系统，使经济系统和谐地纳入到生态系统的循环过程中，生产和消费领域产生的废弃物经过再利用和无害化处理，返回到生态系统，保持整个生态系统输入与输出的平衡。^[14]这改变了传统城市片面强调城市的经济增长和技术进步而造成的生态系统失衡，营造了一种人与人、人工环境与自然环境、经济社会发展与自然保护之间的和谐关系，建立了一种良性循环发展的新秩序。^[15]这是生态城市和传统城市的本质区别之一。

2. 运转可持续性

运转可持续性包括生产和消费的可持续性。在生产领域，通过各个产业的改造和重构，使其向生态化方向发展，形成可持续的生产方式；在消费领域，通过生活方式和行为的改变，构建可持续的消费模式。生态城市的运转可持续性具体表现为：

（1）生产的共生性。生产领域中，在企业之间、园区之间，构筑生态产业链，建立物质交换关系，形成共生组合，实现整个城市生产系统的循环化和生态化。

（2）消费的绿色性。实行绿色消费，逐步形成循环型生活方式和消费方式，在日常生活中尽可能使用可循环利用的产品或绿色产品，减少消费过程中废弃物的产生，推进城市生活垃圾分类收集、处理与利用体系的建立，实现城市生活垃圾的资源化和无害化。

（3）生产与消费的互融性。通过生产和消费两大经济领域之间的相互流通和融合，不仅使生产过程产生的废弃物作为资源流回生产领域，而且使消费过程产生的无法回收再利用的废弃物流入生产领域进行再生产，实现生态城市生产领域与消费领域的"大循环"。

3. 转化高效性

转化高效性体现为物质和能量的高效转化。物质转化高效性是指自然物质和经济物质，即资源和产品，在生产和消费领域循环的过程中，实现投入少、产出多、废弃物排放少或"零排放"。^[16]能量转化高效性是指在城市系统之内，在信息流、能量流和价值流有序流动、交换和转化的过程中，减少资源和能量等各方面的损耗以及对城市的破坏。^[17]生态城市改变了传统城市"高能耗"、"非循环"的运行机制，通过物质、能量的多层次分级利用、废弃物循环再利用以及各行业、各部门的协调发展，实现资源利用效率的提高。

3.2.3　作用

生态城市为循环经济的正常运行提供了适当的物质和能量支持[18]，它通过协调人类经济活动中生产、消费以及两者之间的关系，实现经济的低代价增长，达到经济与资源、环境协调发展的目标。

1. 生态城市能够实现循环经济发展对物质和能量减量化的要求

在生态城市运行的输入端，通过物质资源消耗管理，减少进入生产和消费过程中的物质和能量，在整个生产和消费过程中减少稀缺或不可再生资源的投入量，以预防的方式避免废弃物的产生，解决末端治理方式带来的二次污染。在生产领域中，生产者通过减少每个产品的原料使用量、重新设计制造工艺，来节约资源和减少排放；在消费领域中，消费者通过购买包装物较少的、耐用的、可循环使用的物品，来减少垃圾的产生。生态城市通过采用替代性的可再生资源，以资源投入最小化为目标，以提高资源利用率为核心，实现了循环经济对物质和能量减量化的要求。[19]

2. 生态城市能够实现循环经济发展对产品和服务再利用的要求

在生态城市运行过程中，通过对物质尽可能多次或多种方式地使用，延伸产品和服务链条，避免其过早地成为废弃物。在生产领域中，通过产业群体间的精密分工和高效协作，延长产品到废弃物的转化周期，最大限度地提高资源产品的利用效率；在消费领域中，通过消费群体改变产品使用方式，有效延长产品的寿命，增强产品的服务效能，增加利用次数。[20]生态城市通过不断延伸产品和服务链条，加大生产和消费的周期，实现了循环经济发展对产品和服务再利用的要求。

3. 生态城市能够实现循环经济发展对废弃物再循环的要求

在生态城市运行的输出端，把废弃物再次变成资源进行循环，以减少最终处理量。在生产或消费周期结束时，使产生的废弃物无害化、资源化、生态化循环利用，使产品在完成其使用功能后能重新变成可以利用的资源，而不是无用的废弃物。[21]生态城市通过对产品和服务链条输出端排放的废弃物进行多次回收和利用，促进废弃物多级资源化和资源的闭合式良性循环，实现废弃物的零排放或无害化排放，实现了循环经济发展对废弃物再循环的要求。

3.3 我国生态城市发展的进程

生态城市是一种理想的城市模式，目前，我国的生态城市建设是以生态政区，即生态省、生态市和生态县为基础展开的。① 经过多年的实践，生态城市在经济、社会和环境效益上都有一定提高，初步发挥出其作为循环经济载体的作用。

3.3.1 发展的历程

1. 萌芽阶段（1972～1985 年）

在生态城市建设的萌芽阶段，城市化发展和生态破坏的矛盾日益凸显，国家开始关注城市建设与生态问题。

改革开放以来，随着经济的发展，城市化的脚步不断加快，导致了人口膨胀、资源短缺、环境恶化等一系列生态问题，严重危及人类生存。[22]面对城市发展与生态破坏的矛盾，1972 年，中国参与了"人与生物圈"计划（简称 MAB），学者们呼吁关注中国的生态环境问题；1978 年建立了中国 MAB 研究委员会；1979 年中国生态学会成立。1982年 8 月，第一次城市发展战略思想座谈会上，北京和天津的城市生态系统研究被列入国家"六五"计划重点科技攻关项目。1984 年 12 月，在上海举行了"首届全国城市生态学研讨会"，这是我国城市生态学研究、城市规划和建设领域的一个里程碑。[23]在国家的支持下，国内一些城市如南京、北京和广州等开展了城市环境污染的调查和防治研究工作。

---

① 王如松：《生态政区规划与建设中的若干问题思考》，2005 年山东生态省建设论坛上的发言。

在这一阶段，国家在城市建设和生态问题上给予了很多关注，不论是政策和理论支持方面，还是具体城市的建设实践方面，都取得了一定的成绩，为解决城市建设与生态破坏的矛盾奠定了基础，是我国生态城市建设的萌芽阶段。

2. 起步阶段（1986～2001年）

在生态城市建设的起步阶段，我国首次提出以生态城市建设为目标的城市发展模式，生态城市建设逐步展开。

1986年，江西省宜春市在总结我国生态农业几个典型事例的基础上，提出建设生态城市的目标，并于1988年初在全市进行试点，这标志着我国生态城市建设的开始。1987年，四川省乐山市以生态乐山为目标进行城市总体规划实践，这是我国首次以生态城市要求对城市进行系统的生态规划。

1987年10月在北京召开了"城市与城市生态研究及在城市规划和发展中的应用国际讨论会"，理论研究推动了我国生态城市实践的发展。1994年，我国政府制定了《中国21世纪议程》，从我国的国情和环境发展的总体情况出发，提出了促进经济、社会、资源、环境以及人口、教育相互协调、可持续发展的总体战略和政策措施[1]，作为城市可持续发展的总体指导思想，引导生态城市建设。1995年，国家环保总局出台了《全国生态示范区建设规划纲要（1996～2050年）》，据此，许多城市制定了可持续发展的指标体系，并且开展了生态示范区的建设与试点。1996年，国务院发布《国家环境保护"九五"计划和2010年远景目标》，提出城市环境保护"要建成若干个经济快速发展、环境清洁优美、生态良性循环的示范城市"，截至2000年，已有16个城市先后获得"环境保护模范城市"称号，使城市环境有了明显改善，为向生态城市发展奠定了基础。2000年12月，国务院发布《全国生态环境保护纲要》，明确提出大力推进生态省、生态市、生态县和环境优美乡镇的建设。[2]

---

[1] 《中国21世纪人口、环境与发展》白皮书。
[2] 国家环境保护总局：《全国生态环境保护纲要》，2000年。

这一阶段，在上述相关政策的指导下，海南、吉林和黑龙江先后获得建设生态省的批准；上海、长沙、扬州、威海、深圳等20多座城市先后提出建设生态城市的奋斗目标，生态城市建设进入起步阶段。

3. 发展阶段（2002年至今）

在生态城市建设的发展阶段，国家开始将生态城市作为循环经济的载体进行建设，生态城市和循环经济发展结合起来。

2002年5月，贵阳被国家环保总局正式批准为我国首家试点"循环经济生态城市"，同时成为联合国环境规划署全球唯一的循环经济试点城市，这标志着我国生态城市建设与循环经济发展的结合。党的十六届三中全会以来，中央提出科学发展观，建设资源节约型、环境友好型社会，这与生态城市的理念和建设目标是一致的，为我国建设生态城市指明了方向，丰富了生态城市建设的内涵。2003年以后，国家环保总局在生态示范区规划建设实践的基础上，相继出台了《生态县、生态市建设规划编制大纲（试行）》、《全国生态县、生态市创建工作考核方案（试行）》和《国家生态县、生态市考核验收程序》等政策，为我国各城市进行生态城市建设提供了依据。

在上述政策的推动下，我国兴起了大批生态城市。截至2005年5月，先后有8个省被国家环保总局列为生态省试点，还有6个省也在进行生态省建设的规划；目前，我国660多个城市中，已有近90个城市提出建设生态城市的目标。[24]生态城市和循环经济相结合的发展模式在全国逐渐推广开来，生态城市建设进入发展阶段。

3.3.2 建设的成就

经过多年的努力，我国生态城市建设在数量、质量方面都取得了较大的成就，推动了循环经济的发展。

1. 生态城市建设迅速兴起，呈现地域特征

目前，随着理论的完善，政策法规的不断出台，生态城市的建设已经在全国兴起。从总体数量上来看，海南、吉林、黑龙江、浙江、山东、安徽、江苏和福建8个省先后被国家环保总局列为生态省试点，在此基础上，四川、河北和陕西等6个省也正在进行生态省建设的规划；

宜春、乐山、贵阳、深圳、广州、厦门、杭州、苏州、泉州、鄱阳等 90 多座城市开展了以生态城市为目标的城市建设。

从地域范围来看，生态城市的发展表现出沿海地区明显快于内陆地区、经济发达地区快于经济次发达地区、城市化水平高的地区快于城市化水平低的地区等特征。据统计，以生态城市为发展目标的城市中，约 75% 集中在中东部地区。①

而且，东、中、西部生态城市建设的特点也不尽相同。东部地区经济较发达，生态城市建设起步比较早，多从综合性的角度出发，以城市"社会—经济—自然"整体建设为主。如广州将整个市作为一个园区，通过交通网络衔接、环境保护协调、城区资源共享和功能互补等，形成产业代谢和能源共生关系。[25]中部地区近年来的发展步伐明显慢于其他地区，但是经济基础较好，所以生态城市在一定程度上得到发展，其建设主要是根据地域条件和资源优势，多以资源开发、生态治理、优化产业结构和提高资源利用为主。[26]如宜春市结合自身资源特点，立足于生态农业，力求城市结构和功能最优化。[27]西部属于经济欠发达地区，生态建设起步较晚，主要以促进经济发展为目标，重点开展绿化、产业结构调整、生态补偿等单项建设。如包头依托大中型重点企业，通过延伸生态产业网和多条生态产业链，转变传统的经济发展模式。[28]

2. 生态城市在生产领域中初步具备了循环化和生态化的基础条件

生态城市在生产领域中，通过企业内部和企业之间物质和能量的闭路循环，形成共生关系，减少废弃物排放，实现循环化和生态化。[29]目前，我国正以清洁生产方式建立生态企业，并且通过构筑生态产业链发展生态园区，从而保证了生态城市具备循环化和生态化的基础条件。[30]

1995 年，《中国环境保护 21 世纪议程》中提出，要在工业企业中积极推行"清洁生产"。②截至 2004 年，全国已有 5000 多家企业通过了清洁生产审核。[31]清洁生产已经逐渐替代传统的末端治理技术成为解决污染问题的关键措施，为生态城市从城市源头治理提供了基础条件。

---

① 由国家级生态示范区名单得出。
② 国家环境保护总局：《清洁生产在中国》。

2005 年 10 月，国家环保总局发布了《关于推进循环经济发展的指导意见》，提出要推进重点企业开展循环经济，并在随后出台的《循环经济试点工作方案》中确定了 7 个重点行业的 42 家企业作为发展循环经济的试点企业。① 2006 年 9 月，我国国家生态工业园区已经达到 17 个，初步形成生态产业链，使得物质和能源都得到充分的利用。生态企业和园区作为生态城市生产领域的组成主体，发挥着循环经济微观和中观载体的作用，使得生态城市在生产领域初步具备了循环化和生态化的基础条件。

3. 生态城市在消费领域中废弃物处理能力提高

在生态城市的消费领域中，国家大力倡导建立循环型消费模式，在生活中尽可能使用可循环利用的产品或绿色产品，通过废弃物的回收利用，实现消费过程中和过程后物质和能量的循环。

2000 年，北京市在社区内有规划地建立统一服装、统一标识、统一计量工具、统一价格、统一封闭运输车辆的废弃物固定收购点和流动收购点；天津市在政府支持下，统一规划，合理布局，规范管理，建设废旧物资市场和社区回收网站试点；上海、沈阳、西安、广州、杭州、吉林、郑州等地建立城市回收利用体系的工作都有了不同程度的进展。② 2003 年，南京市工业固体废弃物产生量为 808 万吨，综合治理量达 743 万吨，综合利用率较高，尤其是几家电厂的粉煤灰综合利用率基本都在 95% 以上，并且已开始利用往年的粉煤灰贮存量。[32] 2002 年，唐山市固体废弃物综合利用率为 37%，比 2001 年增长了 4 个百分点，无害化处理率达 100%。生态城市在消费领域中，通过形成废弃物回收体系，提高城市生活垃圾处理和废弃物综合利用能力，在一定程度上实现了废弃物的资源化和无害化，为构建循环型消费模式、促进生态城市建立奠定了良好的开端。

4. 城市生态环境质量得到明显改善

目前，我国生态城市建设多以园林绿化、环境保护、调整产业结

---

① 国家环境保护总局网站：http://www.zhb.gov.cn/。
② 《中国构建城市再生资源回收利用体系》，北京环保公众网，2004 年 10 月 13 日。

构、发展生态旅游等为主要内容[33]，重点从城市环境基础设施建设入手，加大城区绿化，控制大气、水和固体废弃物的产生，大大提高了城市生态环境质量。如胶州市积极开展生态城市建设工作，全市空气污染指数小于100的天数为359天，饮用水水质达标率为100%。① 天津市自2002年以来，建成并投入运行了一批污水处理场、垃圾处理场，全市新增各类绿地5826万平方米，绿化覆盖率达35%，已建成9个自然保护区，占本市国土面积的比例达到13.93%。② 沈阳市新增水面积3.91公顷、绿地面积15平方公里，城市绿化覆盖率达38.9%，成为全国第二个"国家森林城市"；建设城市污水处理厂8座，污水处理率达到71%；启动处理能力15吨/日的新民医疗垃圾焚烧厂，城区医疗垃圾达到100%无害化处置，城市环境管理水平有了很大提高。③ 城市绿化覆盖率、生态环境质量等方面的大大提高，使得城市环境条件得到明显改善。

3.4 我国生态城市建设中的问题及原因

虽然近年来我国生态城市建设已经广泛开展起来，但是处于发展中的生态城市建设，仍然存在很多问题，尚难以充分发挥循环经济宏观载体的作用。深入分析生态城市建设中存在的问题及其原因，对促进生态城市建设、发展循环经济具有重要作用。

3.4.1 存在的问题

1. 系统的平衡性较差

生态城市以人与自然的生态关系平衡为目标，追求社会、经济、自然以及整体的物质、能量闭路循环流动。然而，目前我国在进行生态城市建设时大多偏重于自然环境的改善和产业结构的调整[34]，以提高环

---

① 胶州市人民政府：《胶州市国家环保模范城市自查报告》，2005年4月12日。
② 《天津将建成生态城市，提高城市可持续发展水平》，新华网，2005年1月21日。
③ 国家环境保护总局：《全国城市环境管理与综合整治年度报告》，2005年。

境质量和发展经济为目的，虽然环境质量有了明显改善，生态问题得到一定缓解，但是在整个系统中人与自然的关系还是不断恶化，矛盾依然突出，生态城市的系统平衡性整体情况较差。如福建自 2002 年开展生态省建设以来，环境质量①得到提高，环境污染和生态破坏加剧的趋势得到控制，重点城市与流域的环境质量在全国处于较高水平，但是，全省生态问题还是十分突出，生态破坏趋势尚未得到根本遏制，部分城市及局部流域环境质量较上年有所下降，经济社会的快速发展使环境资源面临着更大压力。2005 年与 2002 年相比，12 条主要水系的省控断面达到和优于三类水质的比例下降了 3.1 个百分点；城市内河水质功能达标率仅为 38.7%，较 2002 年下降了 9.2 个百分点；部分水库水质呈富营养化趋势；大部分近岸海域海水水质未能达到环境功能区划要求。[35]福建省作为一个复杂生态系统，虽然在环境质量上得到了提高，但生态系统整体上仍然处于恶化阶段，发展呈现出不平衡的状态。

2. 运行的可持续性较弱

生态城市通过"绿色生产"和"绿色消费"的方式实现物质、能量循环流动，达到城市可持续运行的目标。在我国生态城市建设中，生产和消费领域的互融从废旧资源的回收和循环利用开始，目前正在不断建立并完善。然而，生产领域共生网络还不完整，"绿色消费"没有真正实现，使得生态城市运行可持续性较弱。

首先，产业结构不合理，生产领域共生网络体系不完整。生态城市需要调整结构，构建具有循环特征的产业结构和完整的网络体系来解决城市生产活动中的资源循环利用问题。目前，我国的生态城市建设的产业体系存在着共同的缺陷：一是布局分散，缺少按照产业特色和相关产业要素集聚原则构建的特色产业园区，现有的园区多是综合性的产业园区，园区内多种产业并存，缺乏产业关联度，而且各园区间的产业结构趋同，不利于建立产业之间和园区之间的物质循环关系；二是缺少按生态学原理构造的产业物质流循环链，现行产业链主要是按照产品流向构

---

① 生态环境质量是指生态环境的优劣程度，它以生态学理论为基础，在特定的时间和空间范围内，从生态系统层次上，反映生态环境对人类生存及社会经济持续发展的适宜程度，是根据人类的具体要求对生态环境的性质及变化状态的结果进行评定。

造，即仅在具有前向、后向关联的产品之间构成产业链和产品链。[36]

其次，绿色消费推进缓慢。生态城市建设、发展循环经济需要通过绿色消费为市场提供动力。目前，国内各大城市对绿色消费各个环节的责、权、利界定比较模糊，使得推行难度很大，进展缓慢。具体表现为：一是消费主体的绿色消费意识不强。如政府公务绿色采购执行进展缓慢，居民不愿意花费高出普通产品 30% ~ 100% 的价格去购买绿色产品。[37]二是绿色产品流通渠道不健全。在我国，绿色产品流通中还存在一些不必要的关卡、收费，全国尚未建立从批发到零售的绿色产品流通网络体系，绿色产品的专营商店、绿色食品和蔬菜专门摊位、绿色产品连锁店在市场上很少见甚至是空白。[38]有关调查研究表明，目前我国各大城市的商场中，绿色产品的上架率不超过 10%。[39]

3. 物质转化能力仍然不能满足生态城市发展的要求

对于资源、产品、废弃物在生产和消费领域的转化，生态城市追求的是资源投入少、产品产出多、废弃物排放少或"零排放"。目前，在我国生态城市建设中，存在资源投入量居高不下，废弃物排放量大，现有设备和技术对废弃物回收利用规模小，资源再利用率不高的状况。如，贵州省推行循环经济多年，虽然取得了不小的成绩，但目前各城市资源消耗仍然较高，万元 GDP 能耗为 3.91 吨标准煤，是全国平均能耗的 2.73 倍，每万元工业增加值能耗为 7.88 吨标准煤，是全国平均能耗的 3.5 倍。[40]这表明贵州省的资源产出率、资源利用率、资源综合利用水平和再生资源回收利用率仍然较低。北京市率先以生态城市为目标进行城市建设，其废弃物处理率近几年来提高迅速，但是总体水平仍然较低。北京城市垃圾无害化处理能力 2000 年仅为 3500 吨/日，2003 年达到 9400 吨/日，提高了 2.65 倍，但是，2003 年城市生活垃圾仍有约14% 没有得到无害化处理。[41]

3.4.2 问题的原因

1. 技术研发落后、推广力度不够，导致生态城市建设缺乏技术支撑

我国生态城市建设中存在生产领域共生网络体系不完整，绿色消费

推进缓慢，废弃物回收利用规模小，资源再利用率不高等问题。导致这些问题的一个关键原因就是现有的技术主要是针对传统经济"先污染、后治理"模式建立的，难以满足生态城市建设的需求，加之，新的技术又面临着研究落后、推广力度不够的状况，使得生态城市建设缺乏技术支撑。

首先，政府和企业长期将末端治理技术作为发展重点。政府制定的相关技术政策及法规大多是针对传统经济"先污染、后治理"模式研发的技术，而企业自身又缺乏进行新技术研发和实施的经济动力，以致目前的技术大多局限于回收利用系统的技术研发，而城市源头控制和过程治理的技术水平落后，产业链接技术处于单一化阶段。这样的现状难以保证不同企业、不同行业实现生产共生，消费领域很难实现绿色模式，更不能保证生产和消费领域的有机融合。相比之下，日本已拥有一系列成熟的污染治理技术、废弃物利用技术、清洁生产技术和生态工业链接技术作为生态城市建设的支撑，保证了日本生态城市建设的顺利进行。[42]

其次，由于政府和企业研发资金投入不足，没有推动循环经济技术发展的激励机制，使得新技术的研发主体没有足够的资金支持和动力进行新技术的研发。由于缺乏对可再生资源利用、传统的产品和工艺改变、资源利用效率提高、产业链条延伸和循环消费体系确立等技术的研发，以及对新技术推广不足，使得绿色产品价格居高不下，现有生产改造困难，从而严重阻碍了生态城市建设。相比之下，日本制定了相关财政预算，国会每年通过的与环保有关的预算超过 1 万亿日元，其中用于废弃物处理和再利用的预算约为 1500 亿日元。[43]同时，日本政府制定了一系列支持生态城市发展的优惠政策，用经济手段来刺激和促进技术研发。[44]

2. 法制不健全、执法不严格，造成生态城市建设缺乏法制保障

相对于传统城市而言，生态城市对生产方式和消费方式进行了根本性的变革。目前，由于有关生态城市的法规的缺位，使得企业、消费者自身在思想观念和生产行为方面缺乏约束力，从而出现了本章上述总结的问题。

首先，我国关于生态城市建设的法律法规不健全，使得生态城市建设中很多环节缺乏有力的保障，建设主体没有足够的约束，从而导致生态城市建设不能按照目标顺利进行。目前，国家已先后出台了《清洁生产促进法》、《节约能源法》、《可再生资源法》等一系列法律法规，为在生态城市各个层面发展循环经济奠定了法律基础。但是总的来说，国内关于保障生态城市建设的法律法规还很少，没有形成完善的体系，从而使得生态城市建设具体实施起来无法可依，无章可循。日本是循环经济立法最为完备的国家之一，在1993年颁布《环境基本法》的基础上，近年来又先后修订出台推进循环经济的相关法律如《废物处理法》、《资源有效利用促进法》、《容器包装物回收利用法》、《家用电器回收利用法》、《绿色消费法》等，同时还制定了《循环型社会形成推进基本法》，明确了生产废物企业的责任和回收义务，并从法律上规定了废物处理的优先顺序。[45]目前，日本在"基本法"、"综合法"、"专门法"三个层面上形成了完善的法律法规体系。[46]日本的经验表明，健全法律法规体系，可以约束生态城市建设主体在进行废弃物处理和资源循环利用等方面的具体行为，保障生态城市建设各项做法付诸实施。[47]

其次，相关部门执法不严，造成法律法规在实施过程中效力减弱。我国现有关于环境、资源等方面的相关法律之间不协调，相互衔接不紧凑，甚至相互冲突，使得执行难以完全到位。再加上，在不同的地方，执行情况也不一样，从而造成了执法不严、违法不究的状况。日本、德国、丹麦等国的实践经验表明，加强执法队伍建设，提高执法人员素质，做到执法必严，加大环保产品质量管理和监督检查力度，对违反法律法规者及时曝光并给予相应的制裁，做到违法必究，在推行循环经济、建设生态城市时十分重要。[48]

3. 政府引导不足、政策激励缺乏，造成生态城市建设动力不足

生态城市发展涉及社会、经济、资源与环境等各个方面，它的建设是面对经济发展与环境污染、资源短缺的矛盾而提出的，而资源和环境都属于公共产品或准公共产品，具有外部性的特征，需要发挥政府作用，制定适当而科学的政策推动生态城市建设。目前，我国政府从自身运行到政策制定等方面都存在问题，没有发挥出政府对循环经济的引导和政策激励作用。

首先，从政府运行来讲，我国是全世界行政成本最高的国家之一，政府的制度性浪费与决策性浪费很严重。[49]如我国政府每年的电力消耗占全国消耗总量的5%，接近全国8亿农民生活用电水平。政府在自身的行为过程中，缺乏对资源节约和循环利用的意识，没有形成榜样作用，使得对企业和居民的引导缺乏说服力。

其次，从政府职能方面来讲，在生态城市建设中，政府缺乏统一的机构领导、协调和制定政策的主动性。据有关报道，征收燃油税已成为政府和社会的共识，但由于难以协调开征此税所带来的利益，政府一直没有采取措施。

再次，从政策内容方面来讲，我国已经实行的环保经济政策，有排污收费及许可证制度、治理污染的排污费返还和低息贷款制度等，但这些政策缺乏激励性，同时没有明确的执行者，使得鼓励生态城市建设发展循环经济的作用不够明显。[50]相比日本在这方面做了较多工作，一是建立生态工业园区补偿金制度，明确由环境省和经产省执行；二是通过税收优惠政策鼓励城市建立循环经济生产系统；三是实行废弃物商品化收费制度，对由居民、组织和团体回收生活废弃物给予奖励。[51]

从日本、德国和美国发展生态城市的经验来看，政策是推进发展循环经济生产模式的主要外部推动力[52]，没有有力的政策激励和政府引导，生态城市发展将很难推进。

4. 发展基础薄弱、理论认识不足，使得生态城市建设进展缓慢

生态城市不是将传统城市推翻重建，而是在原有城市的基础上发动社会全体居民进行改造，使其向生态城市的目标发展。因此，城市的发展现状和全体居民理论认识水平对生态城市建设有着很强的制约作用。

首先，生态城市发展基础薄弱。我国从20世纪80年代才开始重视环境保护，重视经济发展和全面发展并重。现在正处于转型期，各方面的建设和发展也都处于探索期，传统城市和经济模式造成的问题不是短时间能够解决的，这就成为了阻碍生态城市建设的因素。如严重的工业化污染阻碍生态城市建设；资源的不合理利用造成严重资源短缺；各种城市垃圾成为城市环境保护与治理的难题。[53]

其次，生态城市的理论体系不完善，居民认识水平不高。具体表现在：（1）建设缺乏理论支持。目前，世界范围内还没有建成一座真正意义上的生态城市，这使得在建设生态城市时没有依据可循，同样也造成了人们认识上的模糊。虽然国外、国内立足于这方面的研究和实践有一定进展，但是现在还处于探索阶段，具体规划建设的方案比较抽象，操作性不强，很难正确地指导城市建设。（2）居民的资源节约和环保意识薄弱。我国大部分居民尚处于追求经济效益层次上，个体行为无法顾及社会效益和生态效益。由联合国开发署公布的世界人文发展指数排名中，我国处于低位，但在世界文盲总数排名中，我国却处于高位。[54]由于生态城市的认可和实施需要公众的参与，政府的作用是有限，而目前较低的公众认识水平是制约生态城市建设的主要障碍之一。

3.5 我国生态城市建设的基本思路

生态城市建设不仅涉及物质环境的建设，还涉及价值观念、生活方式、政策法规等方面。我国是发展中国家，在生态环境、综合国力、科技水平、人口素质、生态观念等方面与发达国家相比差距较大，我们认为，在进行生态城市建设的时候，以下思路可以作为参考和依据。

首先，重视新技术的研发与推广，为生态城市建设提供技术支撑。各级政府要切实增加对生态环境保护与建设的投入，支持产品生命周期评价、废弃物减量化、资源再利用、静脉物流效率化、产业链管理等循环经济共性和关键技术的研发，建立若干循环经济公共技术研发平台、技术检测中心。研究不同企业、不同产品之间的链接技术以及生态产业园区的优化设计技术，建立企业共生网络、生态工业集成系统和绿色消费技术，链接生产与消费的物流和能流，确保获得最合适的资源、能源利用。

其次，建立完善的法律法规体系，使生态城市的建设有法可依。一方面，认真贯彻落实已有的相关法律法规，做到有法必依，执法必严；另一方面，加强循环经济法律法规体系的研究，抓紧制定有利于加强绿色消费，促进资源循环利用以及家用电器、建筑材料、包装物等行业在资源回收方面的法律法规，并且需要具体规定建设生态城市发展循环经济过程中政府、企业、居民的责任，对不遵守政策与法规的企业和个人提出强制性的制裁措施。

再次，加大政府政策扶持力度，促进生态城市建设。通过建立合理的自然资源价格体系和明晰的产权政策，使城市在资源的开采和使用方面不再廉价；通过制定明确的产业政策，建立发展循环经济的引导机制，在城市生产领域建立完善的产业链和网络体系；通过制定优惠的财政政策，建立循环经济发展的激励机制，促进绿色产品流通；通过完善税收征管政策，提高税收征管标准，将生产和消费过程的社会成本内部化。从而发挥政府引导和政策激励的作用，推动循环经济发展。

最后，建立公众参与机制，增强居民生态意识。扩大公众对环境保护的知情权、参与权和监督权，促进环境保护和生态建设决策的科学化、民主化。各级环保部门要组织专家和公民以适当方式参与环境影响评价，实行生态环境保护有奖举报制度，充分发挥公众在生态城市建设中的作用。政府需要通过实行城市环境信息公开化制度，通过新闻媒体将环境质量信息公之于众，不断提高公众环境意识。

3.6 结 论

本章结合学术研究成果和现实关注重点，从循环经济的角度研究生态城市。首先，对生态城市建设的理论研究进行综合分析，在此基础上从概念、特征和作用三方面对生态城市进行归纳，以期得出生态城市的理想模式；其次，从生态城市的发展历程和建设成就两方面入手，对我国生态城市建设实践进行总结；再次，深层次分析了生态城市建设中存在的问题及其原因，并提出了关于生态城市建设的总体思路。本章主要得出四点结论：

（1）生态城市是循环经济宏观层面的载体，通过在生产和消费领域建立"资源—产品—再生资源"的闭环流动模式，实现废弃物"零排放"或不可循环废弃物的无害化。生态城市具有系统平衡性、运转可持续性和转化高效性的特征，通过物质和能量减量化、产品和服务再利用以及废弃物再循环，实现循环经济快速发展。

（2）我国生态城市建设历经了萌芽、起步和发展三个阶段。目前，生态城市建设迅速兴起，呈现地域特征；在生产领域中，初步具备了循环化和生态化的基础条件；在消费领域中，废弃物处理能力提高；使城市生态环境质量得到明显改善，初步展现出循环经济宏观载体的作用。

（3）目前，我国生态城市建设中存在系统的平衡性较差、运行的可持续性较弱、物质转化能力仍然不能满足生态城市发展要求等问题。其原因主要有：技术研发落后、推广力度不够，使得生态城市建设缺乏技术支撑；法制不健全、执法不严格，造成生态城市建设缺乏法制保障；政府引导不足、缺乏政策激励，造成生态城市建设动力不足；发展基础薄弱、理论认识不足，使得生态城市建设进展缓慢。

（4）推动我国生态城市建设，应该重视新技术的研发与推广，为生态城市的建设提供技术支撑；建立完善的法律法规体系，使生态城市的建设有法可依；加大政府政策支持力度，激励生态城市建设；建立公众参与机制，增强居民生态意识。

参考文献

［1］朱志红：《生态城市建设中循环经济理论与实践的探讨》，载《齐齐哈尔人学学报（哲学社会科学版）》2006年第1期，第70～72页。

［2］王祥荣：《生态建设论——中外城市生态建设比较分析》，东南大学出版社2004年版，第43～60页。

［3］牛桂敏：《城市生态回归与循环经济体系的构建》，载《南方论业》2005年第4期，第69～78页。

［4］李舒瑜：《2010年建成循环经济基础设施体系》，载《深圳特区报》2006年5月16日第7版。

　　[5] 蒋雪梅：《对推进贵阳市建设循环经济型生态城市的思考》，载《贵州工业大学学报（社会科学版）》2004 年第 1 期，第 39～42 页。

　　[6] 周志家：《生态城市中社会生态的分析框架》，载《厦门大学学报（自然科学版)》2004 年第 43 卷增刊，第 211～216 页。

　　[7] RichardRegister, Ecocity Berkeley, *Building Cities For a Healthy Future*, North Atlantic Books, 1987.

　　[8] 姬会君等：《生态城市——城市发展的必然趋势》，载《平顶山工学院学报》2006 年第 1 期，第 12～13 页。

　　[9] 马交国等：《生态城市理论研究综述》，载《兰州大学学报（社科版)》2004 年第 5 期，第 109～117 页。

　　[10] 马交国等：《国外生态城市建设经验及其对中国的启示》，载《世界地理研究》2005 年第 1 期，第 61～66 页。

　　[11] 汪天雄：《生态城市的规划原则探讨》，载《中国建设信息》2006 年第 15 期，第 44～46 页。

　　[12] 宋菊芳等：《武汉城市生态化程度评价》，载《武汉大学学报（工学版)》2006 年第 3 期，第 81～114 页。

　　[13] 汤天滋等：《生态城市建设必须坚持的几个原则问题》，载《城市发展研究》2006 年 4 期，第 87～92 页。

　　[14] 赵成瑜：《"消费与环境"年中看循环经济》，载《消费经济》2006 年第 3 期，第 3～6 页。

　　[15] 董宪军：《生态城市论》，中国社会科学出版社 2001 年版，第 43～44 页。

　　[16] 尤太生：《农业可持续发展的必由之路——农业信息化》，载《河南职技师院学报》2000 年第 3 期，第 62～64 页。

　　[17] 董宪军：《生态城市论》，中国社会科学出版社 2001 年版，第 43～44 页。

　　[18] 杨同宇：《发展循环经济需要建设循环型社会》，载《生态经济》2005 年第 9 期，第 64～67 页。

　　[19] 左铁镛：《发展循环经济构建资源循环型社会》，载《中国城市经济》2005 年第 5 期，第 8～13 页。

[20] 左铁镛:《发展循环经济构建资源循环型社会》,载《中国城市经济》2005年第5期,第8~13页。

[21] 陈克亮:《循环经济在城市生态农业中的应用》,载《生态经济》2005年第6期,第78~81页。

[22] 王志彬:《建设可持续发展的中国生态城市》,载《中国勘察设计》2002年第11期,第49~50页。

[23] 柳海鹰:《生态城市研究进展》,载《四川环境》2005年第2期,第57~80页。

[24] 张庆彩:《论我国生态城市建设的思路、原则与对策》,载《合肥工业大学(社会科学版)》2003年第1期,第83~87页。

[25] 刘玉梅:《从耗散结构理论的视角论生态城市的建设》,载《内蒙古科技与经济》2005年第1期,第85~86页。

[26] 卢福财:《促进中部崛起的六大战略重点》,载《光明日报》2005年4月20日。

[27] 张云:《城市化与生态化视角的生态城市建设机理研究——以北京为例》,首都师范大学硕士学位论文,2004年5月,第10~14页。

[28] 冯静冬等:《依托循环经济理念建设生态工业城市》,载《内蒙古科技与经济》2004年第8期,第11~13页。

[29] 胡颜霞:《西安市生态城市的格局、评价与发展对策》,西北大学硕士学位论文,2004年5月,第1~11页。

[30] 牛桂敏:《城市循环经济发展模式》,载《城市环境与城市生态》2006年第2期,第42~44页。

[31] 段宁:《清洁生产、生态工业和循环经济》,载《环境科学研究》2001年第6期,第2~4页。

[32] 孙平:《南京市固体废弃物循环利用规划研究》,载《生态经济》2006年第5期,第106~109页。

[33] 何宪存等:《发展循环经济是生态城市建设的根本之策》,载《江南论坛》2004年第3期,第33~37页。

[34] 刘斌等:《循环经济理论在生态城市建设中的运用》,载《科

技创业》2005 年第 11 期，第 17 ~ 18 页。

［35］余建辉：《福建生态省建设对策的思考》，载《福建论坛·人文社会科学版》2005 年第 7 期，第 105 ~ 108 页。

［36］牛桂敏：《城市生态回归与循环经济体系的构建》，载《南方论业》2005 年第 4 期，第 69 ~ 78 页。

［37］林建华：《倡导绿色消费构建节约型社会》，载《发展研究》2006 年第 1 期，第 58 ~ 60 页。

［38］马瑞婧：《推行绿色消费的障碍及其对策》，载《商业时代》2006 年第 12 期，第 24 ~ 34 页。

［39］徐辉：《论可持续消费理论及我国政府的对策》，载《消费经济》2003 年第 2 期，第 46 ~ 48 页。

［40］孙国强：《发展循环经济是贵州经济发展的必由之路》，载《时经界》2005 年第 9 期，第 78 ~ 79 页。

［41］张云：《城市化与生态化视角的生态城市建设机理研究——以北京为例》，首都师范大学硕士学位论文，2004 年 5 月，第 30 ~ 36 页。

［42］范连颖：《日本循环经济的特点及发展现状》，载《现代日本经济》2006 年第 1 期，第 50 ~ 54 页。

［43］曹鹏程：《从垃圾中"淘金"：日本全力打造循环经济型社会》，载《人民日报》2006 年 7 月 14 日。

［44］国家环境保护总局赴日考察团：《从理念到行动：日本建设循环社会的主要做法》，载《环境保护》2005 年第 9 期，第 66 ~ 70 页。

［45］汪士果：《循环经济与生态城市建设：理念与实践》，载《城市发展研究》2006 年第 3 期，第 6 ~ 13 页。

［46］周国梅：《中外循环经济比较研究》，载《国外城市规划》2005 年第 6 期，第 6 ~ 10 页。

［47］范连颖：《日本循环经济的特点及发展现状》，载《现代日本经济》2006 年第 1 期，第 50 ~ 54 页。

［48］王辉：《不同行为主体在发展循环经济中的努力途径》，载《环境保护》2005 年第 1 期，第 54 ~ 60 页。

［49］马强：《建设节约型社会政府应先行》，载《山东行政学院山东省经济管理干部学院学报》2006 年第 2 期，第 16～17 页。

［50］蓝庆新：《日本发展循环经济的成功经验及对我国的启示》，载《东北亚论坛》2006 年第 1 期，第 84～88 页。

［51］国家环境保护总局赴日考察团：《从理念到行动：日本建设循环社会的主要做法》，载《环境保护》2005 年第 9 期，第 66～70 页。

［52］吴贵生：《发达国家发展循环经济的实践及对中国的启示》，载《技术经济》2006 年第 1 期，第 7～90 页。

［53］王信：《循环经济理论在创建生态城市中的重要意义》，载《商业时代》2006 年第 14 期，第 44～47 页。

［54］孙邦国：《我国发展循环经济存在的问题及对策措施》，载《华东经济管理》2006 年第 7 期，第 42～44 页。

推 进 篇

4 循环经济的动力机制

4.1 引 言

自 2002 年 10 月江泽民提出"走循环经济之路"的战略思想以来，发展循环经济已经成为我国的国家战略。一批生态企业、生态园区和少数具有循环经济基本特征的生态城市迅速发展起来。但是总体看来，我国循环经济的发展仍然处于试点阶段，在很多地区循环经济的发展举步维艰、难以推进，其根本原因在于缺乏有效的发展循环经济的动力机制。

循环经济的动力机制包括激励机制和约束机制。循环经济的激励机制主要指政策支持。解振华[1]把循环经济激励机制表述为，以调动政府、企业和公众对资源的高效利用和循环利用为目标，按照政府引导、市场驱动、社会参与的原则，通过经济与非经济的手段和措施，达到政府、企业和公众利益与循环经济发展目标相结合的综合性运行模式。循环经济的约束机制主要指法制保障。成红等[2]人认为"利益平衡"是循环经济法律调整的基础，行政强制、行政指导、经济刺激和公众参与等是循环经济法律调整的手段。通过政策支持和法制保障，形成"规范政府职责、明确企业责任、强化公众参与意识"[3][4]的循环经济三级社会参与推进机制。

本章在界定循环经济动力机制内涵和外延的基础上，分析了通过政策激励、法制约束和技术支撑等手段，调动各级政府、各类企业、城乡居民参与生态企业、生态园区、生态城市建设积极性的作用机理，提出了构建我国循环经济动力机制的基本思路。

4.2　循环经济动力机制的内涵和外延

与以往单纯依赖资源消耗的线性经济发展模式不同，循环经济发展模式通过贯彻"3R"原则，实现物质的闭路循环，达到资源、环境和经济的共赢，是一种可持续的经济发展模式。循环经济是一个由行为主体（政府、企业、居民）、实施载体（生态企业、生态工业园区、生态城市）、市场以及生态资源等要素组成的复杂系统，其正常运作有赖于循环经济动力机制的作用。

4.2.1　体制与机制

"体制"是指国家机关、企事业单位在机构设置、领导隶属关系和管理权限划分等方面的体系、制度、方法、形式等的总称①，也可以理解成一定社会群体，为了有效地实现一定的目标和任务，人为建立起来的一套进行领导、管理、保证、监督活动的组织建制和工作制度体系，是一种人工社会工程系统。

"机制"一词原指机器的构造和运作原理②，借指事物的内在工作方式，包括有关组成部分的相互关系以及各种变化的相互联系，现在被广泛引入到社会科学中。本章中机制是指体制的作用机理、作用过程和功能。

4.2.2　循环经济机制

循环经济机制就是循环经济体制的作用过程和功能，是政府、企业、居民这三个循环经济主体相互作用的结果，如图4-1所示。政府

---

① 《辞海》1989年版，第257页。
② 《辞海》1989年版，第1408页。

通过制定相关政策、法律法规引导、规范企业和居民的行为；企业按照循环经济原则运行，以实现废弃物"零排放"或逼近"零排放"的目标；居民通过"绿色消费"引导循环经济产品的供给，同时对循环经济发展进行外部监督。只有当这些主体之间能够形成相互影响、相互作用的关系时，循环经济机制才能够发挥作用。

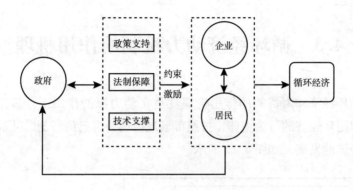

图 4 – 1　循环经济运行机制图

4.2.3　循环经济动力机制

循环经济动力机制是指政府、企业、居民等循环经济主体推进循环经济发展的动力源及其作用机理、过程和功能。循环经济发展的动力源包括两个方面：一是内在动力，包括企业追求循环经济的经济效益目标以及政府、企业、居民追求循环经济的资源、环境等社会效益目标；二是外在动力，包括政策支持、法制保障、技术支撑等，为发展循环经济提供支持和保障。其中，政策支持、法制保障、技术支撑等给予循环经济各行为主体以激励和约束，推动着整个循环经济的发展。激励功能以政府政策引导、市场利益驱动、社会参与为原则，通过经济与非经济的手段和措施促进循环经济的发展；约束功能是通过法律法规来限制和规范各个主体的行为，技术支撑则使得循环经济的发展具有基本的可行性，从而保证循环经济的顺利实施。

此外，市场竞争的外在压力同样对于循环经济各主体起着重要的影响作用。首先，全球性的资源和环境问题，对于中国这个处于高速发展阶段的资源消耗大国而言构成了严峻的挑战，迫使中国政府不得不重视发展循环经济，提高本国有限资源利用率及环境等社会效益目标。其次，市场通过市场价格、供求和竞争机制的作用，对企业施加压力，促使它们不得不提高技术、更新产品以适应激烈的市场竞争，从而对企业发展循环经济也起到了推动作用。

4.3　循环经济动力机制的作用机理

循环经济动力机制的作用机理就是在动力源的作用下，其作用对象，即循环经济的行为主体，按照市场规律调节自己的行为，从而推动循环经济的发展，如图 4 – 2 所示。

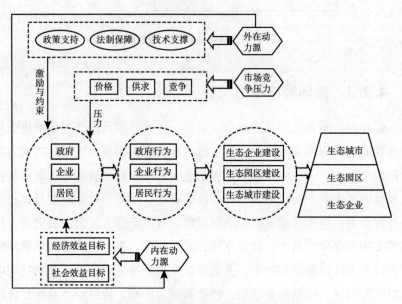

图 4 – 2　循环经济动力机制作用流程图

4.3.1　循环经济动力机制的动力源

循环经济动力机制的动力源是指推动循环经济主体发展循环经济的

推动力。包括内在动力和外在动力两个方面。

　　企业追求循环经济的经济效益目标和政府、企业、居民追求循环经济的资源、环境等社会效益目标是循环经济动力机制的内在动力源，对于循环经济主体发展循环经济起着根本性的推动作用。作为循环经济企业而言，通过发展循环经济来开发新产品、降低产品成本、提高产品利润、增强市场竞争力是根本的目标，经济效益的内在驱动力促使企业主动地发展循环经济。对于政府和居民而言，如何通过寻求一种新的经济发展模式以实现资源和环境的社会效益最大化目标，构成了发展循环经济的又一内在动力。

　　政策支持、法制保障和技术支撑是循环经济动力机制的外在动力源。循环经济动力机制的动力源是整个机制得以运行的必要前提。政策支持的激励功能，相关法律、法规的约束功能，技术支撑的基础功能，通过影响政府、企业、居民的行为发挥着对循环经济的推进作用。

　　1. 政策支持

　　循环经济的政策支持是指政府为解决经济发展过程中资源、环境和经济增长之间的矛盾而制定的一系列用以激励和约束政府、企业和居民的经济行为，推动循环经济发展的投资、财政、税收、价格等政策。循环经济政策是循环经济动力机制的外在推动力，具有激励作用，只有通过相关政策的支持和引导，才能充分调动地方政府、企业和居民发展循环经济的积极性，在全社会共同努力下形成低投入、高产出、少排污、可循环的政策环境和发展机制。[5]

　　循环经济政策的激励作用包括正向激励和负向激励。正向激励是指运用财政补贴、优惠贷款等财政和金融政策，引导企业按照循环经济的要求规范生产。对于那些按照"3R"原则进行生产的企业以及循环利用废旧物资、改善环境质量的经济行为，国家可采取物价补贴、企业亏损补贴、财政贴息、税前还贷等正向激励措施[6]，使发展循环经济的企业能够通过价格优势获得更大的经济效益[7]。负向激励是指对造成环境污染的经济行为，可采取征税等经济手段将环境污染导致的外部成本内部化。[8]通过征收生态税（费），限制企业和消费者不利于环境保护的行为。政府遵循"污染者付费、利用者补偿、开发者保护、破坏者恢复"的原则，征收生态税（费），推进自然资源和生态环境的有偿使用制度，实现企业和消费者的外部成本内部化。[9]对能够减少资源消耗、不破坏生态环境的产业和产品，加大政策扶持力度；鼓励涉及资源再生和污染治理等方面的技术创新和科技攻关。[10]

如图4-3所示，中央政府通过相关政策和法律的制定以及对技术研发部门的引导和支持来影响地方政府，再通过地方政府来引导和约束企业、居民的行为。

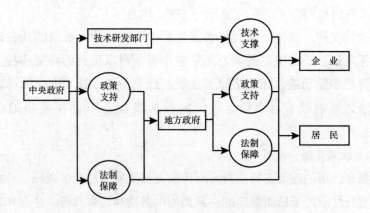

图4-3 循环经济动力机制作用图

2. 法制保障

循环经济法制是指通过国家政权建立的循环经济相关法律制度和根据这种法律制度确立的社会秩序，包括立法、司法、执法、守法和法律监督等各个方面。通过循环经济的法制保障，限制破坏循环经济机制的行为，以解决技术和政策都不能解决的循环经济发展问题，保证循环经济的良好运行。它不但包括法律体系的建立，也包括司法、执法、守法、法律监督的完善，使发展循环经济真正做到有法可依、有法必依、执法必严、违法必究。法制保障在循环经济动力机制中起着重要的约束作用，它通过从外部施加压力的方式，约束政府、企业、居民的相关行为，推动循环经济的发展。因此，我国政府应尽快构建和完善循环经济法制体系，通过制定和完善相应的法律法规、加强执法队伍建设、加大执法力度，使循环经济的发展纳入法制化轨道，为政府、企业和居民推进循环经济提供强有力的法制保障。

3. 技术支撑

发展循环经济的技术支撑，是指提供循环经济发展所需要的相关技术。绝大部分学者认为，发展循环经济的关键技术是环境无害化技术，既包括预防污染的少废或无废工艺技术，也包括治理污染的末端治理技术和资源综合利用技术。发展循环经济的技术支撑是循环经济动力机制的先决条件，必要的相关技术是发展循环经济的保证，只有在技术可行的情况下，循环经济动力机制才有可能建立起来。因此，技术可行性是循环经济首先应该考虑的，应尽快形成一个能源循环利用、资源回收利用、废物再生利用的循环经济技术体系[11]，使企业能够实现废弃物"零排放"或逼近"零排放"的目标，以改造传统产业，促进产业优化升级。

具体来说，循环经济技术应该从输入端、过程控制端、输出端三个环节，从企业、园区、城市三个层面大力发展。对那些在经济上可行、技术上不可行的循环经济项目，一方面，政府应主动充分利用科技优势和人才优势，采取重大技术项目招标或产学研联合形式，促进技术的开发；另一方面，政府也可以从国外和国内发达地区引进技术和生产线，以期尽快采用和推广先进实用的生态型新工艺、新技术和新设备。[12]

4.3.2　循环经济动力源的作用对象

循环经济的动力机制要在动力源作用于行为主体时才能发挥其作用。不同的主体在循环经济动力机制产生过程中的作用方式不一样，从图4-2中可以看出，通常情况下，政府是循环经济政策和法律的制定主体，主要负责制定循环经济政策和法律并监督其执行情况；企业和居民是发展循环经济的微观主体，是循环经济政策法律激励和约束的对象。

1. 政府

政府作为循环经济的倡导者和监督者，承担着制定政策法规、提供行政指导，以及为发展循环经济提供部分技术信息和咨询服务等职责。

这里将政府细分为中央政府和地方政府。中央政府代表的是全国人民的利益，把握着国家的发展方向，实行全国范围内的公共管理。因此，中央政府出台的政策、法规无一不体现出全局观点。地方政府则是负责贯彻执行中央政府制定的有关循环经济方面的政策法规，同时也可以通过相关地方法规的制定，影响辖区内企业、居民的行为，担当着信息传播者和管理监督者甚至是经济发展直接参与者的角色。虽然中央政府和地方政府的地位不同，但他们在我国循环经济发展的启动期都应该发挥主导作用。各级政府应综合运用法律、行政和经济手段，对循环经济的发展予以引导协调和监督管理。[13]具体来说包括以下几方面内容：

（1）建立绿色经济核算体系和绿色政绩考核制度，通过制度设计来影响政府官员的行政观念和行为，从而为循环经济的发展打下良好的基础。

（2）完善市场机制中的监管机制，引导企业"绿色生产"。企业的经营行为，实际上受到外部监管的压力以及内部追求利益的动力的影响，当监管不力时，趋利原则就成为企业行为的指导原则，相应的企业经营外部负效应问题就非常严重。因此，严格监管企业生产行为，解决外部负效应问题，对于政府而言责无旁贷。

（3）通过政府采购和倡导"绿色消费"拉动企业进行绿色生产。供求关系是市场机制的重要组成部分，供求关系的变化直接影响着产品的市场价格，市场价格又直接影响企业的利润。对于企业而言，绿色产品消费需求的大小，直接影响着企业的生产行为，通过大规模的国家采购行为来扩大绿色产品的需求，可以引导企业发展循环经济。

2. 企业

企业作为循环经济动力机制的微观实施主体，在循环经济发展中起着关键作用。企业不但要遵循生态企业建设中的"3R"原则，还要将其承担的产品责任延伸到产品的整个生命周期中。同时，企业还要正确处理好自身经营目标和循环经济发展之间的矛盾，这是循环经济动力机制所要解决的一个难题。因此，我国企业在发展循环经济的过程中，必须做好两点：一是要转变经营理念，从传统粗放型经济增长方式转变为集约型经济增长方式；二是要创新环境管理体系，新的企业环境管理体系应适应循环经济的需要，在企业的各个部门、各个生产环节中都实施环境管理，使企业在产品设计、原材料获得和使用以及整个生产过程中都主动考虑最大限度地保护资源、环境。[14]

3. 居民

居民作为循环经济动力机制的另一个主体，其日常行为直接影响到循环经济能否顺利运行。居民可以通过实施绿色消费和发挥群体监督管理作用来促进循环经济的发展。

居民是一个很矛盾的主体，一方面，居民知道环境污染对于自身的伤害，当知道通过发展循环经济能够消除这些危害时，他们往往愿意积极地推动和支持循环经济的发展；另一方面，居民作为理性的消费者，其行为追求的是效用最大化，在收入有限的条件下往往去消费那些价格较低的非循环经济的产品。消费者的这些行为在一定程度上也会迫使企业降低生产成本，放弃走循环经济的道路。此时就需要政府在加大宣传绿色消费理念、提倡绿色消费观念的同时，通过约束和激励机制来引导居民的消费行为。

综上分析，循环经济机制的各个主体要素之间是相互影响，不可分割的，某一类主体的行为往往会导致其他主体的行为发生变化。政府作为循环经济政策的制定者，直接引导企业和居民走循环经济的道路，同时还要给企业和居民以技术的支持和理念的灌输。企业和居民作为微观个体通常追求的是个体利益最大化，往往和政府倡导的理念相悖。因此，需要通过有效的动力机制来规范、约束和引导他们的行为。

4.3.3　循环经济动力机制的作用原理

循环经济动力机制的作用机理就是在政策支持、法制保障、技术支撑的作用下，通过对政府、企业、居民三个主体的激励和约束，使主体的行为符合政府宏观调控目标和市场经济规律的内在要求，从而实现经济增长由线性经济发展模式向循环经济发展模式的转变。具体来说，动力机制主体的行为受到以下三个方面因素的影响：社会—企业净收益、资源环境的负外部性和资源利用效率。

1. 社会—企业净收益

在市场经济条件下，由于市场本身的缺陷，市场主体在利益最大化的驱动下破坏生态、污染环境的行为得不到有效的规制与约束。循环经济模式则要求通过完善的法制环境、激励约束性的政策以及相关的生产技术，规范、引导和监督政府、企业以及居民的行为，以实现人与社会、自然的和谐发展。在此发展过程中，企业作为社会经济发展的微观主体，是推进循环经济发展的基础载体和关键因素。因此，这里从企业净收益和社会净收益出发，分析他们在整个循环经济发展过程中的变化趋势。如图4-4所示。

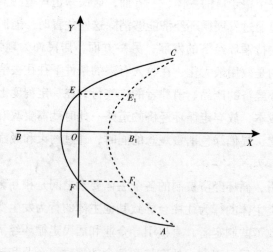

图4-4　社会—企业净收益曲线

在图4-4中，横坐标 X 表示企业净收益，纵坐标 Y 表示社会净收益。在整个循环经济发展中，可分为启动 AF、推进 FBE 和正常运行 EC 三个阶段，企业净收益与社会净收益的变化趋势呈现侧 U 型[15]，其中企业净收益变化趋势是"大—小—大"，社会净收益则由负值逐渐变化到正值，即由坏变好，这也正是发展循环经济的目的。ABC 是在约束机制下的发展曲线，AB_1C 则是在激励约束机制下的发展曲线，两个曲线间的差异是企业净收益之差。

企业的生产经营离不开市场，它的一切活动都是在市场范围内进行的。当仅对企业进行约束管制、要求它为原本免费使用的环境资源付费时，无疑增加了企业的产品成本。而在市场竞争条件下，又不可能把这部分成本转嫁给消费者，只能挤占本企业的净收益。以追求利益最大化为目标的企业则很难在只有约束管制条件下自觉发展循环经济，尤其是在循环经济的推进阶段即 FBE，企业在根本没有利润的情况下，不可能自觉发展循环经济，此时必须通过价格补贴、税收优惠等激励措施，调节企业的收益到 $F_1B_1E_1$ 的位置，调动企业进行循环经济生产的积极性，进而推进循环经济的发展。

由曲线 ABC 与曲线 AB_1C 的差异可以看出，发展循环经济必须由政府合理调节企业的净收益：启动阶段，政府投入的较少；随着经济发展的深化，政府需要加大投入和支持力度，否则就会出现推而不动的局面，尤其是到 FBE 阶段；当循环经济发展较为成熟时即 EC 阶段，政府投入逐步减少，由市场内在机制调节企业进行绿色生产，最终走上循环经济发展的健康之路。

2. 资源环境的负外部性

在市场经济中，由于环境资源属于典型的公共物品，也就具有典型的外部性，而企业的生产以及居民的消费都不会自觉考虑他们行为的外部性问题。因此，如果存在负外部性，则企业的生产和居民的消费均会大于没有负外部性时的供给与需求；如果存在正外部性，则企业的生产和居民的消费均会相对减少。而作为公共产品的环境资源，具有明显的负外部性，即使用者的行为给他人造成的影响是不利的。[16]此时的市场均衡是没有效率的，存在社会福利的损失和恶化。循环经济的动力机制则可以通过各种措施与手段规范和引导市场微观主体的行为，消除环境资源的外部性问题。下面分别从生产者和消费者的角度分析传统经济模式下与循环经济模式下的供求状况，如图4-5和图4-6所示。

(1) 产品的供给

在图4-5中，S_1、S_2 分别表示循环经济模式下和传统经济模式下的供给曲线。生产者在传统经济模式下，无须支付资源环境的恢复或污染处理的成本，使得产品的私人成本低于社会成本，市场均衡点为 F，实际供给量为 Q_2。而生产者在循环经济模式下，需要支付资源环境的恢复或污染处理的成本（这里假定全部由企业承担），此时产品的私人成本等于社会成本，供给曲线向左上移，市场均衡点变为 E，实际供给量为 Q_1。显然，循环经济模式下产品供给量小于传统经济模式下的供给量。

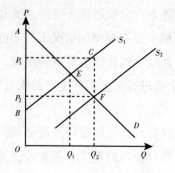 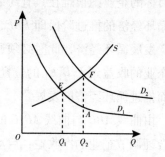

图 4-5 两种模式下的供给曲线 　　　图 4-6 两种模式下的需求曲线

对于社会福利的变化情况，由图 4-5 可以看出，在循环经济模式下的社会总收益等于多边形 AEQ_1O 的面积，社会总成本等于 $OBEQ_1$ 的面积，社会净福利或收益为两者之差 AEB 的面积。而在传统经济模式下，社会总收益等于多边形 AFQ_2O 的面积，社会总成本等于 $OBCQ_2$ 的面积，社会净收益为 AEB 减去 CEF 的面积。因此，在传统经济模式下，社会福利的损失额等于 CEF 的面积。

（2）产品的需求

在图 4-6 中，D_1、D_2 分别表示循环经济模式下和传统经济模式下的需求曲线。消费者在传统经济模式下，无须支付资源环境的污染（如丢弃的塑料袋给环境带来的白色污染）处理成本，使得产品的私人使用成本低于社会成本，市场均衡点为 F，实际需求量为 Q_2。而消费者在循环经济模式下，需要支付资源环境的污染处理成本（这里假定全部由消费者承担），此时产品的私人成本等于社会成本，由于使用成本的升高会使消费者节约该产品的使用量，从而需求曲线右下移，市场均衡点变为 E，实际需求量变为 Q_1。显然，循环经济模式下产品需求量小于传统经济模式的供给量。

对于社会福利的变化情况，由图可以直接看出在传统经济模式下，社会福利的损失额为 AEF 的面积。

因此，在具有外部性的地方，传统生产模式下，会导致过度生产和消费，从而引起社会福利的损失，如环境恶化、生态破坏等；针对这种情况，就需要政府通过法制约束和政策引导等手段来影响市场供求状况，通过建立循环经济模式，消除资源环境的负外部性问题，使人们的生产和生活在环境承载力范围内有序运行。

3. 资源利用效率

传统经济发展模式下，我国的经济增长呈现出"高投入、高消耗、高污染、低产出"的特点；造成了资源的枯竭，生态的恶化；而循环经济发展模式下，是要变"三高一低"为"三低一高"，即"低投入、低消耗、低污染、高产出"，使生产企业尤其是资源消耗量大的企业在一定的生产边界约束内，本着成本—收益最大化的原则，按照经济规律，参与市场竞争。当企业的资源投入量越少、产品产出量越多时，其竞争力就越强，相应的获利能力也越好。企业的资源投入量与产品的关系如图 4 - 7 所示。[17]

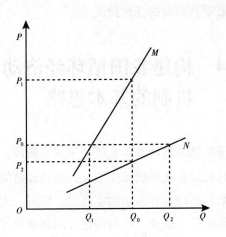

图 4 - 7   资源利用效率图

在图 4 - 7 中，横坐标 OQ 表示资源的投入量，纵坐标 OP 表示产出量，M、N 分别代表循环经济发展模式下和线性经济发展模式下的投入—产出曲线。当产量一定时，循环经济发展模式下的资源消耗量少于线性经济发展模式下的资源消耗量，即 $P = P_0$ 时，$Q_1 < Q_2$；当资源消耗量一定时，循环经济条件下的产出量多于线性经济条件下的产出量，即 $Q = Q_0$ 时，$P_1 > P_2$。循环经济发展模式下资源利用率的提高主要得益于循环经济技术的应用。循环经济技术不但提高了资源的利用效率，减少了资源的投入量，而且通过废弃物的资源化和再生利用在降低环境污染的同时也减少了资源投入量。资源利用效率的提高，使得相同的投入，得到了更多的产出，相同的产出，消耗了更少的资源；同时，通过废弃物的资源化和再利用，不但节约了资源、增加了产出，而且减少了污染，实现了"低投入、低消耗、低污染（甚至无污染）、高产出"的集约型经济增长。

根据上述分析，本章认为，社会—企业净收益主要体现了循环经济的整个发展过程中政府在不同阶段的支持引导力；资源环境的负外部性主要是政府通过法制约束和政策引导等手段来影响市场供求状况，消除资源环境的负外部性问题；资源利用效率则主要体现了企业采用循环经济技术较未采用时所带来的效益变化情况，这三者反映了循环经济动力机制作用机理由宏观到微观的变化情况。

4.4　构建我国循环经济动力机制的基本思路

我国循环经济的动力机制基本上还处于探索阶段，基本思路就是以政府为起点，把政府、企业和居民作为发展循环经济的主体，并围绕着三个主体进行一系列的约束和激励制度建设。但是，无论是发达地区还是欠发达地区，在循环经济动力机制构建方面都遇到了许多问题，成为制约我国循环经济进一步发展的因素。

4.4.1　现状分析

从国内各地的实践来看，循环经济动力机制的构建现状如图4-8所示。

从图4-8中可以看出，我国循环经济动力机制的起点是政府，落脚点是政府、企业和居民这三个发展循环经济的主体，一系列的约束和激励制度是连接两者的桥梁。

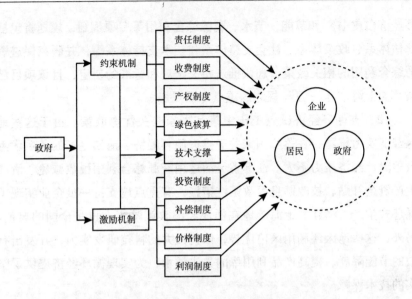

图 4-8　循环经济动力机制的现状图

从目前我国的循环经济动力机制实践来看，在经济发达地区和经济欠发达地区，由于所实施的约束与激励机制的不同，使得循环经济动力机制有一定的地区差别，其发挥的作用也有所不同。

1. 经济发达地区推进循环经济的实践

从循环经济发展阶段方面来看，上海、广东、江苏、浙江等省市属于经济发达地区。这些省市的技术经济基础和制度条件都较好，循环经济发展与产业经济转型相适应。可以称这一类地区的循环经济发展是自发战略转型模式。

目前这些地区从全省全市的高度，通过循环经济动力机制的建立，促进循环经济的发展。主要推进手段包括：

（1）制定和完善发展循环经济的政策法规。目前，发达地区纷纷加快编制符合发展循环经济要求的项目规划，研究发展循环经济的总体思路，以推进循环经济的发展。广东省把发展循环经济作为建设绿色广东的重要内容来抓，成立了广东省加快循环经济发展领导小组，出台促进循环经济发展的地方性政策法规，为全面推进节能与综合利用工作提供法制保障。上海市发改委同有关部门正在抓紧组织编制《上海发展循环经济白皮书》和节能、节水、资源综合利用等专项规划，规划将包括评估体系、政策体系、社会支持体系和技术支持体系等，并研究促进资源综合利用的相关政策，加快推进相关法规和标准的制定，且该项目已被列为上海"十一五"规划的重点专项规划。

（2）在循环经济试点工作中落实国家有关优惠政策。由于这些地区经济实力雄厚，在落实国家关于推进循环经济、清洁生产的各项优惠政策时，经济压力不大。江苏省灵活运用资源综合利用税收减免、清洁生产资金补贴、技改贴息等政策性措施，有重点地支持一批企业实现了循环式生产。浙江、上海等地在循环经济政策落实上也是全国的典范。另外，这些地区还利用区位优势，依托强大的科技研发实力，开发出有效的节能降耗、提高产品利用率的先进技术，为实现循环经济提供了坚实的技术保障。

（3）完善干部考核标准和体系。领导干部的政绩观和科学发展观是密切相连的，这些地区已经初步建立了科学的政府绩效评估体系，将循环经济发展状况与领导干部的考核相联系。

2. 经济欠发达地区推进循环经济的实践

由于经济欠发达地区与经济发达地区在循环经济动力机制实践方面存在着政策环境、经济环境、科技环境等方面的差距，因此，简单的照搬经济发达地区的循环经济推进方式对于发展本地区的循环经济并不合适。经济欠发达地区的主要推进手段包括：

（1）循环经济试点取得了一定的进展。经济欠发达地区循环经济的试点主要集中在国营、集体企业中，这些企业运用清洁生产的新技术和新工艺，创建生态企业，并具备了一定企业规模，但是难以形成试点企业群的全面突破。如山西和河北联合开发的煤电循环利用项目上，就把发展循环经济的主体定位为国有企业，而非私营企业。

（2）循环型社会理念和科学发展观的宣传是这些地区的主要工作。与经济发达地区相比，经济欠发达地区无论是社会公众还是政府官员在循环经济的理念方面都存在很大差距，这是这些地区在发展循环经济过程中首先需要解决的问题。在这个问题上，一些地区已经开始了相应的实践，如陕西省在矿产资源开发相对集中的陕北地区宣传循环经济理念，青海省在全省范围内开展循环经济新理念学习活动，并计划建立柴达木盆地循环经济试验区。

（3）制定产业结构调整政策。由于经济欠发达地区的产业结构较为单一，多为计划经济的产物，因此在循环经济建设方面存在着诸多不合理的现象。对这些地区而言，地方政府倡导发展生态工业，也就是按照循环经济的理念来改造现行的工业系统，以清洁生产为切入点来组织工业生产，大力发展生态工业园，构建生态产业链和工业共生网络。

4.4.2　面临的困难

从实际情况看，中国当前的循环经济动力机制严重落后于循环经济发展的需要。具体表现为：

1. 缺乏约束地方政府发展循环经济的有效机制

在循环经济发展中，中央政府追求的不仅是经济的增长而且包括环境的保护和社会的可持续发展等，因此在促进循环经济发展中的态度是积极的。但是在具体影响地方政府行为的干部考核制度方面存在的问题，使得地方政府片面追求 GDP 增长，过分注重经济发展，忽视环境问题和生态问题，甚至保护和帮助当地的企业规避法律政策的约束，使得资源浪费与环境污染有了官方保护，这是造成我国循环经济推进艰难的根本原因。

2. 缺乏激励企业发展循环经济的有效机制

发展循环经济在推动资源回收和循环利用方面的重要基础是生产者责任延伸制度、再生资源分类回收利用制度、建立不易回收的废旧物资回收处理收费机制等，这些都属于市场失灵的领域，需要政府的宏观调控和政策激励。但我国还没有建立起有效的资源回收利用制度和相关收费制度，政策可操作性差，与相关法规衔接不够，执行成本高且缺乏执行基础。

3. 尚未形成区域性的循环经济发展网络

目前国内的循环经济主要在企业层次以示范企业的清洁生产为核心，以污染治理和典型企业内部循环利用资源的方式展开。已经形成的以大城市为核心的循环经济网络，主要由有直接利用价值和经济效益的生产废弃物回收利用以及有直接利用价值和经济效益的生活垃圾收集、分类回收、再生化处理加工体系组成。这是一种由市场自发形成的以分散的农民垃圾收集者组成的一个不完善的网络。很多没有直接利用价值、需要进行深加工处理并且直接经济效益不高的废弃物和生活垃圾，还没有形成循环利用网络，主要由国有清洁企业收集清运，以直接集中填埋或直接向大自然排放的方式处理。一些城市建立了垃圾再生处理设施，但由于缺乏资金而不能运转。造成这种现象的原因主要是缺乏一种可弥补市场失灵的外部性政策体系和投融资机制的支持。

4. 宏观调控政策与循环经济实践缺乏一致性

为了解决经济发展中的资源短缺和环境问题，中央政府把发展循环经济提到了很高的地位。但在各级政府和综合经济管理部门的宏观经济调控政策中，仍然没有把发展循环经济作为整体政策中的一个环节进行具体落实。发展循环经济仍然处于主体经济政策的边缘。例如，在当前宏观调控中，中国人民银行对金融机构实行窗口指导，限制对钢铁、电解铝、水泥等过热行业的贷款；国家发改委也发布了关于控制钢铁、电解铝、水泥三行业投资的意见；在对钢铁的限制中，并没区分单纯性地扩张生产规模的项目和循环利用资源的项目，而是一律给予限制，致使一些循环利用资源的项目也被卡住了。

尽管我国在发展循环经济方面已有一定的基础，但从总体上看，推进循环经济发展还存在一些实际困难和障碍，需要制定一系列行之有效的约束与激励机制来推进循环经济的发展。

4.4.3　对策措施

由于我国目前尚缺乏行之有效的循环经济动力机制，致使循环经济的发展比较缓慢。因此，构建循环经济动力机制对于我国循环经济的发展具有重大意义。通过对循环经济动力机制作用机理的相关分析，本章认为，循环经济动力机制的建立需要以政府为起点，以政府、企业和居民为主体，并围绕着三个主体进行一系列的约束和激励制度建设，促使政府、居民和企业自觉进行循环经济建设，形成以生态企业为基础和核心的生态企业、生态园区和生态城市体系，最终建成循环型的生态社会。

为了实现以上目标，本章认为，应该从以下三个方面构建行之有效的循环经济动力机制：

（1）建立循环经济的激励机制，即国家从政策层面给予正确引导和支持，结合市场机制的作用调动企业和消费者参与发展循环经济的积极性。具体来说，发展循环经济的政策体系主要包括投资政策体系、财政政策体系、税费政策体系、价格政策体系等，目的在于激励企业发展循环经济。

（2）通过循环经济法制建设来约束企业和消费者的行为，使之朝向循环经济发展的方向；从循环经济法制建设的过程来看，应该借鉴国外成熟的经验，分阶段逐步加以建立和完善，即遵循这样一条主线：循环经济理念的提出以及一些循环经济相关法律的探索——颁布有针对性的、专门性的循环经济法律，司法、执法、守法、法制监督相对完善——从立法、司法、执法、守法、法制监督四个环节建立理想的、完整的循环经济法律体系。

（3）为企业提供发展循环经济的基本技术，使循环经济的发展具有可行性。一方面，循环经济技术的发展应该抓好三个环节，即要在输入端、过程控制端、输出端三个环节全面实现循环经济技术模式，从而实现减量化、再利用、资源化的有机结合；另一方面，循环经济技术的发展还应从企业、区域、社会三个层面大力发展循环经济技术，并且对三个层面的循环链进行整合，最终建立循环型社会，达到废弃物的"零排放"。

4.5 结 论

本章通过分析循环经济发展中存在的问题，发现推进循环经济发展的艰难之处在于动力不足，在此基础上分析了促进循环经济发展的动力源、行为主体和实施载体，并构建了循环经济的动力机制。

通过上述工作，本章主要得出以下结论：

（1）循环经济动力机制是由动力源、行为主体、实施载体和市场等诸要素构成的一个相互联系、相互作用的复杂而有序的有机整体，各要素相互影响和相互作用推动着循环经济的健康运行。

（2）循环经济动力机制的动力源是推进循环经济发展的外在推动力，是构建动力机制的关键要素，具体包括政策支持体系、法制保障体系和技术支撑体系。循环经济技术是发展循环经济的前提条件；法制环境是发展循环经济的保障，起到约束和规范主体行为的作用；循环经济政策则为发展循环经济提供了有效的支持作用，引导和激励循环经济实施主体的行为。

（3）循环经济动力机制的行为主体是推进循环经济发展的实施者，由政府、企业和居民组成。政府在推进循环经济发展中起着宏观调控与引导的作用，政府采取一定的行政、经济手段引导企业和居民的行为走上循环经济发展之路；企业和居民作为市场的微观主体，其行为直接决定了循环经济能否顺利发展。

（4）循环经济动力机制的作用机理就是运用法制、政策、技术等措施和手段，通过市场的作用，调节主体的行为，使其在资源约束和环境承载力的范围内进行生产和消费，建设资源节约型、环境友好型社会。

参考文献

［1］解振华：《关于循环经济理论与政策的几点思考》，载《中国环境报》2003 年 11 月 15 日。

［2］成红、张辉：《论循环经济法律调整机制》，载《社会科学》2006 年第 4 期，第 57～61 页。

［3］王文臣：《从国际比较看中国发展循环经济的机制建构与路径选择》，载《生产力研究》2005 年第 8 期，第 162 页。

［4］王文臣：《从国际比较看中国发展循环经济的机制建构与路径选择》，载《生产力研究》2005 年第 8 期，第 162 页。

［5］徐达华：《积极推进"三个创新"、大力发展循环经济》，载

《领导科学》2005 年第 22 期，第 8 ~ 9 页。

　　［6］张思锋、刘建伟：《西安市循环经济发展战略及其推进机制研究》，载《科学·经济·社会》2006 年第 2 期，第 51 ~ 54 页。

　　［7］吴海燕：《推进我国循环经济发展进程的政策体系研究》，载《经济与管理研究》2004 年第 5 期，第 26 ~ 30 页。

　　［8］吴海燕：《推进我国循环经济发展进程的政策体系研究》，载《经济与管理研究》2004 年第 5 期，第 26 ~ 30 页。

　　［9］张思锋、刘建伟：《西安市循环经济发展战略及其推进机制研究》，载《科学·经济·社会》2006 年第 2 期，第 51 ~ 54 页。

　　［10］徐达华：《积极推进"三个创新"、大力发展循环经济》，载《领导科学》2005 年第 22 期，第 8 ~ 9 页。

　　［11］徐达华：《积极推进"三个创新"、大力发展循环经济》，载《领导科学》2005 年第 22 期，第 8 ~ 9 页。

　　［12］张思锋、刘建伟：《西安市循环经济发展战略及其推进机制研究》，载《科学·经济·社会》2006 年第 2 期，第 51 ~ 54 页。

　　［13］王辉：《不同行为主体在发展循环经济中的努力途径》，载《环境保护》2005 年第 1 期，第 54 ~ 60 页。

　　［14］陈德敏：《循环经济发展模式中的企业行为分析》，载《经济问题》2003 年第 9 期，第 35 ~ 36 页。

　　［15］张思锋：《循环经济发展阶段与政府循环经济政策》，载《西安交通大学学报（社会科学版）》2004 年第 9 期，第 48 页。

　　［16］许彬：《公共经济学导论》，黑龙江人民出版社 2003 年版，第 79 页。

　　［17］戴世明：《循环经济的机理分析》，载《南通职业大学学报》2004 年第 3 期，第 9 ~ 11 页。

5 循环经济的政策支持

5.1 引 言

　　循环经济政策是指国家、政党及其授权机构为推进生态企业、生态园区、生态城市建设，依法制定的激励、约束政府、企业和居民行为的一系列行动准则。从 20 世纪 80 年代初起，国务院相继制定了以环境保护为目标的、具有激励、约束功能的财政、税收、信贷、投资、价格等一系列政策①；2002 年以来，国务院又出台了具有环境保护与资源节约双重目标的各类经济政策②。但是，从政府、企业、居民参与生态企业、生态园区、生态城市建设的主动性、积极性角度分析，我国循环经济政策供给明显不足：对技术上可行、经济上不可行的生态企业、生态园区建设项目缺乏有力度的财政、税收、信贷、投资等扶持政策；对居民的消费行为缺乏合理的价格、税收等引导政策。

　　任勇等分析了我国已有的废旧资源综合利用、清洁生产以及绿色消费等方面的政策对建设生态企业、生态园区和生态城市的影响，并指出了现有政策供给的缺陷和不足[1]；黄少鹏认为制约循环经济政策供给不足的重要原因是，政府与企业之间以及政府管理部门之间存在着认识和

---

　　① 《国务院关于环境保护工作的决定》（1984 年）、《国务院关于进一步加强环境保护工作的决定》（1990 年）、《国务院关于环境保护若干问题的决定》（1996 年）。

　　② 《清洁生产促进法》（2002 年）、《国务院关于加快发展循环经济的若干意见》（2005 年）、《国务院关于落实科学发展观加强环境保护的决定》（2005 年）。

意愿的错位，导致循环经济的推进机制紊乱而难以形成合力[2]；杨永芳等则认为要增加我国循环经济政策的供给，必须建立市场机制下的政策体系，综合运用拨款、税收、信贷、保险和交纳污染补偿金等手段[3]。现有关于循环经济政策供给问题及其对策的分析，进一步推进了我国循环经济政策的研究。但是，这些研究中的政策建议往往忽视了与已有政策的衔接，缺乏有说服力的逻辑和事实证明，对政策预期效果的分析也不足。

本章从生态企业、生态园区和生态城市三个层面描述了我国循环经济政策供给现状；指出了循环经济政策供给与政府、企业、居民参与生态企业、生态园区、生态城市建设的政策需求之间的差距；分析了循环经济政策供给不足的原因，并借鉴发达国家关于循环经济政策供给的相关经验，提出了增加循环经济政策供给的具体措施。

5.2　我国在循环经济政策供给方面的成就

尽管我国引入循环经济发展模式的时间并不长，但是清洁生产、绿色消费等一些符合循环经济理念的做法却早已存在。本章此处讨论的循环经济政策，并不是指我国提出发展循环经济战略后开始制定和实施的政策，而是指那些已经出台的符合循环经济要求的所有政府政策。

5.2.1　面向生态企业的政策

我国的生态企业建设才刚刚起步，到现在为止，只有32家企业被命名为国家环境友好企业。[4]为了推动生态企业的建设，国家环保总局在《关于进一步做好创建国家环境友好企业工作的通知》中指出，要"帮助企业落实应当享受的优惠政策"[5]。目前，国家已经颁布和实施了一些投资、财政、税收政策，支持企业的生态化建设。

在建设生态企业方面，国家出台的针对地方政府和居民的激励政策很少。2003年，国家颁布了《排污费征收使用管理条例》，其中规定了针对地方政府的激励政策。该条例规定："排污费的征收、使用必须严格实行收支两条线，征收的排污费一律上缴财政，环境保护执法所需经费列入本部门预算，由本级财政予以保障。"[6] 也就是说，地方政府可以征收企业的排污费，并纳入财政预算，以用于以下四个方面：重点污染源防治；区域性污染防治；污染防治新技术、新工艺的开发、示范和应用；国务院规定的其他污染防治项目。[7]

为激励企业进行生态化建设，中央和地方政府出台了一系列政策，主要包括：

1. 财政政策

国家设立了专项基金以支持生态企业建设。自 2005 年起，财政部设立清洁生产专项资金，重点支持企业清洁生产的规划、培训、技术标准制定等。此外，国家发改委在国债资金中安排了专项基金，支持循环经济试点单位开展资源节约活动和重点项目建设。很多地方政府也设立了发展循环经济的专项基金。如温州市 2006 年设立了发展工业循环经济的财政专项资金，对企业的节能、节电、节水、节材等技术研发、推广和应用活动进行资助。[8]

在中央和地方政府相关财政政策的引导下，很多企业成为发展势头良好的资源循环再利用企业。比如北京金运通大型轮胎翻修有限公司，作为国家发改委发布的第一批循环经济试点单位，在资源节约和循环经济重点项目专项资金的资助下，该公司目前已经发展成为国内规模较大、设备较好、技术较为先进的一家废旧轮胎资源循环再利用企业。

2. 税费政策

（1）税收政策

征收生态税是发达国家发展循环经济的重要政策手段。我国专门的生态税政策还没有出台，正在研究制定中。[9] 目前，国家制定了一系列与环境、资源有关的税收优惠政策，发挥着生态税的功能。根据财政部的相关报道[10]，主要表现在以下几方面：

① 鼓励废物、废气和废料综合利用的政策。一是对利用废水、废气、废渣等废弃物为主要原料进行生产的企业，在 5 年内减征或者免征企业所得税。二是对企业生产原料中掺有不少于 30% 的煤矸石、石煤、粉煤灰、烧煤锅炉的炉底渣（不包括高炉水渣）的建材产品，包括以

其他废渣为原料生产的建材产品免征增值税。三是对企业以"三剩物"和次小薪材为原料生产加工的综合利用产品实行增值税即征即退政策。四是对油母页岩炼油、垃圾发电和废旧沥青混凝土回收利用实行增值税即征即退政策；对综合利用煤矸石、煤泥、煤系伴生油母页岩等发电、风力发电、部分新型墙体材料产品实行增值税减半征收政策。五是对废旧物资回收经营单位销售其收购的废旧物资免征增值税。生产企业增值税的一般纳税人购入废旧物资回收经营单位销售的废旧物资，可按10%计算抵扣进项税额。

② 减少污染排放物的政策。一是对含铅汽油与无铅汽油分别按0.28元/升和0.20元/升的税率征收消费税。二是对生产销售达到低污染排放限值的小轿车、越野车和小客车减征30%的消费税。三是对各级政府及主管部门委托自来水厂（公司）随水费收取的污水处理费，免征增值税。

③ 鼓励清洁生产的政策。一是内资企业在我国境内投资的符合国家产业政策的技术改造项目，其所需国产设备投资的40%，可从设备购置当年比前一年新增的企业所得税中抵免；企业环保设备投资符合条件的，也比照这一规定执行。二是对列入《当前国家重点鼓励发展的产业、产品和技术目录》、对环境保护和资源综合利用具有重要意义的产业、产品，如安全、高效的农药原药新品种，废气、废液、废渣综合利用，环保检测仪器新技术设备制造，环境污染治理工程及检测和治理技术，防护林工程，荒漠化防治等，在规定范围内免征进口设备的关税和进口环节增值税。

④ 鼓励使用先进环保产品政策。将一些高科技环保设备，如排气量为5.9升及以上的天然气发动机、风力发电设备及零部件、用于造纸工业中污水处理的碱回收锅炉等列入了进口商品税则暂定税率。

（2）收费政策

对污染企业收费的政策在我国早已实施。国务院在 1984 年颁布的《国务院关于环境保护工作的决定》、1990 年颁布的《国务院关于进一步加强环境保护工作的决定》、1996 年颁布的《国务院关于环境保护若干问题的决定》中，都明确规定要对污染企业征收"污染费"。2005 年在国务院颁布的《国务院关于加快发展循环经济的若干意见》中也明确提出，"研究以资源量为基础的矿产资源补偿费征收办法，扩大水资源费征收范围和标准。"[11]这些收费政策约束了企业的资源浪费和环境污染行为。另外，各级地方政府也都出台了针对企业的排污费征收政策。

5.2.2 面向生态园区的政策

目前，国家颁布了《行业类生态工业园区标准（试行)》、《综合类生态工业园区标准（试行)》、《静脉产业类生态工业园区标准（试行)》三个文件，明确规定了各类生态工业园的建设标准、考核办法，为各地生态工业园的建设提供了技术标准和考量依据。但是，国家尚没有出台相关配套政策措施，以激励地方政府、企业和居民参与生态园区的建设。支持生态园区建设的动力主要来自各级地方政府，扶持的对象主要是企业。

各级地方政府出台了一系列政策以激励企业参与生态园区的建设。具体表现在以下方面：

1. 投资政策

很多地方政府制定了优厚的政策吸引外来企业入住生态园区。湛江市在组建官渡生态工业园时，为吸引投资者参与园区建设，管委会先投资搞好园区"三通一平"，然后以"零地价"将土地划给投资者。[12]西安市给予本市入住西安表面装饰工程园的企业以优惠的政策，提出：对于市区搬迁的企业，给予土地审批、使用方面的优惠政策。[13]而商洛市政府为了吸引企业入住工业园，出台了一系列针对入园企业的土地优惠政策。其规定：企业固定资产投资在1000万元以下的，土地出让价格为每亩9万元；固定资产投资在1000万~3000万元的，土地出让价格为每亩8万元；固定资产投资在3000万~5000万元的，土地出让价格为每亩6万元；固定资产投资5000万元至1亿元的，土地出让价格为每亩4万元；固定资产投资超过1亿元、项目有巨大产业拉动效应的，园区无偿供给土地。[14]

2. 财政政策

为了吸引企业加入生态园区的产业共生链条，实现园区内物质、能量和信息的闭路循环，很多地方政府给予入园企业以财政扶持。哈尔滨市设立企业发展扶持资金，支持企业入住园区。其新出台的办法规定：凡在园区内兴办生产型企业、现代物流企业（经营期 10 年以上）的，从投产之日起，前三年给予与企业所得税等额的资金扶持，第四年、第五年给予 50% 的资金扶持；对高新技术企业，前三年给予所得税等额的资金扶持，从第四年起 5 年内给予 50% 的资金扶持；生产型外商投资企业除享受以上政策外，从投资之日起两年内，还可享受企业增值税部分的资金扶持。在园区注册的企业，其职工在松北区内购买住房时，购房款也将给予相应优惠。[15] 武汉市为鼓励下岗职工入住园区办企业，要求对下岗职工入园兴办企业给予贷款贴息。[16]

3. 税费政策

很多地方政府给予入住生态园区的企业一定的税收优惠政策，以激励企业入住园区。西安市给予入住沣京工业园的企业以招商引资方面的优惠政策：纳税年度起，三年内企业所得税留县部分全额奖励，第四年、第五年企业所得税留县部分奖励 50%；纳税年度起，凡连续三年上缴增值税留县部分超过土地征用费用的企业，从第四年度起三年内返还土地征用费；凡属国家鼓励产业项目，经确认后按 15% 的税率征收企业所得税。[17] 江苏盐城规定入住阜宁生态化园区的企业享受以下优惠政策：一是所得税方面，固定资产投资在 1000 万元以上，经营期在 10 年以上的生产企业按地方所得，前五年 100%、后五年 50% 奖励给企业。二是增值税方面，自企业成立起 10 年内，年度上缴增值税 50 万元以上的，按入库额奖励 10%；出口产品按国家规定的退税政策执行。三是营业税方面，自企业成立起 10 年内，每年由财政部门按缴纳部分的 60% 返还。四是行政性收费方面，园区内按"无费区"管理，生产型企业免征省以下一切行政性费用。[18]

5.2.3　面向生态城市的政策

目前，中央政府出台了很多政策激励地方政府、居民参与生态城市建设，推动消费领域循环经济的发展。

1. 调节政府消费行为的政策

2003 年，国家正式颁布和实施了《政府采购法》，首次将政府采购政策以立法形式明确下来；2004 年 12 月 15 日，财政部和发改委联合下发了《节能产品政府采购实施意见》和《节能产品政府采购清单》；2005 年 3 月 31 日，财政部和信息产业部在网上发布了《软件政府采购实施办法（征求意见稿)》；2005 年 9 月 15 日，财政部、国家环保总局、国家认证认可监督管理委员会等部门在京研讨《政府绿色采购实施意见（草案)》，酝酿出台政府绿色采购政策，并列出实施政府绿色采购的三段时间表；2005 年 12 月 30 日，财政部、发改委和信息产业部三部委"为了保障国家信息安全，维护国家利益和社会公共利益"，发布了《无线局域网产品政府采购实施意见》和产品清单，要求采购单位从 2006 年 2 月 1 日起执行。但是到目前为止，国家还没有出台正式的政策以推动政府绿色采购的实施。很多地方政府也颁布和实施了绿色采购方面的政策。如青岛市制定了政府绿色采购的详细清单，并要求各级单位贯彻实施。

2. 调节居民消费行为的政策

(1) 税费政策

国家主要通过税费政策约束居民的消费行为。在税收方面，财政部重新调整了消费税，提出：对含铅汽油与无铅汽油分别按 0.28 元/升和 0.20 元/升的税率征收消费税；对生产销售达到低污染排放限值的小轿车、越野车和小客车减征 30% 的消费税；对各级政府及主管部门委托自来水厂（公司）随水费收取的污水处理费，免征增值税。[19] 在收费方面，国家实施了垃圾收费政策。2002 年，国家计委、财政部、建设部、环保总局联合发布的《关于实行城市生活垃圾处理收费制度促进垃圾处理产业化的通知》中要求全面推行生活垃圾处理收费政策，要求所有产生生活垃圾的国家机关、企事业单位（包括交通运输工具）、个体经营者、社会团体、城市居民和城市暂住人口均应缴纳垃圾处理费。收费标准将按不同对象采取不同计费方式，并按月收取。[20] 很多地区，如深圳、西安、南昌等城市都制定了适合本地区实际情况的垃圾收费政策。

(2) 价格政策

国家调整居民用水、用电的价格政策。自 2005 年开始，我国逐步实行阶梯式水价和超计划、超定额用水加价制度，加大实施峰谷分时、丰枯分季电价力度，对高耗能行业中国家淘汰类和限制类项目继续实行差别电价政策；加大供热价格改革力度。我国很多地区已经开始按照国家规定调节水费征收办法。如陕西、新疆、黑龙江和宁夏等地积极推行"终端水价制"和"供水到户"政策；江苏等地在科学制定用水定额或计划的基础上，实行"超定额（计划）累进加价"政策；天津市根据超计划用水幅度实行加倍的累进加价政策，如对超过计划用水 40% 以上的，按 10 倍标准收费。湖北、黑龙江和浙江等省份也纷纷制定了居民用电政策。

5.3　我国循环经济政策存在的问题

5.3.1　生态企业层面的问题

目前，国家针对企业的生态化建设出台了一系列优惠政策，但是这些政策针对末端治理的多，针对源头治理的少，治理环境污染的多，鼓励清洁生产的少，循环经济的理念还未真正贯彻。如我国制定的针对污染企业的排污收费政策，尽管对促进企业削减污染排放起到了一定作用，但是由于排污费征收标准过低，对企业的制约作用有限，无法从根本上杜绝工业污染的产生。2004 年发生在沱江的污染事件带来的实际损失是两亿元，但环保部门对企业最高的处罚额度才 100 万元[21]，处罚额度远远小于污染造成的损失，难以发挥警示作用。

在生态企业建设方面，国家只是允许地方政府收取排污费并转入地方财政，作为治理环境污染的专项基金。但是与其缴纳的税收相比，企业缴纳的排污费微不足道。政府宁愿少收排污费而多征税，以更快地增加地方财政收入，推动本地区 GDP 的增长。这样，排污费对地方政府的激励作用被严重削弱。

5.3.2　生态园区层面的问题

在生态园区建设方面，国家没有出台相关激励地方政府、企业和居民的政策。在这种情况下，地方政府、企业和居民缺乏建设生态园区的动力，从而制约了生态园区的发展。据报道，包头铝工业园区尽管被国家列为国家示范工业园区，但是因为没有相关政策的支持，其发展受到了很大的制约。[22]

目前，很多地方政府采取了一系列政策支持企业入住工业园，但是这些政策以地方保护主义为主，具有很大的不规范性。如经国家七部委调查，松原市宁江区雅达虹工业园区 21 家企业中仅 3 家履行了环评手续。吉林市永吉经济开发区选址不合理，地处吉林市饮用水源江段上游，所有企业竟都未批先建（部分企业已补办手续）。[23]另外，针对单个企业入住园区的政策多，构建产业链、实现企业间物流、能流、信息流共享的政策少。政策的缺失制约了生态园区的建设和发展。

5.3.3　生态城市层面的问题

在生态城市建设方面，政府绿色采购方面的政策正在试点和制定当中，包装物押金返还政策还没有普遍实施，而已经出台的城市垃圾收费政策和居民用水、用电政策还不完善。这些都阻碍了循环经济在消费领域的发展。

5.4　我国循环经济政策供给不足的原因分析

5.4.1　中央政府层面的原因

1. 体制方面的原因

循环经济的推进是一项社会系统工程，涉及资源、技术、资金、法律、政策等多个环节，需要科技、环保、财政、经济发展、国土管理、法律制定、监察等多个行政管理、立法监督和司法机关的协作。一项循环经济政策的制定需要花费大量的组织成本，协调多个部门，调解其利益之间的制衡关系和冲突。目前，我国循环经济的发展规划主要由国家环保总局和发改委负责，其他相关部门配合。但是，由于没有一个集中的领导机构和合理的协调机制，导致政策的供给因部门之间利益的纷争而滞后。比如征收燃油税已成为政府和社会的共识，但迟迟未付诸实施，其原因就是部门之间难以协调开征燃油税带来的利益。[24]

2. 机制方面的原因

政府、企业和居民是推动循环经济发展的主体，三者协调一致才能推动循环经济的快速、有序发展。目前，三者之间并没有就发展循环经济形成一个有效协作的机制，表现在：激励企业参与循环经济实践的政策多，激励地方政府和居民的政策少；末端治理的政策多，源头治理的政策少；生产领域的政策多，消费领域的政策少。这种现状造成了经济主体参与循环经济实践的不均衡性，阻碍了生态企业、生态园区和生态城市的建设和发展。

2003 年，在世界 6000 亿美元的环境保护产业中，日本占 3862 亿美元，美国占 1000 亿美元，而中国只占 200 亿美元。[25]造成这种差异的原因就在于我们缺少一个推动地方政府、企业和居民参与循环经济建设的政策激励机制。

3. 管理方面的原因

在传统计划经济体制的影响下，政府的很多官员习惯于用行政手段调控经济发展，其针对环境污染所出台的政策多为行政指令性政策，而不是市场调控性政策。实质上，这两种政策对政府、企业和居民的激励作用明显不同。

（1）行政指令性政策

行政指令性政策是指以政府命令的形式，依靠行政手段推动循环经济发展的各项政策，它一般针对的是末端治理。行政指令性政策包括：运用行政手段界定和明晰资源产权；制定产品环境性能标准并颁发排污许可证，规定企业资源使用的标准和污染物排放的方式、种类、数量；规定严厉的处罚政策，包括对违反环保要求者给予罚款、取消评优资格、强制关闭等。

（2）市场调控性政策

基于市场的政策是指依靠政府调控市场来推动循环经济发展的投

资、财政、税收和价格政策，它既针对末端治理，也面向源头治理和过程治理。市场调控性政策主要包括环境税（费）政策、财政信贷鼓励政策、排污权交易政策等。它通过这些政策影响资源产品的价格，调节资源的供求和分配。在既定财富与收入分配格局下，通过经济激励机制和市场价格机制的推动，确定和调节经济系统中物质、能量的适宜流量以及资源在不同主体之间以及代际之间的合理配置，推动私人生态成本内部化、生态收益社会化和生态平衡持续化。

由于行政指令性政策以指令控制的方式管理循环经济，遭到了经济学家和生态学家的批评。目前，在实践中，除非发生突发性的环境事件，这种政策已经很少使用。市场调控性政策，因为"具有低成本、高效率的特点和技术革新及扩散的持续激励"[26]，可以通过政府与市场相结合的方式克服循环经济发展过程中的市场失灵和政府失灵问题，因而受到了世界各国的重视。

受已有体制的影响，我国政府在很长一段时间来主要采用行政指令性政策处理生态问题，以行政处罚为主，没有从市场角度考虑如何激励地方政府、企业和居民参与循环经济实践。比如政府在处理很多污染问题时，动辄强制关闭企业或罚款，而不是考虑通过财政、税收等经济手段予以扶持，帮助企业改进技术设备，实现清洁生产。行政指令性的管理方式不利于调动政府、企业和居民参与循环经济实践的积极性，同时，也损害了社会的整体利益。

5.4.2 地方政府层面的原因

1. 认识方面的原因

自改革开放以来，我国党和政府一直把 GDP 增长作为经济和社会发展的最高目标，片面强调人类征服自然和改造自然的能力，一味追求劳动生产率的提高而忽视自然资源利用率的提高，强调人造资本的价值而忽略自然资本的价值。尽管在这种经济增长方式下，暂时解决了人民的温饱问题，但是由于其忽视了自然、经济和社会的和谐发展，造成了严重的资源和环境问题。

根据中国循环经济战略课题组的报告，我国循环经济的发展可以分为三个阶段。[27]根据这个阶段划分，我国目前仍处于循环经济的起步阶段，人们对循环经济发展模式还缺乏科学的认识。长期以来，由于缺乏对复杂的自然资源和生态环境的清醒认识，很多地方政府官员容易陷入固有的思维结构和模式之中，形成对传统线性经济发展模式的路径依赖，导致"对我国所面临的资源和环境问题认识不够，没有把发展循环经济纳入各级政府的议事日程"。[28]

2. 体制方面的原因

受传统计划经济体制的影响，地方政府出于政绩的考虑，片面追求经济高速增长。在传统政绩观和现有国民经济核算体系下，上级政府只注重下级政府的经济增长速度和规模，无视资源的粗放型开采和环境的积累性破坏，而下级政府官员也因为自己升迁与资源消耗和环境污染无直接关系而缺乏制定环保政策的积极性，结果造成了各级地方政府重GDP增长、轻资源节约和环境保护的局面。近几年，一些地区的高能耗、重污染项目盲目扩张，未批先建、不执行"三同时"① 管理制度的问题十分突出。分析其原因，仍是一些地方政府为追求地方 GDP 增长和短期政绩而搞地方保护主义造成的。[29]

另外，在传统体制下，中央政府、地方政府和企业基本上形成了三方利益博弈的格局。在这个博弈过程中，地方政府为了本地区和官员自身的利益，隐瞒或者掩盖本地区企业对资源和环境的破坏，只求增加地方财政收入，实现地方自身利益的最大化。这样，中央的有关资源和环境政策在地方难以贯彻实施，政策绩效也难以客观衡量。如当中央七部委督查贵州六盘水排污时，该市副市长当众撒谎，公开否认该市存在煤化工企业、否认饮水安全存在隐患。经调查，督察组却发现煤化工是六盘水市重点发展产业，目前有焦化行业 32 项，这些企业的污染防治工作存在严重问题。[30]再比如甘肃省徽县水阳乡群众血铅超标和湖南省岳阳县饮用水源砷超标的事件，本质上也如国家环保局副局长潘岳所言："看似责任在企业，实则根源在当地政府，在地方保护主义。"[31]

---

① "三同时"制度是指建设项目中防治污染和其他公害的设施以及综合利用设施必须与主体工程同时设计、同时施工、同时投产使用的制度。

3. 人才方面的原因

我国环保产业发展迅速，有统计显示，到 2010 年，国内市场将达到 5000 亿元人民币。[32] 目前，对环保人才的需求已从生产、消费领域扩展到政府部门。当前，在地方环保部门中，具有相关专业背景的政府官员很少，能够为政府部门制定政策以及为大型项目进行环保方案设计、可行性研究的官员更少。这直接阻碍了地方政府正确制定和执行循环经济政策。

5.5　经验借鉴

5.5.1　体制方面

循环经济的推进既需要各级政府之间的利益协调，也需要各相关部门之间的合作。世界上循环经济发展比较好的国家，都重视中央和地方政府的分级管理，都有协调循环经济发展的专门机构。如韩国 1978 年成立了能源与资源部，全面负责制定能源政策及与能源、资源相关的计划。现在由产业资源部统一管理，避免了政出多门的局面。[33] 再比如日本，强化和明晰了政府各部门之间的管理职能及权责，推动了本国循环经济的发展。日本于 2001 年改革了政府机构，将 20 多个部门合并为 6 个部门，并将环境厅升格为环境省，将原多个部门负责的废弃物管理职责统一划归环境省（生活垃圾的管理和处置也在其中）。[34] 为建立循环型经济社会，日本政府通过内阁会议、相关部长级会议、相关部门联络会议等方式努力促进经济产业省、环境省、国土交通省、农林水产省、厚生劳动省、财务省等相关部门的密切合作。同时，各相关部门也分别制定了相关政策，互为补充，共同为日本循环经济的发展保驾护航。例如经济产业省制定了环境企业振兴政策，国土交通省制定了自然再生业政策，环境省制定了废弃物再循环对策，农林水产省设置了环境保护型农业对策室等。[35] 各相关部门相互配合，多领域合作，确保了日本循环经济的顺利发展。

针对具体的循环经济发展载体，日本的中央政府下属各个部门以及地方政府之间分工也很明确。以生态工业园区为例，虽然环境省和经产省两个部门共同负责生态工业园区的建设、管理和审批，但部门职能和责任分工都不同：环境省负责废弃物的收集、合理处理和环保设施运行管理工作，经产省负责有效利用资源、促进产业发展方面的政府支持工作。另外，地方政府承担与生态工业园建设密切相关的行政审批、公共设施投资等。如北九州市环保局承担为入园企业协调办理各种手续，以及为企业合作利用废弃物资源提供信息和技术指导等工作，其下属的环境经济部具体负责循环型社会建设工作，而废物事业部和3个环境中心具体负责废弃物回收、分拣、再利用和最终处置工作。[36]

另外，国外很多国家也非常重视绿色 GDP 核算。目前，挪威、芬兰、墨西哥、印尼、泰国等国家都在本国实行了绿色 GDP 核算，并取得了显著效果。[37]

5.5.2　机制方面

建立循环经济发展的利益驱动机制，激励和约束政府、企业和居民行为，督促其积极参与生态企业、生态园区和生态城市的建设，是发达国家循环经济发展的一个重要因素。发达国家通过财政支持、税收优惠、排污费处罚等政策措施，构建起循环经济的推进机制，推动了本国循环经济的发展。日本提出建设循环型社会的目标后，把相关政策纳入到法律中，明确了对地方政府、企业和居民的激励措施，推动了本国循环经济的发展。[38]法国为了实现垃圾处理的革命，成立环境与能源控制署，每年拿出两三亿欧元的预算资金，组织和协调各级地方政府从事垃圾处理方面的行政管理、科技投入。同时，通过经营许可证限制，强制生产企业和销售商承担废弃物再利用责任。另外，政府教育公民改变消费习惯，积极参与垃圾分类、垃圾处理活动。通过构建针对地方政府、企业和居民的经济激励机制，截至 2002 年，法国家庭垃圾的 21% 被回收和循环利用，26% 依照环保标准被焚烧，53% 被填埋或销毁。[39]

5.5.3　管理方面

发达国家的市场经济体制相对比较成熟，其对循环经济的推动主要靠政府调控市场进行。中央政府针对生态企业、生态园区和生态城市建设中的问题和不足，出台相应地激励地方政府、企业和居民的政策，进而推动循环经济的发展。

1. 生态企业层面的循环经济政策

在激励生态企业建设方面，各国都出台了相关的优惠政策。日本采取优惠的信贷政策和财政政策支持循环经济的发展，政府规定：只要满足一定条件，就可以对引进"3R"技术设备的企业提供低利融资。[40]同时，日本给予循环经济关键技术的基础研究、技术开发、实证研究和商业规模化一定的财政支持。为支援中小企业环保技术开发，政府补助技术开发费用率最高可达50%。[41]美国也实行一系列税收优惠政策，鼓励企业进行清洁生产。例如亚利桑那州法律规定，对分期付款购买再生资源及污染控制型设备的企业可减销售税10%；康涅狄格州对再生资源加工利用企业的州级企业所得税、设备销售税及财产税给予相应减免。[42]

2. 生态园区层面的循环经济政策
（1）国家对地方政府的激励政策

在国外，中央和地方政府共同支持生态园区建设。在美国，中央支持生态园区建设的资金主要来源于联邦工程基金、社区投资组织、环境融资组织、环境组织和银行系统。同时，政府开发了很多关于融资方式的数据库，可供地方政府融资查询。[43]美国的这些政策减轻了地方政府的负担，推动了生态园区的发展。

日本制定了一系列鼓励与支持生态园区发展的经济优惠政策。日本建立了生态园区补偿金制度，并由环境省和经产省执行。环境省主要资助生态园区的软硬件设施建设和科学研究与技术开发，经产省主要资助硬件设施建设与"3R"相关技术的研发及生态产品的研发等。[44]通过这些措施，减轻了地方政府的财政负担，增加了地方政府建设生态园区的积极性。

（2）对企业的激励政策

国外发达国家通过多种措施激励入园企业的发展。在日本，技术水平在同行业中具有先进性、领先性的入园企业，能取得国家和地方政府的资金援助，其补助经费金额占企业初步建设经费总额的 1/3～1/2。国家和地方政府的补助经费主要用于新建工厂的土地占用、厂房建设及主要设备购置。以北九州生态工业园区为例，该园区目前已投资 502 亿日元，其中国家投入 100 亿日元，市政府投入 58 亿日元，民间投入 300 亿日元，已建成 16 家研究设施和 21 家处理生产厂。[45] 在丹麦，政府对园区中新的废物利用项目给予资金和技术支持，以实现园区废弃物的零排放。[46]

3. 生态城市层面的循环经济政策

（1）对地方政府的激励政策

国外政府非常重视绿色采购。[47] 比如，美国联邦政府规定政府采购必须遵循 1999 年美国环保署公布的《环境有利型产品之采购指南》，贯彻节能环保政策和体现节能环保要求。再比如丹麦，政府出台了《促进可持续的产品采购策略》，规定政府优先使用绿色产品。

（2）对居民的激励政策

发达国家出台了很多政策支持居民参与循环经济实践。美国通过收费政策强制居民对垃圾进行分类。美国在回收物垃圾桶上标有"recycle"标识，并要求居民：凡属应该回收的垃圾，如废纸、旧报纸和纸箱等，都按要求整理，对不遵守规定者将给予罚款。[48] 另外，发达国家还实行押金返还政策，以督促居民积极参与废弃物资的回收利用。如德国从 2003 年 10 月开始对汽水瓶收取押金。该政策规定：在购买饮料时，每个 1.5 升容量以下的瓶装或者罐装饮料要收取 0.25 欧元押金，1.5 升以上的收取 0.5 欧元。[49]

5.6　增加我国循环经济政策供给的对策措施

5.6.1　改革行政体制

我国要发展循环经济，必须要改革现有行政管理体制，理顺中央政府、各职能部门和地方政府之间的关系，减少行政管理成本。

首先，确立一个协调循环经济发展的专门机构——循环经济推进委员会，负责全国循环经济的发展、规划和实施。这个专门机构可以是国家单独设立的，独立于各个部门以外，也可以把该委员会设在国家环保总局，由环保总局牵头，发改委、财政部、科技部和国土资源部等部门组织人员参与，具体负责全国循环经济政策的制定、实施和评估。在该委员会下可以单独设立生态企业、生态园区和生态城市三个发展委员会，具体负责生态企业、生态园区和生态城市有关循环经济政策的制定和实施监督。

其次，明确循环经济发展的辅助机构，明晰其管理职能、权利和义务。在该委员会的领导下，明晰财政部、科技部、发改委、国土资源部等职能部门的责任和义务。对具有利益纷争的循环经济政策，该委员会要进行积极磋商，并保证相关政策的尽快实施。同时，明晰中央政府与各级地方政府的关系，明确各级政府在生态企业、生态园区和生态城市建设中的地位和作用（见表5-1）。

表5-1　中央和地方政府循环经济政策分类

循环经济载体	循环经济政策	
	中央政府	地方政府
生态企业	专项基金支持、税收减免、排污费、信贷优惠等	地方专项基金、税收减免、信贷优惠、土地审批、排污费
生态园区	土地审批、专项基金支持、税收减免	财政支持、税收优惠、公共物品投资、地方专项基金
生态城市	押金返还、垃圾费、绿色采购、居民绿色消费、绿色考核	押金返还、垃圾费、绿色采购、居民绿色消费

最后，确立地方政府相应的循环经济推进机构，负责国家和地方循环经济规划的落实。督促地方各级政府成立相应的循环经济发展委员会，具体负责地方循环经济政策的制定、实施和评估。通过这些措施，强化和明晰各个政府部门的职责，避免政出多门的局面，减少行政管理成本。

5.6.2　完善推进机制

循环经济的推进机制是促进循环经济发展的内在动力。[50]形成政府大力推进、市场有效驱动、公众自觉参与的机制是推动循环经济发展的客观要求。就循环经济政策而言，应该构建让所有利益相关者参与的有效政策协调机制，进而激励政府、企业和居民参与生态企业、生态园区和生态城市建设。具体可以分为以下三种情况：

（1）经济上可行、技术上也可行的项目

对于经济上可行、技术上也可行的生态企业项目，地方政府应该更新观念，出台相应的投资政策、财政政策和税收优惠政策，简化土地审批手续，鼓励企业积极参与生态企业的建设。

对于经济上可行、技术上也可行的生态园区项目，中央政府应该减少行政审批手续，鼓励地方政府发展工业园区，同时，地方政府应该出台相应的财政、税收激励政策，鼓励企业尽快建设生态企业。

对于经济上可行、技术上也可行的生态城市项目，中央政府应出台相应的标准、规范，约束地方政府、企业和居民的行为，而地方政府也应该增加公共环保设施的投入，保证这些项目的顺利进行。

（2）经济上可行、技术上不可行的项目

对于经济上可行、技术上不可行的生态企业项目，国家和地方应该借助高等院校进行科技攻关，并给予此类项目以专项财政支持。对于从事这些科技项目研究与开发的企业，除了给予财政支持外，还应该给予税收优惠政策，鼓励企业投入资金、人员进行技术攻关。

对于经济上可行、技术上不可行的生态园区项目，中央和地方政府应增加投入，组织专门人员进行技术攻关。对那些技术上不可行而引进外来技术成本相对比较低的项目，可以通过引进国外技术的办法实现技术上的可行性。

对于经济上可行、技术上不可行的生态城市项目，中央和地方政府应该出台相应的激励政策，鼓励企业、居民参与技术的研发。对那些生态城市建设中的共性技术，中央和地方政府应该联合投资，推动这些项目的发展使其具有可行性。

（3）经济上不可行、技术上也不可行的项目

对于目前经济上不可行、技术上也不可行的生态企业、生态园区和生态城市建设项目，国家应该将其纳入到经济和科技长期发展的战略中，分阶段投入资金进行攻关。

5.6.3　转变管理方式

要发展循环经济，各级政府必须转变管理方式，从传统线性经济的政府管理方式转变到与循环经济相适应的管理方式，运用市场调控性政策取代传统的行政指令性政策，推动循环经济的发展。

在推动循环经济发展的过程中，中央和地方政府应该针对不同的循环经济发展载体，采用不同的循环经济政策。

1. 推动生态企业建设的循环经济政策

（1）投资政策

建立多元化、社会化的投融资体制，吸纳各类企业参与循环经济项目的投资，形成投资主体之间的竞争机制。具体而言，政府应放开市场，吸引民间资本和外国资本参与循环经济的投资。特别是要采取多种形式和灵活措施，鼓励海外基金组织、国际财团、企业团体在中国建立环境基金或奖励基金，吸收外国政府、国际金融机构优惠贷款。通过这些措施，扩大循环经济的投融资渠道，实现投资的多元化。同时，应该对循环经济投资项目的贷款利率、还贷条件以及折旧等实行政策优惠；对经营循环经济公共产品的企业实行税前还贷还债以鼓励其投资基础设施建设；激励循环经济投资公司和政策性银行优先向污染控制和清洁生产项目提供贷款资金。

（2）财政政策

首先，扩大财政部清洁生产专项资金的申请范围，从冶金、轻工、纺织、建材等行业的重点企业扩张到整个行业，并督促各级地方政府建立本地区的清洁生产专项资金，扶持企业进行清洁生产。其次，按照"突出重点，综合平衡"的原则，增加对企业污染防治项目的经常性财政投入。同时，加大财政对循环经济济技术研发的扶持，鼓励科研机构、高校和企业研究和开发循环经济技术。

（3）税费政策

实行优惠的税费政策，鼓励企业进行清洁生产、废弃物综合利用和技术研发。对企业清洁生产过程中所发生的各种行政事业性收费实行减免；对直接用于清洁生产的进口设备、仪器等，免征关税和进口环节增值税；对节能和节约资源的"减量化、资源化和再利用"技术和设备的投资，给予税收抵扣和加速折旧等政策优惠；对利用废水、废气、废渣等废弃物为主要原料进行生产的企业实行减征或免征企业所得税；对采用的技术、生产的产品符合《当前国家重点鼓励发展的产业、产品和技术目录》要求的企业予以免征相关所得税；对于使用有毒有害材料的企业，根据有害成分含量和使用数量征收税费。通过税收政策，激励和约束企业的生产和经营行为，督促企业按照"减量化、资源化和再利用"要求改进管理方式、生产工艺和技术，进而推动企业的生态化建设。

（4）价格政策

通过差别价格政策或价格补贴政策，激励企业生产环保产品。给予开发风能、太阳能、生物质能等清洁能源的企业一定的价格补贴。

2. 推动生态园区建设的循环经济政策

（1）财政政策

首先，设立国家生态园区发展基金，扶持地方政府进行园区基础设施等方面的建设。其次，加大各级地方政府对入园企业的财政扶持力度，支持企业入住工业园区。对于那些资金缺乏、对构建园区产业共生链条有重要作用的企业，政府要给予财政扶持以吸引其入园；对于生态工业园中的链接点上的企业，在其出现运营困难时，政府应通过财政补贴的方式帮助其走出困境，进而维持园区产业共生链条的稳定性，推动园区内物质、能量和信息的流动。再次，增加财政对科研院所、高校和企业从事生态工业链接技术开发的投入，组织力量研制开发并推广新的产业链接技术。

（2）税收政策

给予新的入园企业增值税和所得税方面的优惠政策；给予那些处于产业链接点上的企业适当的税收优惠政策；给予那些处于半循环型生态

园区产业末端的企业所得税方面的优惠政策；给予那些使用符合国家鼓励发展的节能、节水、清洁生产设备的企业，给予抵免所得税和加速折旧的优惠政策。

（3）价格政策

在国家相关政策允许的范围内，地方政府应给予生态园区土地使用方面的价格优惠政策，鼓励建设新园区。

3. 推动生态城市建设的循环经济政策

对于作为消费者的政府和居民，政府一方面应该通过制定增加消费成本的限制性政策，抑制政府和居民浪费资源和破坏环境的行为；另一方面，通过制定增加消费收益的激励性政策，鼓励和倡导政府和居民养成"环境友好"的行为习惯。

（1）政府消费方面的循环经济政策

① 财政政策。加快制定政府绿色采购标准，制定一个基本的政府绿色采购清单，包含政府需要采购的经过权威机构认证的符合环保要求的产品。财政要对采购这个清单上产品的政府机构给予一定的财政支持，对在节能方面表现突出的机构给予奖励。

② 价格政策。财政部门在编制政府采购预算时，对进入绿色"清单"的产品的购买要给予一定的价格补贴，以此来激励地方政府购买绿色产品。

（2）居民消费方面的循环经济政策

① 垃圾收费政策。根据不同地区的实际情况，将垃圾收费分为按户收费、以垃圾处理税或固定费率的方式和按垃圾排放量三种方式收取。通过弹性的垃圾收费政策，约束居民的消费行为，实现垃圾排放的减量化。

② 包装物押金返还政策。对居民消费的葡萄酒瓶、溶剂瓶、啤酒瓶、软饮料瓶、废旧彩电、冰箱、自行车、汽车等，当其回收利用率低于一定比率时，实行强制性的押金制度，进而使企业通过零售商的帮助和消费者的配合，实现废旧物资的回收。

③ 居民生活用水、用电的价格政策。实行阶梯式水价政策，按每月每户用水量或每人每月用水量进行水价分级，并根据居民生存水量、

生活水量、享受水量的使用情况，调控水价；合理确定居民用电的丰枯季节和峰谷时段、浮动幅度，促进用户避峰填谷，提高社会经济效益。

通过制定适应政府、企业和居民需求的政策措施，激励地方政府、企业和居民积极参与到生态企业、生态园区和生态城市的建设当中，推动整个社会循环经济的快速发展。

5.6.4　加强宣传教育

循环经济作为与线性经济相对应的一种经济模式，其发展要求地方政府官员转变执政理念。目前，很多地方政府还只是把发展循环经济停留在口号上，还没有准确把握循环经济的内涵及其对经济发展的影响。因此，加强对地方政府官员循环经济理念的宣传和教育成为当前必须解决的问题。

1. 循环经济理念的宣传

中央政府应该通过印刷书面资料、新闻媒介宣传、会议等多种形式加强对地方政府循环经济理念的宣传。通过总结生态企业、生态园区和生态城市的实践经验和建设成果，在全国范围内推广和普及循环经济理念。同时，通过出版循环经济操作化方面的书籍，帮助地方政府官员了解循环经济，科学制定循环经济政策。

2. 循环经济理念的教育

在中央政府主办的各种学习班中，要增加循环经济的内容。通过教材学习、情景体会等形式，让各级政府管理者认识到发展循环经济的必要性和可行性。同时，在环保局等相关职能部门中，抽取专门人员进行循环经济知识的学习，培养循环经济管理和政策制定方面的人才，为地方政府循环经济发展的战略规划和政策制定打下基础。

5.7　结　论

本章首先总结了我国循环经济政策供给方面的成效，指出了国家在激励地方政府、企业和居民参与生态企业、生态园区和生态城市建设方面的成就；其次，分析了现有循环经济政策供给与地方政府、企业和居民参与循环经济实践的政策需求之间的差距和不足；再次，分析了我国循环经济政策供给滞后于循环经济实践的原因；第四，梳理了国外发达国家循环经济政策的供给情况，并总结了其经验；最后，针对我国现有循环经济政策的不足，并借鉴发达国家的经验，提出了激励地方政府、企业和居民参与生态企业、生态园区和生态城市建设的政策措施。

经过上述研究，本章得出以下结论：

（1）我国政府已经出台的激励地方政府、企业和居民参与生态企业、生态园区和生态城市建设的一系列政策，推动了循环经济的发展。

（2）我国现有循环经济政策的供给与地方政府、企业和居民参与循环经济实践的政策需求之间有一定差距，我国的循环经济政策供给不足。

（3）我国循环经济政策供给不足的原因主要表现在体制、机制、管理等方面。

（4）要推动我国循环经济政策的制定和实施，必须在借鉴国外经验的基础上，改革政府行政体制、完善激励机制、转变政府管理方式和加强宣传教育，全面推动地方政府、企业和居民积极参与生态企业、生态园区和生态城市的建设。

参考文献

［1］任勇等：《我国发展循环经济的政策与法律体系探讨》，载《中国人口·资源与环境》2005年第5期，第131～136页。

［2］黄少鹏：《影响生态工业园区建设的制约因素分析》，载《技术经济》2006年第4期，第20～22页。

［3］杨永芳、胡良民：《我国企业生态化建设的问题及其发展思路》，载《辽宁师范大学学报（自然科学版）》2005年第4期，第492～494页。

［4］国家环保总局：《2005年中国环境状况公报》，http：//www.sepa.gov.cn/。

[5]《关于进一步做好创建国家环境友好企业工作的通知》，环办［2005］27 号。

[6] 中华人民共和国国务院令第 369 号，2003 年。

[7] 中华人民共和国国务院令第 369 号，2003 年。

[8]《温州：每年 500 万元支持节能研发》，载《温州日报》2006 年 5 月 22 日第 1 版。

[9] 《环境税初露雏形，专家提三种方案》，载《经济参考报》2005 年 12 月 1 日第 2 版。

[10]《税制改革要体现环保要求》，载《经济日报》2005 年 9 月 2 日第 5 版。

[11]《国务院关于加快发展循环经济的若干意见》，国发〔2005〕22 号。

[12] 金羊网：《工业园零地价：湛江官渡生态工业园吸引投资者》，http：//www. ycwb. com/gb/content/2002 – 10/29/content_442953. htm。

[13] 生态工业网：http：//www. xaddy. com/index72. asp。

[14] 商洛生态工业园优惠政策：http：//www. danfeng. gov. cn/info_show. asp？id＝154。

[15] 张春杰：《哈市出台企业落户松北新政策，进生态工业园买房优惠》，载《新晚报》2006 年 5 月 31 日第 3 版。

[16] 徐宁等：《武汉市加快推进都市工业园建设》，载《湖北日报》2005 年 3 月 30 日第 7 版。

[17] 生态工业网：http：//www. xaddy. com/index72. asp。

[18] 江苏盐城政府网：http：//www. zg0515. com。

[19]《税制改革要体现环保要求》，载《经济日报》2005 年 9 月 2 日第 5 版。

[20] 广州经贸网：《我国全面推行城市生活垃圾收费制》，2002 年 6 月 22 日。

[21]《重大水污染事件多发的背后：企业无赖，环保无奈》，载《中国青年报》2006 年 1 月 16 日第 6 版。

[22] 苏杨：《中国特色循环经济面面观》，载《中国化工报》2006

年8月21日第5版。

[23]《国务院七部委通报"打击不法排污"专项检查结果　黑吉黔三省因环保问题受批评》，载《法制日报》2006年10月14日第1版。

[24]《各大部委缄默"燃油税开征"》，载《东方早报》2005年3月3日第16版。

[25] 王兆华、尹建华：《循环经济理论的国际实践及启示》，载《改革》2005年第3期，第24~29页。

[26][美]保罗·R.伯特尼、罗伯特·N.史蒂文斯：《环境保护的公共政策》（第2版），上海人民出版社2004年版，第43页。

[27] 中国环境与发展国际合作委员会循环经济战略课题组：《走循环经济之路：中国别无选择》，载《经济参考报》2004年12月15日第8版。

[28] 国家环保总局科技司：《依托循环经济解决复合型问题——借鉴日本的经验发展中国的循环经济》，载《中国环境报》2005年7月6日第3版。

[29] 章轲：《环保总局：高能耗高污染项目盲目扩张势头强劲》，载《第一财经日报》2006年10月13日第3版。

[30]《国务院七部委通报"打击不法排污"专项检查结果 黑吉黔三省因环保问题受批评》，载《法制日报》2006年10月14日第1版。

[31] 孙秀艳等：《国家环保总局负责人指出违法排污根在行政不作为》，载《人民日报》2006年9月15日第5版。

[32]《职场竞争渐平缓，环保人才需求增长快》，载《文汇报》2005年6月17日第5版。

[33] 李东华：《国外发展循环经济做法》，载《今日浙江》2005年第4期，第27页。

[34]《日本发展循环经济型社会的经验——Ⅲ强化政府职责与加强科技研究》，载《中国生态农业学报》2006年第1期，第205页。

[35] 范连颖：《日本循环经济的特点及发展现状》，载《现代日本经济》2006年第1期，第52~53页。

[36]《日本发展循环经济型社会的经验——Ⅲ强化政府职责与加强科技研究》,载《中国生态农业学报》2006年第1期,第205页。

[37] 潘岳:《绿色GDP:如何挣脱现实的"枷锁"》,载《人民日报》2004年4月15日第7版。

[38] 周长益、冯良:《日本发展循环经济及建设循环型社会的基本情况》,载《节能与环保》2004年第4期,第2~6页。

[39]《循环经济在国外》,载《江苏经济报》2004年4月3日第T00版。

[40] 中关村国际环保产业促进中心:《循环经济国际趋势与中国实践》,人民出版社2005年版,第231页。

[41] 范连颖:《日本循环经济的特点及发展现状》,载《现代日本经济》2006年第1期,第51页。

[42]《美国实行循环经济的成功经验》,载《决策与信息(上半月刊)》2005年第11期,第74页。

[43] 文娱、钟书华:《美国生态工业园区建设的特点及发展趋势》,载《科技管理研究》2006年第1期,第93页。

[44]《日本发展循环经济型社会的经验——Ⅰ完备立法与制定经济优惠政策》,载《中国生态农业学报》2006年第1期,第205页。

[45]《生态工业园区如何搭台唱戏——日本生态工业园区的发展现状和管理模式》,载《中国环境报》2005年6月22日。

[46] 蓝庆新:《来自丹麦卡伦堡循环经济工业园的启示》,载《环境经济杂志》2006年第4期,第61页。

[47] 蔡方:《政府绿色采购呼之欲出》,载《中国环境报》2005年7月1日第5版。

[48]《美国实行循环经济的成功经验》,载《决策与信息(上半月刊)》2005年第11期,第73页。

[49] 国家发改委环境和资源综合利用司:《关于德国发展循环经济的考察报告》,载《中国经贸导刊》2005年第7期,第45页。

[50] 王玉庆:《发展循环经济要解决机制问题》,载《中国环境报》2006年1月6日第3版。

6 循环经济的法制保障

6.1 引 言

　　法制是国家运用政权建立的法律制度和根据这种法律制度确立的社会秩序，包括立法、司法、执法、守法和法律监督等环节[1][2][3]。健全和完善循环经济法制，规范和约束各级政府、各类企业及居民的行为，是推进生态企业、生态园区和生态城市建设，发展循环经济的重要保障。多年来，我国先后颁布了一系列保护环境、节约资源的法律法规，但是在生态企业、生态园区、生态城市建设的层面，规范和约束政府、企业、居民行为的循环经济立法却相对滞后；循环经济的司法、执法、守法、法制监督等环节更加薄弱。

　　吕惠兰[4]、王国良[5]指出，我国循环经济立法状况与循环经济对法制的需求相去甚远：宪法、综合环境基本法对发展循环经济没有明确规定，与循环经济相关的专项法只侧重于污染防治，几乎未涉及源头治理和过程控制；他们建议从宪法、基本法、综合法、单项法、地方法规等不同层面构建循环经济的法律体系。吕忠梅[6]、张丽利[7]等指出了循环经济司法、执法、守法过程中存在的法制主体不明晰、法制队伍不健全等问题。总体看来，国内关于循环经济法制的研究，主要集中在立法环节，很少涉及司法、执法、守法和法制监督；尚未发现关于生态企业、生态园区、生态城市建设的法制问题的系统研究。

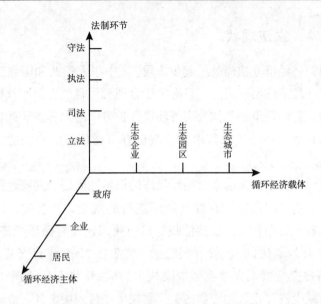

图 6 - 1　循环经济法制保障三维分析图

本章采用三维分析法（见图 6 - 1），从循环经济的载体、主体和法制环节三个维度，描述了我国循环经济法制现状；研究了生态企业、生态园区、生态城市建设中的立法、司法、执法和守法等法制需求①；指出了我国循环经济法制现状与法制需求之间的差距，分析了造成这些差距的深层原因。在总结借鉴国内外循环经济法制建设经验的基础上，提出了健全和完善我国循环经济法制保障体系的对策。

6.2　我国循环经济法制建设的现状

本章按照基本法、综合法、专项法和地方性法规的框架，对我国循环经济立法现状进行描述，并简单介绍目前我国循环经济司法、执法、守法等环节的发展状况。

---

① 由于我国的循环经济法制监督体系与一般的法制监督并无不同，本章中对这部分内容从略。

6.2.1　立法现状

我国循环经济立法尚处于起步阶段。《中华人民共和国宪法》中没有关于循环经济的明确规定，只有关于合理利用自然资源、改善生活和生态环境、防治污染和其他公害等环境保护方面的内容。除此之外，我国现有的其他一些法律或其中的条款也有与循环经济相关的，但较为分散。

循环经济基本法是国家对循环经济的根本性问题、共同性问题、原则性问题、重大问题和综合性问题而进行的规定，以统帅、约束、指导、协调各单行循环经济法律法规。目前我国还没有循环经济基本法，但即将作为基本法的《循环经济法》草案在 2006 年已经提交讨论，2007 年将提交全国人大常委会审议①，这部法律将充分体现"3R"原则，尽量减少资源投入和废物产生，实现生产过程中废气、废渣以及日常生活废物的循环利用②。由于循环经济基本法的缺失，所以，目前《中华人民共和国环境保护法》中一些体现循环经济理念的条款仍是我国循环经济立法的依据。

循环经济综合法是以基本法为依据，针对循环经济各主要实施领域而制定的法律[8]。当前，我国循环经济综合法的典型是《中华人民共和国清洁生产促进法》，该法律对企业生产过程中的循环经济行为进行了规范。我国已有的环境综合法中，有一些法律或其中的条款在不同程度上体现了循环经济思想，如果在此基础上加以修订，就可以出台我国的循环经济综合法。如《中华人民共和国固体废物污染环境防治法》在末端治理方面对资源回收和综合利用做出了规定；《中华人民共和国可再生能源法》、《中华人民共和国节约能源法》则从源头预防出发，促进可再生能源的开发利用。

循环经济专项法是针对各种特定物质循环利用的法律，对资源的节约、回收、再利用、再生利用做出特殊的规定。[9]目前我国还没有专门

---

① 《〈循环经济法〉草案轮廓初显》，中华循环经济网，2006 年 6 月 26 日。
② 孙佑海：《中华全国律师协会环境与资源委员会 2006 年年会上的演讲》。

的循环经济专项法，不过在已有的环境专项法①中，有一些条款是和循环经济相关的。如《中华人民共和国煤炭法》、《中华人民共和国水法》体现了循环经济源头预防的思想；《中华人民共和国水污染防治法》和《中华人民共和国大气污染防治法》则从循环经济末端治理的角度进行了相关规定。在这些法律的基础上，我国可以逐步进行循环经济专项法的立法工作。

循环经济地方性法规是各地方政府针对本地区循环经济情况而做出的具有法律效力的具体规定。目前我国已有《贵阳市建设循环经济生态城市条例》、《深圳经济特区循环经济促进条例》等统筹规划地方循环经济发展的地方性法规；也有《天津市城市排水和再生水利用管理条例》等针对特定物质实现循环经济"3R"原则的地方性法规；其他一些省市和地区也陆续出台了《节约能源条例》、《节水条例》等法律，从源头预防着手进行地区循环经济相关立法。这些地方性法规将国家的循环经济理念落实到地方建设和管理中，为我国的循环经济法制建设提供了实践经验。

6.2.2 司法现状

在循环经济相关立法的基础上，我国循环经济司法工作已逐渐展开[10]，具体体现在两个方面：

一方面，20 世纪 90 年代以来，循环经济相关的司法解释陆续出台。在民事诉讼方面，明确规定了环境污染损害赔偿诉讼的举证责任问题②；在刑事诉讼方面，对破坏土地资源、破坏森林资源等刑事案件的法律适用问题做出了具体解释③，还对破坏环境资源保护罪的罪名、惩

---

① 《中华人民共和国水法》、《中华人民共和国煤炭法》、《中华人民共和国节约能源法》、《中华人民共和国水污染防治法》、《中华人民共和国大气污染防治法》。

② 《最高人民法院关于适用〈中华人民共和国民事诉讼法〉若干问题的意见》、《最高人民法院关于民事诉讼证据的若干规定》。

③ 《最高人民法院关于审理破坏土地资源刑事案件具体应用法律若干问题的解释》、《最高人民法院关于审理破坏森林资源刑事案件具体应用法律若干问题的解释》。

治环境污染和环境监管失职犯罪行为进行了规定①。这些司法解释为循环经济司法问题提供了指导性意见。

另一方面，司法人员的素质得到了提高。各级人民法院联合高等院校等相关机构定期举办培训班，及时提高司法人员处理循环经济案件的能力[11]，并且出版了一些理论与实务相结合的书籍；人民法院还将循环经济典型案例在《人民法院公报》上公布，以便对日后类似案件的处理给予指导。

6.2.3 执法现状

循环经济执法活动不断展开。近几年来，国家环保总局、发改委、司法部、监察部等部门联合开展了一系列的循环经济执法专项行动。2000年开展了控制污染物排放总量、主要工业污染物达标排放、环境保护功能区环境质量达标的"一控双达标"行动；2001～2002年开展了严查环境违法行为、遏制污染反弹的专项行动；2003～2006年，连续四年开展了全国清理整顿违法排污企业、保障群众健康环保专项行动。以上行动取得了良好效果，仅2005年6月至11月，全国共出动环境执法人员132万人次，检查企业56万家，立案查处环境违法问题2.7万件，已结案1.85万件，其中取缔关闭违法排污企业2609家，责令停产治理2170家，限期治理4302家，行政处罚9468家企业，依法处理有关责任人311人。[12]在开展各种专项行动的基础上，执法部门还不断健全各种有效的约束和激励机制，努力使循环经济执法工作落到实处。

6.2.4 守法现状

守法不仅是"不犯法"，还包括对不法行为或意向积极进行依法检举或抵制。随着对循环经济认知的加强，各守法主体已开始积极遵守循环经济相关法律法规。具体表现为：

（1）政府建设生态园区和生态城市的积极性不断提高。至2005年

---

① 《最高人民法院、最高人民检察院关于执行〈中华人民共和国刑法〉确定罪名的补充规定（二）》、《最高人民法院关于审理环境污染刑事案件具体应用法律若干问题的解释》、《最高人民检察院关于渎职侵权犯罪案件立案标准的规定》。

年底，全国已依法建设 528 个生态示范区试点地区和单位，53 个"国家环境保护模范城市"和 3 个"国家环境保护模范城区"，还有 100 多个城市和城区正在开展"国家环境保护模范城市"的创建工作。[①]

（2）企业循环经济建设步伐加快，积极向生态企业发展。至 2005 年底，共有 140 家企业提出了创建"国家环境友好企业"的申请，其中 32 家已被授予"国家环境友好企业"称号。

（3）居民在绿色消费方面的投入也不断增加。据调查，城市中有 61% 的消费者愿意多付出 25% 的钱来进行绿色消费[②]。

6.3   我国循环经济法制的需求与差距

6.3.1   法制需求

本章将我国循环经济法制体系的发展分为三个阶段：起步阶段[③]、发展阶段[④]和完善阶段[⑤]。循环经济法制需求是指我国尚处于起步阶段的循环经济法制向完善阶段过渡所需要的涵盖立法、司法、执法和守法等环节的对法律制度和社会秩序的要求。完善的循环经济法制体系要以技术支撑为基础，贯穿生产、分配、交换、消费全过程，涉及人类活动的各个方面，体现循环经济各载体的法制差异性，以保障生态企业、生态园区和生态城市的建设。[13]

循环经济载体对循环经济立法的需求各有差异。完善的循环经济法律体系表现在三个方面：从生态企业运作各个环节来看，生产源头、过

---

① 国家环境保护总局：《2005 中国环境公报》。

② 商务部：《2005 年流通领域食品安全报告》。

③ 起步阶段又称探索阶段，这一阶段循环经济理念散见在其他相关法律中，也有一些地方性的循环经济立法，但是由于立法的短缺，循环经济司法、执法、守法等环节存在很多漏洞。

④ 发展阶段的主要任务是针对循环经济的三个载体（生态企业、生态园区和生态城市）分别进行立法，并不断加强对司法、执法、守法等环节的建设。

⑤ 完善阶段，是在针对三个载体立法的基础上，建立起由基本法、综合法、专项法和地方性法规构成的循环经济法律体系，同时，使司法、执法、守法等环节也达到理想状态。

程、末端的法律法规较为完善；从生态园区运作机制来看，园区的整体规划与发展、生态产业链和排污权交易等方面的法律法规较为完善，促进了园区内上下游企业的衔接；从生态城市建设来看，对生态城市整体规划、废旧物资回收利用、消费节约以及绿色消费等方面的法律法规较为完善，有效规范了城市中政府、企业和居民的行为。

完善的循环经济法律体系还应具有一定的层次性。循环经济的发展理念首先要在宪法中有所规定，进一步明确循环经济的国家发展战略，作为循环经济法律法规制定的依据；在此基础上，构建指导层次的循环经济基本法律，对其他综合法律和专项法律进行统领，如《循环经济基本法》；然后，构建应用层次的循环经济综合法，对生产、分配、交换、消费等各个环节市场主体的行为进行约束，对废物减量化、资源化处理，最大化设计资源和能源利用效率，保障环境的友好利用；最后根据社会、经济发展的需要，针对具体的循环经济问题构建循环经济专项法；并根据各地的实际，构建补充层次的循环经济地方性法规。

对循环经济司法的需求主要包括完善的司法解释和公正的司法环境等。完善循环经济相关的司法解释，是在对企业、园区、城市中的各市场主体调查研究的基础上制定并及时做出有针对性的调整，以发挥司法解释对立法的补充作用。公正的司法环境中，循环经济司法应具有独立性和权威性，审判人员和检察人员的综合素质需要在培训中不断提升，既精通法律知识又精通循环经济知识的司法队伍是循环经济司法公正的重要保证。

对循环经济执法的需求主要包括明确的执法依据、强有力的执法权力和广泛的公众参与等。循环经济执法的依据是比较完善的、明确的各类循环经济法律法规，使循环经济执法的各项管理处于有法可依的状态；循环经济执法者要拥有强有力的执法权力，如查封、冻结、扣押、限期治理等，加大循环经济执法力度；同时，新闻媒体与企业、居民应广泛参与循环经济执法活动，使企业、居民享有知情权和监督权，以保证循环经济执法活动持续发挥作用。

对循环经济守法的需求主要包括可操作的法律法规和良好的守法环境。守法的前提是有法可依，完善的循环经济法律体系应具备明确的、可操作的法律条款及实施细则，使政府、企业和居民有法可依；同时，在全社会范围内营造公平的守法环境，从而提高循环经济主体守法的积极性。

6.3.2 法制现状与法制需求的差距

循环经济法制差距是指循环经济的法制现状与法制需求之间的差异。这种差异主要存在于循环经济立法、司法、执法和守法四个环节中，对循环经济的推进造成一定的困难和障碍。

现有循环经济相关法律法规，难以满足循环经济发展的需求。这主要表现为两个方面：

（1）已有的循环经济相关法律法规存在缺陷。现有我国循环经济相关法律一些条款仅有一些方向性、概念性的笼统表述，需要进一步完善和细化，如《清洁生产促进法》没有对生产者责任与义务进行明确的规定，缺乏详细的细节和后续措施。[14]生态企业立法多基于末端治理，强调污染发生后的被动措施，一些事前控制的法律条款缺失，如生态企业建设、源头治理、产品回收利用责任、循环经济指标体系等方面的立法缺失；生态园区立法相对建园速度具有明显的滞后性，在生态园区的整体规划、生态产业链和排污等方面缺乏相应法律；生态城市现有的立法没有具体的约束与激励的规定，在城市废弃物输出、废旧物资回收和产品消费三个方面立法相对滞后，难以满足调整市场主体行为的需要。

（2）循环经济法律体系尚不完善。目前我国《宪法》中还没有专门涉及循环经济的条款，循环经济基本法未能出台，综合法、专项法以及地方法规，大多是方向性和概念性的表述，需要进一步完善和细化。我国的循环经济立法尚未形成一个完善的体系，因此，循环经济立法已成为现阶段推进经济发展模式转型工作的重点。

循环经济司法缺乏必要的司法解释和司法环境保障，司法活动开展困难。现有的循环经济相关司法解释多包含在其他相关法律的司法解释条款之中，与现行循环经济法律配套的司法解释还未出台，具体的量刑标准并没有明确的规定；同时，由于司法人员缺乏循环经济相关知识，难以建立符合循环经济理念的思维模式，导致对循环经济的司法审查陷入困境，造成司法环境难以达到循环经济发展的需求。

循环经济执法难以达到约束和激励的目的，与需求差距较大。由于涉及循环经济的几部现行法律法规可操作性较差，使得法律责任难以追究，执法活动难以进行；在实践层面上，执法机关除了危险废物代为处置和加处执行罚款等少数执法权力外，缺乏完整的权力保障体系，造成行政部门不敢执法、执法困难的局面；另外，环保、改革、经济、监察、司法、工商、安监等部门都对循环经济执法拥有一定的权力，但又未能明确各自的权力范围，造成对同一事件的交叉处理或者互相推诿难以处理。

循环经济主体的守法意识难以满足我国由线性经济发展模式向循环经济发展模式转变的需求。我国在实行生态企业、生态园区、生态城市建设时，由于激励机制的不足，政府、企业和居民并未认识到实行循环经济会带来的长远利益，因而缺乏积极遵守循环经济相关法律的意识。我国循环经济教育的发展战略局限于培养少数专事循环经济的研究者和管理者，而对全体居民的相关教育重视不够，循环经济守法教育还未能在全社会范围展开，良好的循环经济守法环境尚未形成。

6.4　我国循环经济法制问题的原因分析

造成当前我国循环经济法制现状与需求存在差距的原因主要表现在以下三个方面：政府、企业、居民对循环经济的认识不足；循环经济法制建设的人才缺乏；政府、企业、居民之间的利益冲突导致了循环经济法制难以推进。

6.4.1　各主体对循环经济认识不足

在对循环经济的认识上，政府、企业、居民都存在一定的不足。

1. 政府作为立法主体对循环经济的认识不足，导致立法指导思想有所偏差

（1）追求政绩，忽视环境。地方各级政府受传统发展观的束缚，为了提高政绩，片面追求 GDP 的增长，较少考虑自然环境的承载力，

不计经济增长所付出的环境成本，造成了经济繁荣背后的生态危机。[15]

（2）末端治理观念仍是主流。我国目前所要求的"预防"，实质上是对生产废弃物进行处理，做到达标排放，防止污染物直接排出而造成环境损害，并未体现在生产源头避免或减少废弃物的思想，仍属于"末端预防"。[16]

（3）忽视可再生资源价值。政府对可再生资源的回收利用问题重视不够，废弃物资源化产业由于资金匮乏、技术落后等原因，一直处于比较低迷的状态，[17]许多可再生资源没有实现循环利用，与循环经济背道而驰。政府对循环经济认识不足，缺乏循环经济行为引导，也在一定程度上导致了企业和居民对循环经济的认识不充分。

2. 企业对循环经济和推进循环经济的重要战略意义和紧迫性认识不足

（1）对循环经济概念的认识不清。对于众多工业企业而言，清洁生产还是个新概念，企业的认识往往停留在加大投入、改进工艺、更新设备的层面，把清洁生产的概念和过去的末端污染治理混同起来。

（2）被动治理。部分企业仅为了达到国家的防污标准而被动地进行末端治理，并且企业不愿意投入更多的人力、物力、财力来改进工艺技术，先污染后治理现象比较普遍。

（3）只重视经济效益，忽视生态效益。企业只关注短期盈利行为，没有认识到循环经济的战略意义。[18]因此，在资源的利用上多重视开发，而忽视了节约，更谈不上对资源的循环再利用；并且企业认为循环经济带来的生态环境效益是归社会所得，企业自身难以从中获得经济效益。企业未能从自身的社会责任及长远经济效益来认识循环经济的作用和意义，因此对发展循环经济产生抵触心理。

3. 居民认识不足，使得循环经济法制氛围还没有形成

居民对循环经济内涵的理解存在偏差。我国多数消费者没有绿色产品的概念[19]，少数了解绿色产品的消费者也没有主动进行购买，公众缺乏获得环境信息和参与环保事务的有效机制[20]。传统经济模式的观念还存在于人们的脑海中。要么将循环经济简单化为废弃物综合利用或清洁生产和污染防治，要么将循环经济等同于可持续发展概念，外延无

限扩大，这就造成任务不明确，不具备可操作性。在没有利益驱动的情况下，公众很少会主动配合执法部门的工作，甚至会出现暴力抗法事件，造成执法工作很难在全社会层面展开。

各主体循环经济意识不强，发展循环经济的积极性、主动性不够，阻碍了循环经济发展。循环经济法制氛围的缺失，造成当前循环经济只是政府单方面推进，企业和居民缺乏主动性和责任感。各主体的认识不足也引起了循环经济司法、执法、守法等环节的一系列问题。

6.4.2　各主体间利益难以协调

由于循环经济法制涉及循环经济各主体的利益，而各主体的利益可能出现分歧，难以协调，影响和制约着循环经济法制的建设。以下从中央政府和地方政府的利益关系、政府与其他主体的利益关系两方面来分析利益主体之间的矛盾。

中央政府与地方政府之间的利益矛盾主要表现为地方保护，地方利益的存在是地方保护产生的根本原因。[21] 由于现行对地方干部政绩评价和考核制度与所辖地区经济发展情况直接挂钩，而地区经济发展又主要以上项目、建企业的数量和经济增长速度等指标来进行简单量化和比较[22]，导致各地区负责人或部门干部无视循环经济法律的制约和政策的引导，强化资源配置本地化和保护本地市场等行为。在地方政府的庇护下，企业单纯追求经济利益，而不重视环境保护的现象十分普遍。[23] 地方政府为了促进本地经济发展，通过强制措施保护地方企业，使得企业不按照循环经济的要求来规范生产行为。为了地方利益及地方经济的发展，地方政府会主动干预司法机关和执法部门的工作。因此，以利益驱动为导向的环境中，必然不能公正地司法、执法，也造成了企业不守法的问题出现，不利于地区循环经济发展。

政府与其他利益主体的矛盾主要表现为四个方面：

（1）各主体所代表的利益不同。政府部门所代表的是公共利益，考虑的是整个社会的利益最大化，并协调局部利益和整体利益、经济发展和公共利益的关系；企业作为一个以盈利为目的的经济实体，其目标是实现企业利润最大化；居民行为多以个人私利为出发点，很可能因为个人利益损害企业或者政府的利益。企业和居民常常为了自身利益最大化宁愿违反法律法规的约束，而不愿服从公共利益的需要。

（2）政府立法较少考虑到企业、居民的实际。政府在立法时常常单方面做出决策，很少考虑到企业及消费者等作为不同的法律受众的实际利益和具体困难，使得企业、居民守法难；或者政府的立法方向出现偏差，使法律流于形式，不具备实施的实际意义。

（3）企业违法成本远低于守法成本。企业循环经济的成本使得企业利润微薄，企业缺乏自觉自愿引入循环经济的理念和意识。而政府对这些从事循环经济的企业的补助较少，在一定程度上打击了企业发展循环经济的积极性。企业在违法时考虑到以下问题：违法不需要循环经济设施的建设、运行、维护、更新等投入，节约了成本；违法的惩罚标准较低。在这样双重的压力状况下，企业自觉守法的几率就变得很小。

（4）三方责任不明确。当政府、企业、居民都需承担一定责任时，循环经济相关法律却没有对三者的法律责任进行明确界定，造成三者拒不承担相应法律责任。例如，各主体均认为废弃物的回收是政府的事，企业、居民尚无明确的、可操作的废弃物回收指标[24]，从而造成了政府、企业、居民三者在废弃物的回收问题上责任不明确，难以解决。

各主体利益分散，使得我国的循环经济法律法规难以从各主体利益的博弈中寻求一种平衡，导致我国难以真正从线性经济发展模式向循环经济发展模式转变。

6.4.3 循环经济法制建设人才缺乏

循环经济法制建设中各类人才缺乏，造成了立法、司法、执法、守法等诸多环节的不完善。

首先，在循环经济立法层面，当前立法人员缺乏对循环经济的充分了解。在立法中没有考虑到具体的细则问题，造成了现有法律的不明确和法律体系的不完善。其次，现有立法人员缺乏对循环经济足够的敏感度。没有及时发现循环经济发展中出现的问题，并据此立法；也没有及时将循环经济研究成果应用于法制建设，一定程度上造成我国循环经济立法滞后。

循环经济司法要求司法人员充分了解循环经济及相关法律。但是在我国法官大众化的情况下，法官培养体系中较少涉及循环经济方面的知识，甚至有的法官连基本的法律素质也不具备，面对案件时既不能熟练地运用法律的技术与技巧，又不具备把握、贯彻循环经济法的能力。在司法相关人员素质不高的条件下，循环经济司法的能动性不仅发挥不畅，而且还可能使十分有限的权利得不到保障。

在循环经济执法层面，人才的缺乏主要表现在以下几方面：一是循环经济执法队伍力量薄弱，一个区、县监察大队的循环经济执法人员一般 10 人左右，难以应付日常的执法和监督工作；二是执法队伍素质不高，对循环经济知识了解甚少；三是执法经费不足，特别是在欠发达地区尤为明显，如四川省广元市 2004 年循环经济执法预算 1018 万元，实际到款约 497 万元[25]。循环经济执法队伍建设不足造成执法活动难以展开，成为循环经济执法的障碍性因素。

在循环经济守法层面，缺乏对政府、企业、居民各个主体循环经济法制理念的宣传者。在一定程度上导致各主体缺乏对循环经济的正确认识和充分了解，使得循环经济守法困难。宣传人员不到位，使得政府部门有关人员缺乏对循环经济的认识，从而缺乏对企业和居民发展循环经济行为的积极、正确引导，导致了企业与居民的认知更加缺乏，有法不依、有法难依等现象层出不穷。在政府、企业和居民层面缺乏循环经济理念的宣传者，是造成循环经济守法问题的关键所在。

6.5　经验借鉴

6.5.1　提高思想认识方面

我们应该学习国外提高各主体对于循环经济认识的经验，政府确立正确的立法指导思想，同时规范企业、居民的认识。

首先，提高政府对循环经济的认识。发达国家在相对较短时间内把循环经济发展成为一种趋势，其最有效的举措就是以立法为先导，把循环经济全面纳入强有力的法制化轨道。德国的循环经济是通过政府推动，逐步将循环经济思想从生产领域拓展到社会相关领域。[26]日本的循环经济也是经历一段时间摸索后，及时提出建立"循环型经济体系"，并颁布了《促进建立循环型社会基本法》，以"可持续发展"为宗旨，将环境保护与节约资源融合到经济活动的各个层面，从而最终将立法提高到建立循环型社会的高度。上述两个具有代表性的国家都经历了以牺牲环境为代价，先污染后治理的经济发展过程，但都及时纠正观念，发展循环经济。我国当前也正在走着"边污染、边治理"的老路，加重了我国环境资源压力。因此我国应该借鉴先进经验，及时认识循环经济的重要性，逐步确立正确的循环经济立法指导思想，使循环经济建设渐渐走上正轨，实现经济发展与环境保护的共同进步。

其次，提高企业、居民对循环经济的认识。国外首先开展了绿色教育。日本《促进建立循环型社会基本法》中规定，国家应采取必要措施，将建立循环型社会的相关知识进行宣传，促进公民的教育和学习，并且推进建立循环型社会的科学技术的发展。[27]发达国家还通过法律的形式强制和鼓励居民参与循环经济建设。日本的法律就鼓励民间团体回收可循环资源、转让或交换可循环资源，对已经成为可循环资源的产品和容器进行有利于其循环和处置的自愿活动。通过这些行为，发达国家有效提高了企业、居民对循环经济的认识，为进一步完善循环经济法律体系营造了良好的社会环境。

6.5.2 协调主体利益方面

由于循环经济所涉及的主体较多且利益不协调，发达国家如何减少地方保护，如何协调政府与企业的利益对于我国有很大的借鉴意义。

针对地方保护行为，我国可以借鉴欧洲莱茵河的治理过程。由于莱茵河流经许多国家，为保护河道，防止地方企业在利润驱使下向河流直接排放废弃物、地方政府听之任之的行为，当局成立了"莱茵河保护国际委员会"。它是由政府间组织（如河流委员会、航运银行等）和非政府组织（如自然保护和环境保护组织、饮用水公司、化学企业、食品企业等）组成的观察小组，监督各国治理工作的实施，委员会致力于对水质进行监测、恢复流域生态系统以及监控污染源头等工作。在政府组织和非政府组织的共同监督和努力下，莱茵河水质治理取得了成功。

关于政府与企业利益的协调，我们也可以借鉴国外的先进经验。针对政府与企业的利益不一致问题，欧盟国家采用政府直接管理手段，主要有融资帮助、环保专项基金支持、照顾性地分配污染物排放总量指标、鼓励废物回收与再生企业投资等。[28]政府也可对企业进行经济激励，使政府与企业的利益趋向一致，包括可交易许可证、押金退款、绿色补贴、价格支持等。日本以法律形式规定对建设高科技回收设施与从事资源回收利用产业的私人企业提供补助，从而推动城市的零排放。[29]

针对政府、企业、居民三者责任不明晰的问题，我们可以借鉴发达国家的相关经验。德国成功建立了"绿点标志"系统和 DSD（Duales System Deutschland）的运作模式，在德国所有在包装上印有"绿点"商标的销售包装，都由 DSD 公司负责进行回收利用[30]，实现了企业成本内生化。法国规定，资源回收是全社会的责任，每人每年要回收 4 公斤的电子垃圾。挪威的《废电子电机产品管理法》将收集及回收电子电器产品的义务延伸至进口商与制造商所设立的机构。瑞典、法国、韩国等都在与循环经济相关的法律法规中规定了生产者责任。日本法律 ①规定，必须使国家、地方政府、企业和公众合理承担各自的责任，公平地负担所需的费用；《家电回收利用法》规定销售商有接收和回收消费者的报废家电的义务，而消费者应当承担家电处理和再利用的部分费用。[31]

以上国外循环经济立法所确立的经济、技术可行原则以及政府、企业及公众合理分担责任原则，对于我国具有一定的借鉴作用。

6.5.3　培养专门人才方面

针对循环经济建设人才缺乏的问题，我们应该积极培养和引进从事循环经济法制建设各个环节的人才。

在循环经济人才的培养方面，欧、美、日等发达国家政府一方面利

---

① 《特种家用机器循环法》、《建筑材料循环法》、《可循环性食品资源循环法》、《促进循环型社会基本法》。

用大众传播媒体广泛宣传循环经济；另一方面，在中小学校加设环保课程教育，在高等学校积极培养生态环境保护和生态产业领域的专业人才。在循环经济人才的引入方面，国外企业十分注重与高校的合作沟通。例如，美国成立美国高校——企业关系委员会，企业可以从大学直接引入优秀的人才。

针对人才流失严重，导致引进配套技术、研究和开发拥有自主知识产权的循环型技术困难的问题，应该借鉴国外人才流失管理机制，主要采取激励的方式留住人才，并增强从事循环经济人才的积极性和责任感。也可以借鉴青岛的经验，将循环经济人才列入年度奖励突出人才名单，将做出突出贡献的循环经济人才列为奖励的重点，最高可奖百万元。

6.5.4　加速法制进程方面

我国应该学习和借鉴国外循环经济立法循序渐进的制定过程，加速我国循环经济法制建设的进程。循环经济立法比较完备的德国和日本，都是按照三个阶段逐步完善循环经济的法律法制保障体系。

首先，在循环经济立法的探索时期出台相关法律。德国于 1972 年制定了《废弃物处理法》，在 1986 年对其修改并制定了《废弃物限制处理法》，扩大了《废弃物处理法》中"处理生产消费中所产生的废弃物"的目的，把避免废物产生作为废物管理的首选目标。随后出台了《包装条例》和《限制废车条例》。日本于 1970 年出台了《废弃物处理法》，1993 年出台了《环境基本法》，奠定了循环经济发展的基础。随后相继出台了《资源有效利用促进法》、《容器和包装物的分类收集与循环法》、《特种家用电器循环法》。

其次，在出台相关法律的基础上，基本法相继出台。在主要领域的一系列实践后，1996 年德国提出了新的《循环经济与废弃物管理法》，将循环经济思想的适用领域从包装废物扩展到全部废物，明确了循环经济的范围。《循环经济与废弃物管理法》是统领德国循环经济法体系全局的基本法。日本在积累了一些经验之后，于 2000 年出台了《建立循环经济型社会基本法》，系统性地规范与发展循环经济。

最后，出台其他相关立法对基本法进一步完善。在基本法的基础上，德国随后连续不断制定和完善循环经济相关的专项法，包括 1996 年之后出台的 7 部循环经济相关法律。日本随后出台的 5 部相关法律，都是对基本法的进一步完善。

德国、日本的循环经济法律层次见表 6 - 2 和表 6 - 3。这些立法将整个消费和生产改造成为统一的循环经济系统，极大地推动了德国与日本循环经济的发展。

表 6 - 1　德国循环经济法律层次[32]

法律层次	法 律 名 称	制定时间
基本法	《循环经济与废弃物管理法》	1996 年
综合法	《废弃物处理法》(已废除)	1972 年
	《废弃物限制处理法》	1986 年
	《再生能源法》	2003 年
专项法	《包装条例》	1991 年
	《限制废车条例》	1992 年
	《垃圾法》	1999 年
	《联邦水土保持与旧废弃物法令》	1999 年
	《2001 年森林经济年合法伐木限制命令》	2001 年
	《社区垃圾合乎环保放置及垃圾处理场令》	2001 年
	《持续推动生态税改革法》	2002 年
	《森林繁殖材料法》	2002 年

表 6 - 2　日本循环经济法律层次[33]

法律层次	法 律 名 称	制定时间
基本法	《环境基本法》	1993 年
	《建立循环经济型社会基本法》	2000 年
综合法	《废弃物处理法》	1970 年
	《资源有效利用促进法》	1991 年
专项法	《容器和包装物的分类收集与循环法》	1995 年
	《特种家用机器循环法》	1998 年
	《建筑材料循环法》	2000 年
	《可循环性食品资源循环法》	2000 年
	《绿色采购法》	2000 年
	《多氯联苯废弃物妥善处理特别措施法》	2001 年
	《车辆再生法》	2002 年

我国尚处于循环经济法律体系探索阶段，应该结合我国的实际情况，及时出台各项法律、法规，加速我国循环经济法制建设的进程。

6.6　完善我国循环经济法制保障体系的对策措施

6.6.1　提高思想认识

在提高对循环经济的思想认识方面，政府应首先以"可持续发展"作为循环经济立法的指导思想。可持续发展是中国进行循环经济立法、彻底摆脱资源和环境困境的唯一正确选择。以"可持续发展"为指导思想的循环经济立法应贯彻"预防为主"和"3R"原则，层层把关：在源头进行预防和削减污染物产生；不能消减的废物尽量进行循环再生利用；如果废物既不能消减又不能再循环，则应进行无害化处理后再排放，并以符合环境安全的方式进行[34]。只有在立法中体现可持续发展思想，才能为我国循环经济的法制保障打下坚实基础。

政府应从循环经济法制的各个环节提高企业、居民对循环经济的认识。首先，政府应积极倡导建立公众参与制度。相关法律中应规定公众参与建立循环型社会的内容、渠道、方式，引导和支持公众的创造精神，鼓励民众发挥民主监督作用，逐步建立起公众参与、公众受益、公众监督下的生态文明。[35]其次，政府应依托社区和民间组织，通过宣传活动向企业、居民普及循环经济知识及理念，进行守法教育。政府应加大循环经济宣传力度，利用电视、广播、报纸、网络等媒体开展多种形式、层次的循环经济宣传教育，使公众对循环经济有一个整体的了解，提高人们的环境保护和资源节约意识，促使公众树立与环境保护相协调的生态价值观和绿色消费观。再次，政府执法部门还要定期地公开执法的典型案例，供公众学习和监督，提高人们的循环经济意识和法律意识，营造有利的执法氛围。

6.6.2　协调利益关系

为了解决地方保护，我国可以在建立政府组织与政府间组织委员会的基础上，建立责任追究制，完善政府绩效考核标准。

首先，建立从源头上避免地方保护的制度。相关法律应要求政企分开，建立完善的产权制度；加强对公务员队伍的有效监督，通过建立政府公务员行为准则，从根本上遏制地方保护。[36] 凡是违反循环经济法律法规的行为，其处罚至少要涉及经济和行政职务两方面，追究政府地方保护行为的相关人，必要时追究其刑事责任。从而约束各级政府的行为，使地方保护行为得到根本上的控制。

其次，相关考核不再单纯以地方经济增长速度来衡量各级政府的"政绩"，而要兼顾地方生态环境的改善和生态企业、生态园区的建设等方面。

再次，我国应改革司法体制，从体制上保证法院在人、财、物等方面独立于地方政府。这样不仅有利于避免地方保护主义、寻租等问题，也有利于循环经济案件的司法公正。

政府也应积极协调与企业的利益关系。通过借鉴国外经验，我国可以采取"经济上激励、政策上鼓励"的措施来协调两者的利益。在方法上，除了采取现阶段的一些常规经济手段，如价格、利率、信贷之外，还要积极探索一些新的经济手段，如环境税、财政刺激、环境损害责任保险等，并在条件成熟时以法律的形式固定下来。在内容上，可以出台鼓励私营经济参与环保设施的投资、建设和运营的优惠政策，并给予表扬，提高其积极性；可以建立城市废弃物回收利用的中介机构，并引入市场机制；也可建立起政府运营、企业自营的两套废弃物集运和处理系统，以达到相互促进和制约的目的。

发展循环经济需要政府的倡导和投入、企业的严格执行、公众的参与和监督，因此，我们可以借鉴国外经验，明确政府、企业、居民三方责任。

（1）政府要明确各主体责任。我国可通过立法强制企业负责自售产品的回收利用，使企业成为产、销、收全过程服务的、有责任感的社会成员，真正成为发展循环经济的主体。同时，规定并落实中央政府和地方政府在发展循环经济中的各项责任，加强对循环经济法律实施的监督力度，对违反循环经济法律的行为进行有力的限制和制裁。

（2）企业应严格执行循环经济相关法规。相关法律应将企业一年可排放的"三废"数量及必须回收利用的废品比例根据其性质制定明确的指标，并且固定下来，要求各个企业严格执行。

（3）政府应鼓励公众积极参与和监督循环经济。一方面，政府应动员和引导公众主动参与对循环经济发展宣传教育并保证公众参与循环经济发展。例如，对个人抛置生活垃圾实行严格的分类管理，提倡人们选择包装物较少或者可循环使用的物品而不是一次性物品，并限制非绿色产品的消费。另一方面，鼓励民众发挥民主监督作用，对于不按照循环经济相关法律执行的政府、企业和个人，民众具有监督举报的权利，同时对检举有功者给予一定奖励。

6.6.3 加强队伍建设

首先，培养循环经济立法人才。我们建议在高等学校的教育培养中，涉及循环经济法律研究方面的专门人才。政府在立法过程中必须重视循环经济专家、学者的意见和建议。当前循环经济立法人员也必须同时具有循环经济的知识和法律知识，应该定期对其开展循环经济知识讲座和法律知识培训，进行专业能力考核，全方位提高循环经济立法人员的素质与水平。

其次，提升司法相关人员素质，优化司法资源。针对我国循环经济司法队伍的现状，应着力从加强司法者培训、优化司法资源和加大投入等方面入手。一是要加强对法官专业知识的培训，以解决法官的循环经济法专业知识缺乏、法律适用能力不够、法律思维认同程度不高等问题；二是要吸收专业人才进入司法系统，从有专业知识、专业经验的人士中选拔优秀者进入司法者队伍，以充实司法资源；三是要加大司法投入，使司法机关有足够的经费进行相关司法活动。

再次，提高执法队伍的业务素质和思想素质。素质的提高依赖于教育，因此要加强对执法人员的知识培训，包括循环经济知识培训和法制知识培训，培养循环经济执法中的精英分子，提高执法人员的业务素质；同时还要展开对执法人员思想政治方面的教育，培养执法人员的责任意识、服务意识和廉洁意识，提高他们的工作积极性、主动性和责任心。在此基础上，要择优培养选拔高素质的执法干部，充实到执法队伍中去，提高队伍的专业水平。只有从知识结构和思想政治方面加强循环经济执法队伍建设，才能贯彻依法执法、科学执法的原则。

6.6.4　加速法制进程

循环经济法制建设的前提是立法要有一定的前瞻性。这需要立法时进行多方考虑，对经济的未来发展趋势做出预测，制定科学的循环经济法律。同时，司法、执法以及守法等环节也应逐步完善，使得循环经济法制的各个环节互相促进。根据国外已有的经验，结合我国实际情况，我国循环经济法制建设的进程应分为起步阶段、发展阶段和完善阶段。

1. 起步阶段

起步阶段主要应对现有法律进行整合和修正，并出台《循环经济基本法》。

（1）对现有法律进行整合和修订

首先，修订宪法，把循环经济确定为与保护环境并重的基本国策。[37]其次，整合和修订其他相关法律。例如，修订《固体废物污染环境防治法》、《水污染防治法》、《矿产资源法》、《政府采购法》、《税收征管法》和《商业银行法》等法律，对资源的节约、回收、再用、再生利用、生产回收者责任、循环经济指标体系等做出规定，并纳入政府扶持和经济刺激的内容。[38]对现有法律的修订应保证无重复规定、与时俱进、能够解决当前的循环经济问题。

（2）出台《循环经济基本法》

《循环经济基本法》的制定是我国的当务之急，我国也已经将该法的出台提上日程。《循环经济基本法》的出台，将会对我国循环经济发展有着整体规范的作用。这样有利于全面统领经济与环境法律，推行新的经济发展模式。[39]《循环经济基本法》中，也应进一步明确我国政府、企业、居民三个主体各自的循环经济责任，系统地规范循环经济行为，从而推动循环经济发展。

2. 发展阶段

发展阶段主要针对循环经济的三个载体分别立法，同时制定其他相关法律法规，不断加强对司法、执法、守法等环节的建设。

（1）针对三个载体分别立法

对生态企业的立法要进一步完善生态企业生产源头、过程、末端的行为规范，尤其应重视和加强生产源头的相关立法。对生态园区的立法要从生态园区的循环经济运作机制入手，针对园区上下游企业之间的每一个环节、园区整体以及园区辅助体系进行立法，实现园区整体的法律约束，保证生态园区向资源减量化、污染物"零排放"的目标靠近。对生态城市的立法需要立法者根据生态城市发展循环经济的理念，结合城市的特点，制定相关的法律法规，通过对政府、居民以及中介机构约束和激励的法治行为来实现。

（2）制定其他相关法律

作为对《循环经济基本法》的支持，应颁布一些综合法和专项法，更加详细地规范循环经济行为。如原料绿色采购、资源高效利用、再生资源利用、稀有能源减量化和稀有能源替代等。我们可以借鉴德国、日本的立法经验，使循环经济法律体系包含生产、分配、交换、消费每一个环节，系统性地推进循环经济发展。

各级地方政府应根据自己的实际需要，制定各自的循环经济相关法规来支持《循环经济基本法》的实施。有立法权的地方人大及其常务委员会、地方人民政府和民族自治地方的人大及其常务委员会，根据各自的权限制定有关地方法规、自治条例、单行条例和地方行政规章[40]，从而整体性地推动我国循环经济发展。

（3）完善司法体制

首先，建立起以检察院为主体的公益诉讼制度。以检察院为公益诉讼主体，就是要立法赋予检察院有权代表循环经济违法事件中的受害者一方提起诉讼的权利，从而解决检察机关、公益组织或者社会公益代表参加循环经济诉讼的诉讼地位和诉讼主体资格问题。明确以检察院为诉讼主体，便于明确司法主体的责任，避免地方政府的地方保护主义和隐瞒违法事实等现象。同时，保证司法的独立性和权威性。司法的独立性和权威性是司法体制的体现，加强司法体制改革就是要把司法独立于立法和行政[41]。具体来说就是要把司法部门的财政体制纳入国家预算而不是地方预算，从体制上保证法院在人、财、物等方面独立于地方政府。这样，有利于避免地方保护、寻租等问题，便于循环经济案件的公正司法。

（4）提高执法队伍素质，改革执法体制

只有从知识结构和思想素质方面加强循环经济执法队伍建设，才能贯彻依法执法、科学执法的原则。同时，我国也应明确循环经济执法部门权限，改革执法体制。我国目前对于循环经济违法现象的执法实行的是多部门、多层次的执法体制。这就造成了部门权限不明确，执法推诿现象。因此，要通过立法规定循环经济的行政主管部门拥有的权力，明确部门权限，改革执法体制。这将有利于解决执法部门不认真履行职责、给违法者开绿灯等现象。

（5）加大循环经济守法教育和违法管制力度

对企业和居民实施循环经济法制知识、法制问题等方面的教育，能够促进公众的守法意识、心理和素质的形成。因此，大力加强循环经济守法教育，有着十分重要的意义。针对"违法成本低于守法成本"现象，我国应加大循环经济违法的管制力度。对违法者的处罚要从重从严，才能约束企业、政府或个人违法行为。国家应赋予执法部门查封、冻结、扣押等行政强制手段，落实对违法者的制裁。

3. 完善阶段

循环经济法制的完善阶段应在生态企业、生态园区以及生态城市立法的基础上，进一步完善由基本法、综合法、专项法和地方性法规构成的完整循环经济法律体系，使政府、企业、居民有法可依，各主体各自的责任和义务明确，循环经济法律体系达到理想的状态；司法、执法、守法和法制监督等环节也进一步完善。同时，在具体的实践中，发现问题能够通过相关立法来及时解决。

6.7 结 论

　　本章主要从三个维度研究了我国循环经济的法制保障体系。第一维度是包括生态企业、生态园区、生态城市在内的循环经济载体；第二维度是包括政府、企业、居民在内的循环经济主体；第三维度是立法、司法、执法、守法这四个法制环节。在这三个维度的框架中，本章分析了我国循环经济法制的现状、需求及问题，并探究了问题产生的深层次原因，在借鉴国外经验的基础上，提出了健全和完善我国循环经济法制的对策。

　　本章认为，我国循环经济法制建设应分为三个阶段：起步阶段、发展阶段和完善阶段。起步阶段是循环经济理念的提出以及一些循环经济相关法律的探索阶段，也是我国当前所处的阶段；发展阶段是在生态企业、生态园区和生态城市三个载体层面上，颁布有针对性的、专门性的循环经济法律，司法、执法、守法、法制监督相对完善；完善阶段则是从立法、司法、执法、守法、法制监督四个环节建立理想的、完整的循环经济法制保障体系。

　　本章从框架上对我国循环经济法制保障体系的完善与发展做出规划，提出应完善的主要内容，但尚未涉及具体的法律法规条款。在司法、执法、守法层面，尚未细化到可操作的细则，需要在今后的研究中做进一步的讨论。

参考文献

　　[1] 武丽丽：《法制与法治》，载《伊梨论坛》2000 年第 1 期，第 47 页。

　　[2] 何晓霞：《浅论法制与法治》，载《宜宾学院学报》2002 年第 4 期，第 17 页。

［3］孙育玮：《"法制"与"法治"概念再分析》，载《求是学刊》1998 年第 4 期，第 56 页。

［4］吕惠兰：《我国循环经济法制建设存在的问题及其对策》，载《法制与经济》2006 年第 4 期，第 47～48 页。

［5］王国良：《循环经济与立法构建》，载《企业经济》2005 年第 4 期，第 177～179 页。

［6］吕忠梅：《论环境纠纷的司法救济》，载《华中科技大学学报（社会科学版）》2004 年第 4 期，第 41～46 页。

［7］张丽利：《浅议我国目前的环境执法现状及对策》，载《环境科学与技术》2006 年第 29 卷增刊，第 99～101 页。

［8］宁立志：《我国循环经济法律的建构和完善》，载《人民日报》2006 年 11 月 10 日第 15 版。

［9］李静云：《循环经济立法必要性及其立法模式和原则探讨》，载《2005 年中国法学会环境资源法学研究会年会论文集》。

［10］吕忠梅：《论环境纠纷的司法救济》，载《华中科技大学学报（社会科学版）》2004 年第 4 期，第 41 页。

［11］吕忠梅：《论环境纠纷的司法救济》，载《华中科技大学学报（社会科学版）》2004 年第 4 期，第 43 页。

［12］国家环境保护总局：《中国环境状况公报》，2005 年。

［13］吕慧兰：《我国循环经济法制建设存在的问题及其对策》，载《法制与经济》2006 年第 4 期，第 47～48 页。

［14］段永清：《我国循环经济立法论略》，载《四川师范大学学报（社会科学版）》2006 年 5 月第 33 卷第 3 期，第 58～64 页。

［15］王建新：《循环经济的环境法治研究》，东北林业大学硕士学位论文，2005 年 6 月，第 29 页。

［16］王建新：《循环经济的环境法治研究》，东北林业大学硕士学位论文，2005 年 6 月，第 29 页。

［17］王建新：《循环经济的环境法治研究》，东北林业大学硕士学位论文，2005 年 6 月，第 29 页。

［18］杨如松、李怡靖：《企业战略层面推行循环经济的探讨》，载

《经济理论研究》2006 年第 9 期，第 24～26 页。

[19] 杨同宇：《发展循环经济需要建设循环型社会》，载《生态经济》2005 年第 9 期，第 64～67 页。

[20] 张玉川：《论发展循环经济的若干法律问题》，吉林大学硕士学位论文，2006 年 4 月，第 26 页。

[21] 王丹：《"地方保护主义"问题分析及对策》，载《沈阳大学学报》2005 年第 1 期，第 41～43 页。

[22] 陈东琪：《打破地方保护下的产品市场分割过剩品市场"进入壁垒"的案例和对策》，载《福建论坛》2001 年第 1 期，第 25～28 页。

[23] 李晓磊：《城市水环境治理的经济学问题及国外水环境治理的经验》，载《经济师》2006 年第 9 期，第 89 页。

[24] 袁婷：《从国外经验看我国城市固体废弃物的循环利用》，载《山东工商学院学报》2006 年第 1 期，第 22～23 页。

[25] 刘炳路：《中国环保资金困局：执法成本高于违法成本》，载《新京报》2005 年 3 月 6 日。

[26] 黄静：《发展循环经济，促进环境经济健康发展》，载《湖南商学院学报》2005 年第 2 期，第 21 页。

[27] 董慧凝：《略论日本循环经济立法对我国环境立法的启示》，载《现代法学》2006 年第 1 期，第 180 页。

[28] 谯薇、蒋斌：《主要发达国家发展循环经济的经验及对我国的启示》，载《东北财经大学学报》2006 年第 2 期，第 54～55 页。

[29] 李海峰、李江华：《日本在循环社会和生态城市建设上的实践》，载《自然资源学报》2003 年第 2 期，第 255～256 页。

[30] 朱秋云：《世界上第一个包装废弃物回收利用系统——绿点——德国回收利用系统股份公司（DSD）》，载《再生资源研究》1999 年第 4 期，第 42 页。

[31] 冯之浚、郭强、张伟：《循环经济干部读本》，中共党史出版社 2005 年版，第 293～295 页。

[32] 张雪：《论我国循环经济立法体系的构建》，载《2005 年中

国法学会环境资源法学研究会年会论文集》，http：//www. riel. whu. edu. cn/show. asp？ID＝3498。

[33] 董慧凝：《略论日本循环经济立法对我国环境立法的启示》，载《现代法学》2006 年第 1 期，第 179 页。

[34] 陈勇：《循环经济理念下我国环境保护立法问题研究》，湖南师范大学硕士学位论文，2005 年 4 月，第 30 页。

[35] 冯之浚：《循环经济与立法研究》，载《中国软科学》2006 年第 1 期，第 12 页。

[36] 武永巨：《经济体制转轨时期地方保护主义问题与对策探析》，载《江西金融职工大学学报》2006 年第 3 期，第 48 页。

[37] 常纪文：《欧盟循环经济立法经验及其对我国的启示》，载《当代法学》2005 年第 1 期，第 138～143 页。

[38] 晋海：《日本循环经济立法及其对我国的启示》，载《科技进步与对策》2006 年第 3 期 ，第 63～66 页。

[39] 唐荣智、钱水娟、王珍：《论循环经济法的若干基本问题》，载《北京政法职业学院学报》2006 年第 1 期，第 6～13 页。

[40] 晋海：《日本循环经济立法及其对我国的启示》，载《科技进步与对策》2006 年第 3 期 ，第 63～66 页。

[41] 高路：《司法独立对完善我国司法制度的探讨》，载《法学与实践》2006 年第 1 期，第 6～9 页。

7 循环经济的技术支撑

7.1 引 言

    单一的再生资源回收利用技术，是循环经济末端治理阶段的技术特征；由清洁生产、产业链接、再生资源回收利用等技术构成的环境友好型技术体系，是循环经济源头治理阶段的技术特征。目前，我国循环经济的发展，已经进入以生态企业、生态园区、生态城市建设为载体，以环境友好型技术体系为支撑的源头治理阶段。近年来，一批生态企业、生态园区通过采用闭路循环的工艺流程、纵向横向的产业链接技术，开发物流、水流、能量流等集成优化系统，大幅度降低了资源消耗，减少了废弃物排放[1][2]；一些城市通过引进焚烧发电、机械化垃圾堆肥处理等技术，实现了生活垃圾资源化，缓解了日益严重的"垃圾围城"现象[3]。但是，从生态企业、生态园区、生态城市建设的实际需求分析，我国的循环经济技术供给明显不足，清洁生产所需的先进生产工艺和设备短缺，产业链接所需的元素代谢、物质循环等产业共生技术薄弱，再生资源回收利用所需的精确分类、科学鉴别、深度加工等技术匮乏。

    循环经济技术是以实现资源的高效和循环利用、污染的减量和无害排放为目标的，根据"资源—产品—再生资源"的物质闭环流动模式以及生产实践经验、自然科学原理而发展成的各种生产工艺、生产工具及设备、工艺操作方法与技能。循环经济的技术支撑是为建设生态企业、生态园区、生态城市提供必需的循环经济技术。何劲指出，政府供给力度弱、产权不明晰、激励机制不完善等是我国生态企业建设中技术供给不足的主要原因。[4][5][6]王圣宏主张通过发展专项技术、完善技术体系以增加循环经济的技术供给。陈德敏认为，应该制定技术研发、技术标准、技术推广、技术激励、技术淘汰等方面的循环经济技术供给政策。[7][8]

目前，关于循环经济技术供给问题的研究大多集中在某一具体范围，缺乏一定的系统性。针对这种情况，本章拟全面探讨我国生态企业、生态园区、生态城市三个载体的技术供给状况；结合循环经济的物质闭环流动特征和各个载体建设的主要技术需求，深入研究清洁生产、产业链接、再生资源回收利用三类技术供给中存在的问题；根据循环经济推进机制中不同主体的作用及其相互联系，详细分析政府、企业、居民对于循环经济技术供给不足的影响及相关对策。

7.2　我国循环经济技术供给的现状

20世纪90年代以来，为解决经济增长需求与资源供应不足、环境质量恶化之间的矛盾，我国把开发、引进、推广能够节能降耗、提高资源利用效率、减少资源消耗、减少废弃物产生的先进技术作为重要的发展战略。这些技术的发展缓解了我国循环经济相关技术供给不足的状况，为生态企业、生态园区、生态城市建设提供了技术上的支持。

7.2.1　面向生态企业的技术供给

生态企业建设要求企业按生态规律组织整个生产、消费和废物的处理，采用少废和无废料并尽可能做到闭路循环的生产工艺，运用节能、低耗和高效的生产技术。[9]生态企业内部循环系统是循环经济的微观基础，一般来说，它包括三种情况：

（1）将生产流程之外的资源回收后作为原料返回生产流程中；

（2）将生产流程中产生的废弃物经适当处理后作为原料或原料替代物返回原生产流程中；

（3）将生产流程中产生的废弃物经适当处理后，作为企业内其他生产流程的原料输入（见图7-1）。[10]近年来，在我国政府的大力倡导下，生态企业建设必需的节能节水技术、清洁生产技术、废弃物资源化技术都有了一定程度的发展。

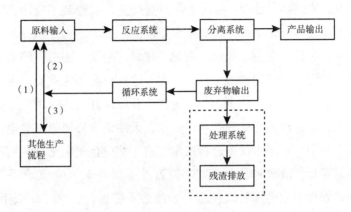

图7-1　生态企业循环经济示意图

1. 节能、节水技术

能源、电力、钢铁等重工业企业是企业中的耗能大户。近年来，这类企业纷纷通过工艺、设备的改进节能降耗，提高效益。例如，中国石化集团河南油田分公司通过采用永磁电动机，运行时的功率因数在0.9以上，不需要无功补偿设备，节约了低压就地补偿设备，在相同工况下，节电率达15%以上。峰峰矿业集团通过采用高效节能泵、加强皮带集中出煤用电管理、合理配置井下通风设施、降低风压等技术手段，减少了主要耗能设备的能耗。仅2004年上半年原煤综合电耗就比2003年下降了9.36kW·h/t，节能潜力相当可观。苏州供电公司在10kV以下配电线路上采用单、三相变压器混合供电的方式，以高压进户，缩短低压线路降低线损，使配电线路线损有较大幅度降低，提高了供电可靠率和电压合格率。包头钢铁公司通过采取提高一火成材率、优化工艺、回收余热余能等技术措施，2003年每吨钢的综合能耗比1995年下降了约20%，8年累计节能效益达5亿元。[11]2005年6月，国家发改委启动了十大重点节能工程：节约和替代石油工程、燃煤工业锅炉（窑炉）

改造工程、区域热电联产工程、余热余压利用工程、电机系统节能工程、能量系统优化工程、建筑节能工程、绿色照明工程、政府机构节能工程、节能检测和技术服务体系建设工程。[12]有些成果已突破了技术难关，也没有政策制约，易于推广；有些技术则还处于探索阶段，需要进一步研究和实践。[13]尽管节能技术在一些行业企业得到了应用，但要在我国各个相关行业全面推广还有很大难度。

冶金、有色、电力、煤炭、石化、建材、造纸、酿造、印染、皮革等行业是高污染、高耗水行业，节水对于这些行业尤为重要。为了做到最大限度地节约用水，减少污染，一些企业纷纷开发、采用先进的节水型生产工艺及先进的水处理技术。例如，天津钢管公司通过对生产废水进行再次利用，对用水设备进行技术改造，使得企业水重复利用率达到97.2%，万元产值取水量由 32.8 吨/万元下降到 5.7 吨/万元。[14]湖南泰格林造纸集团用国际最新技术对老制浆系统进行改造，降低用水量，降低排污负荷；同时，投资新建综合性污水处理站，将造纸废水进行循环利用。通过一系列的技术改造，该公司从 1999 年的产能 7 万吨、用水量 10 万吨/天，发展到现在的产能 36 万吨、用水量 8 万吨/天。[15]根据 2005 年 4 月国家发改委、科技部、水利部、建设部和农业部联合发布的《中国节水技术政策大纲》规划，当前我国工业企业的主要节水技术有：工业用水重复利用技术、冷却节水技术、热力和工艺系统节水技术、洗涤节水技术、工业给水和废水处理节水技术、非常规水资源利用技术、工业输用水管网、设备防漏和快速堵漏修复技术、工业用水计量管理技术、重点节水工艺。其中，大力发展和推广工业用水重复利用技术，提高水的重复利用率是工业节水的首要途径。发展高效冷却节水技术是工业节水的重点。[16]

2. 清洁生产技术

清洁生产技术强调对企业生产进行全过程控制，从源头削减甚至彻底消除污染物的产生和排放，被认为是污染防治的最佳模式以及实现企业经济效益和环境效益"双赢"的最佳方式，也是企业层面发展循环经济的切入点。[17]

20 世纪 70 年代末，我国有些企业如吉林化学公司就开展了被称为

"无废工艺"、"少废工艺"、"生产全过程污染控制"等的工艺改革。进入 20 世纪 90 年代后，我国政府积极响应联合国环境与发展大会在《21世纪议程》中所倡导的清洁生产战略，明确提出了工业污染防治必须从单纯的末端治理向生产全过程控制转变、实行清洁生产的要求，并在企业组织清洁生产技术的示范试点。1999 年 5 月国家经贸委下达了《关于实施清洁生产示范试点计划的通知》，决定在北京、上海、天津、重庆、沈阳、太原、济南、昆明、兰州、阜阳 10 个城市以及石化、化工、冶金、轻工、船舶 5 个行业实施清洁生产试点，这标志着我国清洁生产技术进入了大规模推广阶段。在不到 10 年的时间里，清洁生产技术的开发、推广、引进在我国取得了显著进展。[18] 一些企业通过清洁生产技术改造，不仅减少了资源的消耗、废弃物的排放，经济效益也有了显著的提高。然而，我国清洁生产技术在企业应用的范围和深度与发展循环经济的现实需要相比还有很大距离。

3. 废弃物资源化技术

对废弃物进行资源化、无害化处理是提高资源利用效率、减少废弃物排放的重要途径。我国政府高度重视工业固体废物的综合利用。经过多年的努力，我国工业固体废物的综合利用率从 1990 年的 28% ~30%上升到 2004 年的 56.5%，高炉渣的利用率几乎达到了 100%，粉煤灰利用率约 40%，煤矸石利用率约 30%。一些企业通过发展资源综合利用技术提高资源利用效率，创造了经济效益。例如，辽宁本钢针对转炉钢渣量不断增加的情况，建成投产了多条钢渣加工磁选线，对全部钢渣进行筛分和磁选，使钢渣的加工处理率达到 100%，回收的含铁甲级钢渣、乙级钢渣用于转炉炼钢，丙级钢渣用于转炉和高炉冶炼，丁级钢渣用于烧结进行深加工，钢渣尾渣按照不同规格用于转炉做降温剂、筑路等。① 河南禹王水泥有限公司研制出将低品位石灰石与高品位石灰石搭配使用，用粉煤灰、煤矸石代替煤渣做混合料生产优质水泥的技术，降低了生产成本，缓解了石灰石供需矛盾，每年可为企业节约资金 100 万

---

① 《本钢实现冶金渣的循环利用》，中国循环经济网，2006 年 7 月 6 日，http：//xh. chinaxh. com. cn/show. aspx？id = 15851&cid = 68。

元；通过技术攻关，找到了熟料、混合材、磷石膏的最佳产量配合比，综合利用粉煤灰，一年节约资金 108 万元，产生经济效益 300 余万元；同时在扬尘处安装袋式除尘或静电除尘器，年回收粉尘 1 万余吨，增加销售收入 200 余万元。[19]但总的来看，我国工业固体废物的综合利用水平与发达国家相比仍然存在较大差距，需要通过提高技术工艺，降低综合利用成本，同时配合相关政策、法律，不断缩小与发达国家的差距。对于工业废水和废气，由于其资源化技术难度较大，回收利用的成本较高，考虑到技术经济的可行性，我国许多企业都对其进行无害化处理以实现达标排放。

7.2.2 面向生态园区的技术供给

生态园区包括生态工业园、生态农业园、生态居住小区等不同结构类型的区域划分，其中生态工业园是我国近几年重点发展的园区类型。生态工业园是在划定的区域内，把具有产业关联度的不同企业联结起来，形成共享资源的产业共生组织，使得上游生产环节的废弃物成为下游生产环节的原料和能源。[20]生态工业园这一企业组织形式，将企业内部的物质循环扩大到企业之间的物质循环，各企业之间进行废弃物、水、能量、信息的共享与交换，以提高物质循环率和资源利用效率，减少园区对外界的废物排放量（见图 7 - 2）。生态工业园的建设离不开技术的支撑。

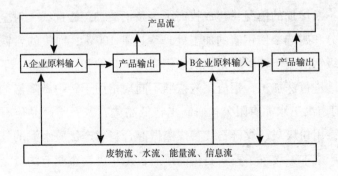

图 7 - 2　生态工业园循环经济示意图

1. 产业链接技术

产业链接技术是指通过适当的技术改造或全新的产业链设计构建区域内企业间或企业内部的生产链条，以实现园区废弃物趋于零排放，它是建设生态工业园的核心技术。各地在生态工业园的规划建设中非常重视对产业链的设计，通过构建合理的产业链，实现经济和环境的双赢。广西贵港国家生态工业园（制糖）示范园区是我国第一个循环经济试点，也是国内建设比较成功的生态工业园区。它以贵糖（集团）股份有限公司为核心，以蔗田、制糖、酒精、造纸、热电联产及环境综合处理6个系统为框架构建产业链。最初阶段，循环是在贵糖集团内部进行的，后来网络扩大，将贵港市其他制糖厂以及种植甘蔗的农民也纳入园区，从而形成了比较完整的、闭合型的生态循环网络。另外一个有代表性的实例是鲁北国家生态工业示范园区。该园区依据循环经济理念和工业生态学原理，建成磷铵、硫酸、水泥联产纵向产业链、海水—水多用纵向产业链、盐碱电联产横向产业链，并计划新增煤化工系统、石油化工系统、林纸一体化系统等产业链，涉及的关键产业链接技术有磷铵副产磷石膏制硫酸联产水泥链接技术、磷石膏分解关键链接技术、补加高硫煤、窑外分解及控制氧化气氛等技术。通过发展产业链接技术，该工业园实现了经济和环境效益的双赢。[21]尽管我国在发展产业链接技术方面取得了显著的成效，但产业链大都较为单一，所涉及的多为同一企业集团内部的废物流。

2. 系统集成技术

系统集成技术主要指物流、水流、能量流、信息流的集成优化技术。物流集成技术指通过各企业之间彼此利用废物，或者吸引从事资源回收和循环的企业来处理副产品，实现园区物质集成的技术。水流集成技术指通过中水回用技术和水的梯次使用设计，提高水的循环率的技术。能量流集成技术指根据各用能企业的能级需求的高低构成能量的梯级利用关系的技术。[22]信息流集成技术指通过收集各企业资源能源消耗、生产工艺、污染排放、经营绩效等方面情况，建立统一、共享的园区信息系统。在我国生态工业园的规划建设过程中，系统集成技术获得了广泛的应用。例如，长沙黄兴国家生态工业示范园区的共生系统包括了物质循环、水循环、集中供热、信息交换等生态链。在物质循环方面，将农业和工业产品以商业渠道提供给居民，再将生活废物和工业废物经分类收集后，一同进入废物回收站，经筛分、清洗，将可燃性废物提供给集中供热站作为燃料，部分可再生废物则提供给工业生产作为原料。农业废物可供给工业生产作为原料，而部分工业废物也可加工成农业生产的原料或禽畜养殖业的饲料。在水循环方面，生活污水和工业废水一同进入污水处理厂进行处理，处理后的中水根据其所含污染物的状况可考虑作为水质要求不高的企业的生产和清洗用水，以及农业生产和公共绿地的灌溉用水。同时，污水处理后产生的污泥也可考虑作为农业生产的肥料。在集中供热方面，集中供热站以回收废物为燃料，提供工业生产和居民生活所需的热能。[23]另外，鲁北国家生态工业示范园区在建设中形成了成熟的物质循环与转换系统、能量循环与梯级利用系统、水循环与梯级利用系统、信息系统。物质系统内硫元素的循环利用率为98.85%；磷元素的利用率为92.3%，产品转入率为97.35%；钙元素的利用率为98.4%；氟元素的产品转入率为99.9%。能量系统的热能利用效率高达82.5%，低温余热利用率达到71.4%，清洁能源利用率达到85.9%。水系统实现了污水处理设施共享，废水集中回用，企业及装置之间的废水级联使用等。信息系统实现了整个园区的数据、信息共享，提高了企业客户服务水平，加强了生产管理控制。[24]

7.2.3 面向生态城市的技术供给

生态城市应用生态工程、环境工程、系统工程等现代科学与技术手段协调现代城市经济系统与人类的关系，保护与合理利用一切自然资源与能源，提高资源的再生和综合利用水平。[25]生态城市通过连接城市动脉产业与静脉产业，充分发挥废旧物资回收机构的作用，形成全社会范围内的物质闭环流动（见图7-3）。目前，我国在生态城市建设中比较注重再生资源回收利用技术、城市生活垃圾处理、处置技术的发展。

1. 再生资源回收利用技术

我国许多城市通过建设再生资源回收利用工程，发展废旧物资的回收利用技术，以减少初级资源的开发利用和废弃物的排放。例如，从

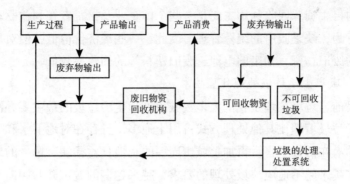

图 7 - 3 生态城市循环经济示意图

2000 年开始，建设部选择了北京、上海、广州等城市作为垃圾分类收集的试点城市，重点回收废纸、废塑料和废电池，已取得一些成效。2005 年 7 月我国首家集中处置城市工业、生活固体废物的环保产业园在苏州市建成，这一产业园包括了生活垃圾焚烧发电厂、工业固体废物安全处置中心、生活垃圾填埋沼气发电、园区垃圾渗滤集中处理厂、市政污水处理厂、污泥焚烧处理、环保技术设备研发制造以及固体废弃物预处理中心 8 个项目。[26] 这一产业园在解决了苏州市废旧物资处理问题的同时，为再生资源回收利用技术的研发提供了强大的科技支持。天津市将自主开发的废轮胎生产铺路材料的技术应用于天津市高速公路、快速路和海河道路工程的施工中，实现了废轮胎的循环利用。有关专家指出，这项技术不但降低了公路的施工难度，还使我国在此领域的技术水平处于国际领先地位。① 上海市通过引进世界先进的电脑自动分拣玻璃粒生产线，使得玻璃粒杂质含量下降到 25 克，年加工能力提高到 15 万吨，基本消化了上海市的废玻璃瓶罐，同时为环卫部门每天省下 300 元填埋费。总的来说，目前全国有废旧物资回收网点 16 万个，回收加工厂 3000 多个，年再生资源回收量 5000 万吨以上，年回收总值接近 500亿元。我国的再生资源回收利用水平有了显著提高，一些经济价值高的废旧物资回收利用率较高，但与发达国家相比仍然存在较大差距。由于

---

① 《天津废旧轮胎变废为宝铺公路》，载《中国经济时报》2006 年 9 月 8 日，http://www.crra.org.cn/show.asp? mode = kjyd&id = 6379。

我国的再生资源回收利用主要是一些个体企业及拾荒者在利益驱动下的经济行为，缺乏政府的统筹管理，因此，一些经济价值低，但对环境危害大的废旧物资，如废旧电池、废旧塑料等的回收率较低。

2. 城市生活垃圾处理处置技术

目前，垃圾填埋是我国大多数城市处理生活垃圾的最主要办法。但是由于垃圾填埋比其他处理方式占用土地多，且存在对地下水和周边空气等的潜在污染危害，再加上城市周围的土地日益稀缺，单一的垃圾填埋方式越来越不适应垃圾处理的要求，越来越多的城市开始倾向于城市生活垃圾的综合管理，即从单一的填埋转变为重视环保和能源再生利用，同时又能产生更高经济效益的焚烧发电、生化处理、堆肥和填埋、综合利用并存的多元处理系统。例如，2003 年 11 月，上海市建成我国最大的垃圾焚烧场，垃圾日处理能力 1000 吨，年处理垃圾可达 33 万吨，除满足自身所需的用电量外，每年可对外售电约 8000 万度。[27]该垃圾场的建成使得上海市以卫生填埋为主的垃圾处理方式转变为以焚烧为主、填埋为辅的综合管理模式。西安市政府相关部门也积极建设城市生活垃圾处理设施，引进先进技术，以提高生活垃圾的综合处理能力，减少垃圾排放造成的环境污染，提高垃圾资源化利用率。2006 年，西安市西郊新建一座生活垃圾综合处理厂，目前已投入试运行，日处理能力为 500 吨。该厂采用将生活垃圾分选后，分别进行堆肥和焚烧及焚烧灰渣造地砖的工艺路线，实现了生活垃圾的资源化利用。总的来说，我国主要大城市的生活垃圾绝大部分实现了无害化处理，但减量化、资源化水平远远落后于发达国家。这主要是由于我国的城市生活垃圾长期采用混合收集方式，且缺乏垃圾回收利用方面的法律政策。一些中小城市的垃圾处理设施仍然非常落后，以简易填埋作为垃圾的主要处置方式。

7.3 存在的问题及其原因分析

7.3.1 存在的问题

我国循环经济技术发展中存在的问题主要表现为清洁生产技术短

缺、产业链接技术薄弱、再生资源回收利用技术匮乏等方面。

1. 清洁生产技术短缺

清洁生产技术，强调减少资源、能源的消耗，预防废物的产生，包括开发及使用清洁的能源和原料、进行生态设计、采用清洁的生产工艺与设备等内容。企业推行清洁生产技术，能够以可持续的方式最大限度地合理利用资源和减少废弃物污染，同时能够获得良好的经济效益。目前，由于企业领导观念落后、科研经费投入不足、技术转化率低等原因，我国企业的清洁生产技术供给与需求仍然存在较大差距，很多行业企业的生产工艺落后，生产设备陈旧，污染治理方式还停留在末端治理阶段。

开发及使用清洁的能源和原料要求企业在生产中充分利用能源、资源的同时，不使用含有有毒、有害物质的原料。目前，我国大多数新能源和可再生能源开发技术仍处于发展的初期阶段，与发达国家相比，技术工艺相对落后，生产企业规模小，一些原材料和产品国产化程度低。例如，我国现有的风力发电场中，设备利用率最高的达到 3000 小时以上，最低的只有 1700 小时。同时，由于我国尚不能批量生产大型风力发电机组，所需设备几乎全部为进口机组。

生态设计要求在产品生命周期的每一个环节考虑其带来的环境影响，通过设计上的改良使产品的环境影响降为最低。[28]我国的企业极少关注产品对环境的影响，几乎不考虑产品是否容易拆卸，是否容易再利用和进行改进。据上海最近公布的一项"企业应用生态设计原则"的调查显示，上海工业企业的生态设计处于初级阶段，绝大多数企业对生态设计不够重视或尚未开展生态设计。[29]

清洁的生产工艺与设备可以将生产过程中可能产生的废物减量化、资源化、无害化，甚至将废物消灭在生产过程中。我国一些高耗能企业的生产设备陈旧、落后，资源和能源利用率低，原材料转化率低，主要耗能设备的能耗也显著高于国外先进水平。例如，2000 年，冶金、有色、电力、化工等 8 个高耗能行业的单位产品能耗比世界先进水平平均高 40% 以上，其中，冶金行业重点钢铁企业吨钢可比能耗比国际先进水平高 39%，电力行业的火电供电煤耗比国际先进水平高 20% 左右，化工行业大型合成氨综合能耗比国际先进水平高40%。风机、水泵等耗电设备平均设计效率比国外先进水平低5%，系统运行效率低近20%。量大面广的中小型锅炉技术水平落后、能源效率低。同时，在大型燃煤电厂烟气脱硫、高浓度有机废水治理等重要领域的一些关键产品还没有自己的制造技术。[30]

2. 产业链接技术薄弱

近年来，各级地方政府都非常热衷于生态园区的建设。但一些生态园区，尤其是生态工业园贪多贪大，盲目纳入各类企业，使得园区的产业规模和产业结构不合理，技术层次低，产业链接薄弱，对外辐射功能不明显。园区产业链接技术的薄弱主要表现为：

（1）企业之间的产业链接技术落后。一些园区的关键产业链主要在某一企业内部的生产流程之间构建，不同企业之间则由于生产工艺、技术设备的差异难以耦合。

（2）产业链所涉及的产业类型单一。我国许多生态园区的建立都是基于当地某种丰富的资源，因此，所涉及的产业链大多围绕这一资源的开发、加工进行。但过度依赖于某种不可再生资源的开发，一旦该资源枯竭，整个产业链将瓦解，即使该资源短期内不会枯竭，但其市场价格足以影响产业链上诸多企业的兴衰。产业类型的单一，导致产业链缺乏柔性，抗风险能力弱，受市场环境的制约大。

（3）产业链无法形成物质的闭环流动。由于一些园区规划建设时，缺乏对工业生态系统结构的专业设计，缺乏对元素代谢和物质循环的深入分析，导致产业结构不合理，产品类型单一，所构建的产业链仅仅是上游企业的废弃物为下游企业提供原料这一初级产业共生形态，许多元素和物质都得不到充分的循环利用。

（4）动脉产业和静脉产业之间、工业和农业之间缺乏链接。一些园区仅考虑了工业生产流程之间的互联，忽视了园区内的居民小区、农业生产，使得园区对居民生活废物、废水的消纳能力不够，产业链不够丰富，整个园区的生态效率还有待提高。

3. 再生资源回收利用技术匮乏

与发达国家相比，我国城市再生资源的回收率很低，能够实现或促进再生资源回收利用的相关技术发展滞后。具体而言，在回收阶段，我国大部分城市的垃圾长期以混合方式收集，未根据垃圾的性质进行分类，这不但提高了垃圾中塑料、纸张、金属等再生资源的回收价格，降低了可用于堆肥的有机物资源化价值，同时使大量有害物质如干电池、废油等进入垃圾，增大了垃圾无害化处理的难度，造成严重的环境污染。[31]此外，我国许多城市的垃圾收集容器、垃圾收集站、垃圾运输车仍然是开放式的，还有一些设施损坏、陈旧现象严重，使得垃圾收集过程对环境造成二次污染。在资源化阶段，我国废旧物资的资源化利用技术发展滞后。例如，用废玻璃来生产各类玻璃制品和建筑材料的技术在各国蓬勃发展，而我国在这方面的工作尚处于起步阶段，仅仅只有为数不多的厂家开发了这类技术，并且产量和质量上都有待进一步提高。在废金属的回收利用方面，我国在废杂金属的鉴别技术、废金属的深度加工工艺、高附加值产品的开发等方面都与发达国家有很大差距。在废旧电池的回收利用方面，在我国目前的技术水平下，回收处理废电池基本上是不盈利的，因此，各城市普遍缺乏建立和维持废旧电池回收公司所需的资金，更谈不上其综合利用技术的研发。在废塑料的回收利用方面，美国、日本等国家大力发展废塑料的材料、化学再生利用技术及热能利用技术，我国的废塑料回收利用率仅在10%左右，废塑料的再生利用技术也由于缺乏科研投入而水平较低。

7.3.2　问题的原因

我国生态企业、生态园区、生态城市建设中技术供给不足的原因主要反映在政府层面、企业层面、居民层面。

1. 政府层面

政府对于健全市场机制，弥补市场失灵，解决环境污染的负外部性问题具有至关重要的作用。由于缺乏完善的激励约束政策、缺乏有效的科技服务体系、缺乏统一的管理机构等问题，我国政府在推动循环经济技术发展方面发挥的作用还远远不够。

（1）缺乏完善的激励约束政策

由于缺乏政府奖励政策、税收优惠政策、政府优先采购政策、价格优惠政策等全方位鼓励循环经济技术的研发和推广的激励性政策，企业缺乏发展技术的积极性，也缺乏相应的资金支持。由于政策的约束效应不够，使得企业采用末端治理技术的成本显著低于进行清洁技术改造，一些企业长期沿用落后、陈旧的工艺、设备，导致能源、资源的浪费和环境的污染情况得不到根本改善。

另外，我国尚未建立生产者延伸责任制度。而缺乏这一制度，企业就缺乏进行生态设计，研发更加有利于回收的新材料、新工艺、新产品，以及更经济有效的废弃物资源化技术、无害化处理技术的激励，不利于源头治理技术和资源综合利用技术的发展。同时，在这一制度缺失下的产品价格无法反映产品的回收成本，从而无法建立有效的价格机制以引导居民进行绿色消费。

（2）缺乏有效的科技服务体系

科技服务体系是指由为技术创新主体提供社会化、专业化服务以支撑和促进技术研发、技术引进、技术推广活动的各类服务机构组成的技术服务网络。科技服务体系在降低技术研发成本、加快技术成果转化等方面都具有重要作用。

我国政府历来将经济增长放在首位，因此比较重视各类动脉产业发展所需技术的研发，对循环经济相关技术的科研经费的投入力度不够。而我国科研机构在这方面的研究也落后于国外先进水平，在许多能够大力支撑循环经济建设的先进技术上都缺乏自主知识产权，对外依赖性强。而由于政府在建设生态企业、生态园区、生态城市的过程中，忽视了对各类科技中介服务机构的建设，企业缺少获得最新技术的途径，使得我国高新技术的商业化发展程度低，很多先进技术都停留在实验室阶段，无法转化成生产力。园区建设所需要的产业链接技术薄弱，无法满足园区的建设需求。城市废旧物资回收行业管理混乱，既有国有企业，也有个体经营者，还有大量的拾荒者，这不利于资源的全面回收和充分利用，静脉产业相关技术发展缓慢。

（3）缺乏统一的管理机构

由于缺乏统一机构领导和协调，对循环经济技术的发展问题也缺乏系统的研究，形成了政出多门、管理分散、指导不够、扶持不力的局面，致使企业不能很好地进行有利于循环经济发展的技术发明、技术创新、技术转移、技术推广等活动。此外，循环经济实践的发展速度远远快于政策的制定速度，政策在制定之后需要较长的时间加以落实，而相关部门缺乏制定和落实政策的主动性，使得政策没有发挥对实践的指导作用。

2. 企业层面

企业是从事经济生产的微观主体和发展循环经济的直接践行者，也是循环经济技术的主要供给者。但由于观念落后、研发投入不足、缺乏专业人才等原因，企业未能发挥其技术供给者的作用。

（1）观念落后

一方面，由于我国政府在循环经济技术的供给方面发挥主要作用，企业养成了被动依赖性，缺乏进行技术创新的外在压力。另一方面，无论市场需求发生怎样的变化，受传统观念和体制的影响，企业没有认识到循环经济技术在长期内的经济效益和环境效益，缺乏对循环经济技术的内在需求，也没有确立自己作为技术供给者的主体地位，从而不能自主地选择适合本企业发展的循环经济技术，不能自主进行筹资、融资和投资，并且自己不能承担相应风险，由此表现出很强的惰性。

（2）研发投入不足

研究和开发是企业技术供给的源动力，由于我国企业作为循环经济技术供给主体的地位未完全确立，企业加大在研发上投入力度的欲望不强，主要还是依靠政府投入。近年来，我国科技的研究和开发投入占国内生产总值的比重严重不足，1995～1998 年平均为 0.63%，而同期，美国为 2.67%，英国为 2.05%，法国为 2.39%，日本为 2.91%。1998年前的 20 年，我国企业污染防治技术改造投资所占比例始终在 0.7% 以下，而世界银行建议该比例至少要占 GDP 的 1% 以上。同时，在技术研发的投入中，政府投入占了 50% 以上。我国企业对循环经济技术研发经费的投入不足、来源结构不合理，是造成循环经济技术发展滞后的重要原因。

（3）缺乏专业人才，技术装备落后

足够的科技人才投入是增加循环经济技术供给的必备条件。由于长

期以来，企业不是技术供给的主体，导致企业技术人员尤其是高素质高水平的科技人员不足，能独立承担科技研发的技术骨干普遍缺乏，同时更缺乏对于循环经济的理论知识造诣较深、又能解决关键技术问题、在同行业中有一定影响的技术带头人。由于企业长期以来研发方面的低投入，多数企业生产工艺落后，技术装备陈旧，大量设备超期服役，更新慢。从我国目前工业技术装备水平看，20 世纪 90 年代水平占 30.1%，20 世纪 80 年代水平占 55.4%，20 世纪 70 年代水平占 13.3%，20 世纪 60 年代水平占 1.2%，20 世纪 80 年代及其以前的技术水平占据主导地位。由此看来，人才匮乏的研发队伍和落后的技术装备状况直接导致企业的循环经济技术供给不足。这时的企业就好比一部破损的机器，既缺乏活力又缺乏动力，是目前我国企业增加循环经济的技术供给中最大的障碍，也是最不易解决的。

3. 居民层面

居民的支持和循环经济在居民中的普及度对于我国循环经济技术的推广具有积极意义。

（1）缺乏绿色消费意识

消费者的需求直接影响着生产者的供给，如果能增强居民对环境友好型产品的消费热情势必会成为厂商开发循环经济技术的有效动力。目前，我国居民的绿色消费意识还比较差，居民在进行消费时主要考虑产品的质量、价格、易用性等因素，对产品的环境属性关注较少。居民在减少一次性用品的消费以及对废弃物进行再利用方面缺乏充分认识。

（2）缺乏参与意识

发展循环经济技术的最终目的是通过降低资源的消耗，预防和减少环境污染，给居民提供一个更适合生活、居住的生态社会环境，推动人类社会的可持续发展。因此，循环经济技术的发展是与居民的利益有着密切关系的公众事业，必须在技术发展的过程中倾听大众的声音，使居民的意见能够通过一定的渠道反映出来，同时令公众舆论成为促使技术发展的外在压力。

我国居民参与循环经济、关注循环经济技术发展情况的积极性较低。这主要是由于信息不全、渠道不畅、重视不够等原因。根据"全国公众环境意识调查报告"显示，尽管公众中多数人对环境污染不满，希望企业实施循环经济技术以减少污染，改善环境，但却很少有人愿意从自身、从自己企业做起。尤其是当环境保护工作一旦与自己有关，影响到个人或本单位的利益时，往往不愿或很少做出牺牲。

7.4 经验借鉴

发达国家是循环经济理念的提出者和实践的先行者，主导着循环经济发展的趋势，其经验值得我们学习和借鉴。目前循环经济发展比较好的国家有日本、德国、美国、加拿大等国，这些国家都以企业作为循环经济技术的主要供给者，制定各种激励政策促进技术的发展，并成立了对废物进行回收利用的中介组织。

7.4.1 政府制定政策推动循环经济技术的发展

循环经济发展较好的国家均制定了一系列政策措施，如政府奖励、税收优惠、政府优先采购等激励性政策以及征收税费等约束性政策，从全方位促进循环经济技术的研发和推广。

1. 激励政策

美国的"总统绿色化学挑战奖"用于奖励通过减少资源消耗来实现对污染的防治、并对工业界有实用价值的化学工艺新方法。英国的Jerwood-Salters 环境奖用于资助在绿色化学方面卓有成就的年轻学者。美国亚利桑纳州 1999 年颁布的有关法规中，对分期付款购买回用再生资源及污染控制型设备的企业可减税（销售税）10%。荷兰利用税法条款来推动清洁生产技术的开发和应用，对采用革新性的清洁生产或污染控制技术的企业，其投资可按 1 年折旧（其他投资的折旧期通常为 10 年）。美国几乎所有的州都制定了对使用再生材料的产品实行政府优先购买的相关政策或法规。这些经济政策通过对企业进行补贴的方式，增加企业实施清洁生产和发展循环经济技术的积极性、主动性，成为企业应用循环经济技术的外部动力。

2. 约束政策

日本法规中规定，废弃者应该支付与废旧家电收集、再商品化等有关的费用。德国规定市、镇政府必须向州政府交纳污水治理费，污水治理没达到要求的企业要承担巨额罚款。市民用水每立方米费用为 7.5 马克，其中的 2.5 马克归饮水公司，5 马克给废水公司。废水公司又将所得款项的三分之一拨给污水处理厂，三分之二拨给污水输送管道系统。[32] 目前德国已经开始征收，除风能、太阳能等可再生能源外，其他能源例如汽油、电能的生态税，间接产品也不例外。美国新泽西州和宾夕法尼亚州开始征收垃圾的填埋和焚烧税。这些经济政策间接增加了资源浪费和环境污染的成本，使得企业必须发展循环经济技术，以实现环境效益和经济效益的双赢。

7.4.2　企业重视循环经济技术的研发与应用

在许多发达国家，企业是发展循环经济技术的主力。它们投入大量资金进行循环经济技术的研发和应用。

1. 清洁的能源和原料

从 20 世纪 80 年代起，德、日、美等国就要求耗能大户制定节能方案，确定阶段性节能目标，并鼓励它们改造生产技术，加大对可再生能源的利用。另外，企业还通过大力开发节能产品减少能源的消耗。在政府相关政策的刺激下，一半的德国工业企业都重新设计了更简洁实用的包装，有的省去二层包装。美国杜邦公司 1994 年就通过放弃使用某些有害的化学物质、减少某些化学物质的使用量以及发明回收本公司产品的新工艺，每年可使生产造成的塑料废弃物减少 25%，空气污染物排放量减少 70%。

2. 生态设计

许多欧美企业都将循环经济的理念融入产品设计中，无论是在汽车、电子产品的零部件设计，还是在商品的包装设计方面，都十分重视物质的可反复利用。如德国的宝马汽车公司在设计阶段就十分重视零部件的可拆性、互换性和装配性。汽车报废后，70% 的零件可以返用。近年来，该公司还提出要达到 90% 以上零件可以返用的新目标。

3. 清洁的生产工艺和设备

美国杜邦公司在废塑料（如废弃的牛奶盒和一次性塑料容器）中回收化学物质，开发出了耐用的乙烯材料等新产品。[33]欧美企业提出了"产业垃圾零排放"的目标，即将生产过程中排放出来的废弃物不断进行循环使用，将所有的废弃物都加工成各种有用产品，直到彻底消灭垃圾。在日本，理光、松下、索尼、丰田等公司都采取了有效措施，基本上达到了"零排放"标准。在德国，冶金行业产生的矿渣95%都得到重新利用；2002年有2000万吨废铁被重新利用；废旧汽车的再利用率到2006年将达到85%。①

7.4.3　中介组织参与再生资源的回收和利用

再生资源的回收利用是国外发展循环经济的核心内容。德国、日本等国家均通过建立回收中介组织，形成了完善的再生资源回收和再利用体系。中介机构并不直接处置废物，而是组织机构，属于非营利性的社会中介机构，在政府公共组织和企业营利性组织之外发挥独特作用。

德国的双轨制回收系统DSD是一个专门组织对包装废弃物进行回收利用的非政府组织，它由生产厂、包装物生产厂、商业部门和垃圾回收部门联合组成。它接受企业的委托，组织收运者对他们的包装废弃物进行回收和分类，然后送至相应的资源再利用厂家进行循环利用，能直接回用的包装废弃物则送返制造商。DSD系统的建立大大地促进了德国包装废弃物的回收利用。[34]日本大阪建立了废品回收情报网络，发行旧货信息报——《大阪资源循环利用》，发布相关资料。组织旧货调剂交易会（如旧自行车、电视、冰箱等），为市民提供淘汰旧货的机会，使市民、企业、政府互通信息，调剂余缺，推动"垃圾减量运动"发展。[35]加拿大蒙特利尔市政府与全市社区组织签订合同，组织志愿者队伍参与垃圾分类收集和维护环境的工作，并聘请社会贤达参与监督和检查。[36]美国建立了社区协调中介机构。实行会员制的中介组织代表政府

---

① www.bestinfo.net.cn/pub/bjkwdemo/ztrd/jcc...27k，2007年5月23日，北京科学技术委员会网站。

与厂矿企业和社区联系，推行"环保兰星"项目，加强废弃物的回收处理、污染源的治理。[37]

7.5 改善我国循环经济技术供给状况的对策措施

政府、企业、居民是循环经济技术的三个实施主体，他们分别在循环经济技术的发展中发挥不同的作用。政府作为循环经济技术的"供给者"，通过研发投入、政策激励、法律强制等手段，直接或间接为生态企业、生态园区、生态城市的建设提供循环经济技术。企业既是技术的需求者，也是技术的供给者，对于循环经济技术的发展起到核心作用。居民树立绿色消费观念，能够推动循环经济技术的发展，且居民也在发展循环经济技术的过程中受益。

7.5.1 政府积极推动循环经济技术的发展

1. 完善激励约束政策

中央政府需要从宏观上完善激励约束政策，为增加循环经济技术的供给提供条件，改变现有政策中一方面大力发展煤炭、石油、化工等重污染行业，强调经济高速增长；另一方面又要求减少资源消耗、减少污染排放的矛盾格局。

（1）激励政策

研究制定有利于企业推行清洁生产技术、延长产业链、提高资源效率、减少废弃物的各项循环经济技术的激励政策，包括政府奖励、政府优先购买、直接投资、贷款贴息、税收优惠等。

大力促进静脉产业的发展。一是要制定各项经济政策，鼓励发展能把各种技术性废弃物还原为再生性资源的技术，例如废旧物质回收利用、中水回用、废热回用等；二是要拨出一定比例的财政支出，通过再自然化的生态手段修复各种被人类活动大大干扰了的城市自然空间，例如对水系、湿地、林地以及各类城市废弃地的生态修复等。

（2）约束政策

严格限制高耗能、高耗水、高污染和浪费资源的产业，以及开发区的盲目发展，限制和淘汰能耗高、物耗高、污染重的落后工艺、技术和设备，并要加快低耗能、低排放产业的发展，抓紧制定《产业结构调整暂行规定》、《产业结构调整指导目录》及重点行业的产业政策和准入标准。[38]

制定建立生态工业园的评价标准。通过科学的监督评价机制，选择合适的企业进入园区，避免企业在短期利益的促动下，维持以环境为代价的传统生产方式，也避免盲目地将不适合进入生态工业园的企业纳入规划。

通过收取原生材料税、建立押金返还制度、制定再生含量标准等方式，促进再生资源的回收再利用，同时改革现有垃圾收费制度，制定有利于城市生活垃圾减量化的垃圾收费制度。另外，通过制定生产者责任延伸制度，使企业对所生产产品的整个生命周期负责，即不仅负责产品生产，而且负责产品废弃后的回收利用。

2. 建立有效的科技服务体系

各级地方政府应努力完善各地的循环经济技术咨询服务体系。完善循环经济技术咨询服务体系包括健全科研服务体系、建立技术咨询信息系统、发挥社会中介组织的作用三方面的内容。

（1）将循环经济纳入到科技攻关计划。鼓励和引导大专院校开展循环经济基础理论和实用技术的研究，依托高校建立有关循环经济技术的重点实验室。建立各级研发中心，发挥技术开发的核心骨干作用。建立产学研基地，与高校、科研单位广泛开展产学研联合攻关，推动循环经济技术的产业化。加强国际合作，追踪先进理论和科技。加强与国际组织和外国政府、金融、科研机构等在循环经济领域的交流与合作，引进国外先进技术、设备和资金。[39]

（2）建立循环经济方面的专家咨询库，对循环经济发展的核心技术进行咨询论证和技术指导。通过建立循环经济产业信息平台，利用信息网络，公布企业间、产业间、部门间、地区间的再生资源和社会废旧物资供求信息，开发物质、能量和水集成软件及技术集成方法库，建立循环经济信息平台，向社会定期公布环境友好技术目录和投资指南。[40]

（3）鼓励中介机构参与循环经济政策研究、法规制定和技术推广，协助政府开展技术咨询、社会宣传、组织社区群众和志愿者参与垃圾分类、废旧物资回收等社会公益活动。[41]

3. 加强管理

各级地方政府要加强对促进循环经济技术发展的组织领导，确定专门机构和专人负责，做到层层有责任，逐级抓落实。各级发展改革委和科技部门要把发展循环经济技术纳入经济社会发展的总体规划，建立相应的工作机制，认真研究循环经济技术中的热点、难点问题，制订相应的政策和措施。加快研究制定循环经济技术发展的推进计划和实施方案，加强与有关部门的合作，建立有效的协调工作机制。

此外，政府要重视对循环经济技术市场的培育。当一个企业因为可以将污染转嫁到企业外部而不需要进行相应补偿并获得额外收益时，它是不愿增加投资、改进技术工艺和设备水平的。针对这种"市场的失效"，为加大企业对循环经济技术的内在需求，保证循环经济技术的需求和供给的平衡，政府应致力于培育循环经济技术市场，逐步完善市场的职能，减少市场的缺位，使实施循环经济技术的企业、单位能够在市场上取得由于其行为带来社会效益所应得到的承认和经济刺激，并愿意将这一行为继续下去。而且只有市场不断扩展，企业的环保行为才能不断得到社会的、经济的刺激，使企业对新技术开发的投入能够一直维持下去。为此，政府应提高对企业环保设施引进的投入力度，并积极探索设立循环经济发展基金，用于支持企业的循环经济技术改造。改变政府作为防治污染主体的地位，实施"谁污染、谁治理，谁治理、谁收益"的政策，推动企业自身自觉进行污染防治的技术开发和产品升级。创造公平竞争的市场秩序，引导社会尤其是民间私人资本进入环境市场。建立股票债券融资、金融信贷、招商引资等多元化筹融资体系[42]，为企业的循环经济技术发展提供良好的投资和融资环境。与此同时，政府应积极探索在全国范围内建立一些较大的、有序的循环经济技术交易市场，设立、完善排污证（权）交易市场，积极寻求通过产权交易达到促进企业发展循环经济技术的有效途径。

7.5.2 企业全面发展循环经济技术

1. 加强环保意识

企业领导自身应转变传统观念，深入研究循环经济理论，明确认识到企业是发展循环经济技术的核心主体，推行循环经济技术不仅是为了应对严峻的环境挑战，也是企业新的发展机遇。制定开发绿色产品的企业发展战略，同时向企业员工宣传循环经济相关的科学技术知识，鼓励员工进行小革新、小改造活动，从设计制造方面节约原材料，减少或消除污染。

2. 增加研发投入

企业应基于生命周期分析，在生产的各个环节加大研发力度。

在生产的源头，企业要充分利用对环境压力较小的原材料、产品和服务，如尽量不制造和销售一次性产品、推广绿色包装、减少购物袋的使用、生产长寿命的产品和开展资源的再生利用等。为了在资源采集、制造、流通、消耗、废弃等各阶段减轻环境负荷，企业要在产品开发中将产品的整个生命周期对环境的压力考虑进去，普及绿色产品和服务，研究开发低成本、高质量且受消费者欢迎的产品。[43]

在生产的过程中，企业应尽量使用再生资源作为生产原料，开发各类废旧产品的再制造技术，使得废弃物成为资源，发挥新的价值。另外，企业应自觉发展产业链的延伸及耦合技术，通过企业间或产业间的循环，把不同的工厂联结起来，形成共享资源和互换副产品的产业共生组合，使本企业产生的废气、废热、废水、废渣在自身循环利用的同时，成为另一企业的能源和原料，大力发展系统化技术、信息集成技术、水的集成技术、能量集成技术、物质集成技术等循环经济技术。

在生产的末端，企业应主动实现生产废弃物的排放达到国家制定的污染排放标准，并积极探索废弃物的综合利用技术，在实现经济效益的同时，有效利用资源及能源，减少生产活动对环境造成的冲击。

3. 引进专业人才

专业的技术人才是企业循环经济技术创新的动力所在，企业应完善薪酬体系，制订系统的培训计划，在加大引进专业技术人才力度的同时，对在职员工进行培训，使员工有意识、有能力在产品的设计、生产、物流、销售等环节进行生态设计、清洁生产工艺改进、绿色物流管理、清洁服务提供。

7.5.3 居民自觉促进循环经济技术的发展

1. 树立参与意识

居民循环经济参与意识的形成以及自觉性、主动性的建立，对于循环经济技术的发展、对于提高政府和企业发展循环经济技术的积极性至关重要。首先，居民应提高节能、节水意识和循环使用废旧产品、不使用一次性消费品的绿色消费观念。其次，居民应积极了解环保、生态、清洁生产等相关方面的准确信息，积极参与到循环经济建设中来。再次，居民应发挥主人翁意识，提高参与、监督循环经济的积极性，真正参与到循环经济实践中。

2. 进行绿色消费

居民是环境质量改善的最直接的受益者。在政府的宣传教育、经济引导、法律强制下，居民将成为社会消费领域发展循环经济技术的驱动力和建设生态城市的关键力量。

在产品的使用阶段，居民应自觉消费资源节约型产品，进行多次性、耐用性消费，如尽量减少一次性产品的使用和避免过度的包装、优先购买再生用品或可重复使用产品、利用租赁制度等环境负荷较小的方法。居民应提倡一种与自然生态相平衡的、节约型的低消耗物质资料、产品、劳务和注重保健、环保的消费模式，一种对环境不构成破坏或威胁的持续消费方式和消费习惯。

在废弃物产生阶段，居民应该对无须改变原始质地的产品，改变用途以便继续使用。例如用易拉罐改装成烟灰缸，用矿泉水瓶来装洗衣粉等。

在废弃物的回收阶段，居民应对生活垃圾的分类收集给予合作，减少日常生活给环境造成的压力，并自觉承担生活垃圾的处理成本。

7.6　结　论

本章探讨了我国生态企业、生态园区、生态城市建设的技术供给状况；分析了清洁生产技术、产业链接技术、再生资源回收利用技术供给中存在的问题及其原因；借鉴国外发展循环经济技术过程中重视政府、企业、中介机构的作用等先进经验，从政府、企业、居民的角度提出了我国发展循环经济技术的对策思路。

本章认为，研究技术对循环经济的发展是否起到应有的支撑作用，就是研究目前我国的循环经济技术供给状况如何，主要得出以下结论：

（1）现有技术对我国循环经济的发展没有起到应有的支撑作用，这主要体现为建设生态企业、生态园区、生态城市的循环经济技术供给不足。在企业层面，清洁生产技术短缺；在园区层面，产业链接技术薄弱；在城市层面，再生资源回收利用技术匮乏。

（2）技术供给不足的原因反映在政府、企业、居民三方面。这三者是发展循环经济技术的三个主体，政府应从完善激励约束政策、建立科技服务体系、加强管理等方面为生态企业、生态园区、生态城市建设所需要的循环经济技术的发展提供相应的政策支持；企业应确立起技术供给者的主体地位，加强环保意识、加大研发力度、加强人才引进和培养；居民在树立参与意识的同时，应从产品使用、废弃物产生、废弃物回收三个阶段采取不同的绿色消费行为配合生态城市建设所需要的技术的发展。

参考文献

［1］奚旦立：《清洁生产与循环经济》，化学工业出版社 2005 年版，第 183 页。

［2］罗宏、孟伟、冉圣宏编著：《生态工业园区——理论与实证》，

化学工业出版社 2004 年版，第 241 ~ 242 页。

[3] 宋晓岚、詹益兴：《绿色化工技术与产品开发》，化学工业出版社 2005 年版，第 180 ~ 181 页。

[4] 马凯：《发展循环经济，建设资源节约型和环境友好型社会》，载《求是》2005 年第 16 期，第 7 ~ 9 页。

[5] 何劲：《发展生态企业面临的问题及对策研究》，载《市场经济研究》2003 年第 4 期，第 56 ~ 58 页。

[6] 石芝玲、侯晓珉、包景岭、郝国英：《清洁生产缺乏动力原因分析》，载《城市环境与城市生态》2004 年第 5 期，第 10 ~ 11 页。

[7] 陈德敏：《我国资源综合利用的技术政策和法制环境》，载《中国资源综合利用》2002 年第 7 期，第 5 ~ 11 页。

[8] 王圣宏：《论循环经济发展的技术支撑》，载《学术交流》2006 年第 4 期，第 74 ~ 76 页。

[9] 王桂芳：《生态企业的构架与考核指标的探讨》，载《环境保护科学》2004 年第 6 期，第 68 ~ 70 页。

[10] 张思锋、周华：《循环经济发展阶段与政府循环经济政策》，载《西安交通大学学报（社会科学版）》2004 年第 24 卷第 3 期（总 69 期），第 47 ~ 52 页。

[11] 郑文彬：《节能技术应用实践的回顾与展望》，载《华东电力》2005 年第 6 期，第 19 ~ 21 页。

[12] 王冰冰、于传利、宫国靖：《循环经济——企业运行与管理》，企业管理出版社 2005 年版，第 43 页。

[13] 郑文彬：《节能技术应用实践的回顾与展望》，载《华东电力》2005 年第 6 期，第 19 ~ 21 页。

[14] 王冰冰、于传利、宫国靖：《循环经济——企业运行与管理》，企业管理出版社 2005 年版，第 66 ~ 67 页。

[15] 王冰冰、于传利、宫国靖：《循环经济——企业运行与管理》，企业管理出版社 2005 年版，第 68 ~ 69 页。

[16] 王冰冰、于传利、宫国靖：《循环经济——企业运行与管理》，企业管理出版社 2005 年版，第 43 页。

[17] 国家环境保护总局科技标准司编著：《清洁生产审计培训教材》，中国环境科学出版社 2001 年版。

[18] 石磊、钱易：《清洁生产的回顾与展望——世界及中国推行清洁生产的进程》，载《中国人口·资源与环境》2002 年第 2 期，第 121 ~ 124 页。

[19] 冀大圈：《禹王水泥公司向废物要效益》，载《中国环境报》2005 年 9 月 28 日。

[20] 张思锋、周华：《循环经济发展阶段与政府循环经济政策》，载《西安交通大学学报（社会科学版）》2004 年第 24 卷第 3 期（总 69 期），第 47 ~ 52 页。

[21] 奚旦立：《清洁生产与循环经济》，化学工业出版社 2005 年版，第 262 ~ 266 页。

[22] 鲁成秀：《生态工业园区规划建设理论与方法研究》，东北师范大学硕士学位论文，2003 年，第 35 ~ 36 页。

[23] 罗宏、孟伟、冉圣宏编著：《生态工业园区——理论与实证》，化学工业出版社 2004 年版，第 241 ~ 242 页。

[24] 罗宏、孟伟、冉圣宏编著：《生态工业园区——理论与实证》，化学工业出版社 2004 年版，第 274 ~ 277 页。

[25] 黄光宇、陈勇：《生态城市概念及其规划设计方法研究》，载《城市规划》1997 年第 6 期，第 17 ~ 20 页。

[26] 王冰冰、于传利、宫国靖：《循环经济——企业运行与管理》，企业管理出版社 2005 年版，第 128 页。

[27] 张越：《城市生活垃圾减量化管理经济学》，化学工业出版社 2004 年版，第 39 ~ 43 页。

[28] 罗宏、孟伟、冉圣宏编著：《生态工业园区——理论与实证》，化学工业出版社 2004 年版，第 165 页。

[29] 王冰冰、于传利、宫国靖：《循环经济——企业运行与管理》，企业管理出版社 2005 年版，第 43 页。

[30] 黄敬华：《我国循环经济发展模式研究》，东北师范大学硕士学位论文，2006 年 5 月，第 23 页。

［31］聂永丰：《三废处理工程技术手册：固体废物卷》，化学工业出版社 2000 年版，第 10～20 页。

［32］汤天滋：《主要发达国家发展循环经济经验述评》，载《财经问题研究》2005 年第 2 期，第 21～27 页。

［33］张思锋、周华：《循环经济发展阶段与政府循环经济政策》，载《西安交通大学学报（社会科学版）》2004 年第 3 期，第 47～52 页。

［34］王羚：《中国环保业为何难长大》，载《环球财经》2005 年第 4 期，第 30～33 页。

［35］国家发改委经济体制与管理研究所"我国循环经济发展战略研究"课题组：《发达国家发展循环经济的基本经验》，载《宏观经济研究》2005 年第 4 期，第 21～22 页。

［36］国家发改委经济体制与管理研究所"我国循环经济发展战略研究"课题组：《发达国家发展循环经济的基本经验》，载《宏观经济研究》2005 年第 4 期，第 2～22 页。

［37］国家发改委经济体制与管理研究所"我国循环经济发展战略研究"课题组：《发达国家发展循环经济的基本经验》，载《宏观经济研究》2005 年第 4 期，第 21～22 页。

［38］马凯：《贯彻落实科学发展观 推进循环经济发展》，载《人民日报》2004 年 10 月 19 日。

［39］杨靖：《天津市发展循环经济的科技需求》，河北工业大学硕士学位论文，2005 年 7 月，第 53 页。

［40］杨靖：《天津市发展循环经济的科技需求》，河北工业大学硕士学位论文，2005 年 7 月，第 54 页。

［41］杨靖：《天津市发展循环经济的科技需求》，河北工业大学硕士学位论文，2005 年 7 月，第 54 页。

［42］杨松茂、张鸿：《建设陕西生态省的循环经济发展研究》，载《水土保持通报》2005 年第 3 期，第 92～96 页。

［43］诸大建、黄晓芬：《循环经济的对象—主体—政策模型研究》，载《南开学报（哲学社会科学版）》2005 年第 4 期，第 86～92 页。

案例篇

8 生态工业园生态效率
评价体系构建及应用

8.1 引 言

生态效率（Eco-efficiency）一词最早是由德国学者 Schaltegger 和 Sturm 于 1990 年提出的。[1] 1999 年，世界商业可持续发展委员会（WBCSD）把生态效率表述为，在提供满足人们需求和提高生活品质的、具有竞争力价格的产品和服务的同时，把资源消耗及对环境的影响程度控制在地球承载能力的范围内[2]；同年，世界经济合作与发展组织（OECD）认为，生态效率是产品或服务的价值与原材料的消耗、能源的使用、废弃物的排放等环境影响的比较[3]。参考上述研究，我们把生态效率理解为，再生产过程经济、环境、社会等各项产出与投入之间的比较。

生态工业园的基本理念是，在园区内上游企业的生产源头投入资源，把上游企业产生的废弃物作为中游企业的资源，把中游企业产生的废弃物作为下游企业的资源，如此循环，直到园区生产末端废弃物趋向零排放。诞生于 20 世纪 70 年代的丹麦卡伦堡生态工业园是公认的世界上最早的生态工业园；在我国，自 1999 年"广西贵港生态工业园区"作为国家环保总局首个试点园区以来，广西、江苏、山东等地也相继建设了一批生态工业园。[4] 目前，我国生态工业园建设中存在的主要问题是，园区建设不标准，园区的生态功能发挥不足。因此构建生态工业园的生态效率评价体系，对于实现生态工业园建设的标准化，充分发挥生态工业园的生态功能，具有基础性意义。

周一虹[5]从环境业绩指标和财务业绩指标相结合的角度探讨了生态效率指标；Brattebo[6]认为应增加社会因素才能全面衡量社会、经济、环境的可持续发展；芬兰国家环保局[7]对区域生态效率进行评价时加入了8类社会发展指标；田龙[8]引入能值分析方法研究工业园生态效率评价指标体系。这些研究基本上都是提出一个指标体系，而没有进一步给出方便操作的指标权重及综合评价公式。

能值分析法是美国生态学家 H. T. Odum 等人[9]于 1981 年提出的，以太阳能焦耳为基准，把不同种类、不同能质、不可比较的能量转换成同一标准，建立反映生态经济特征的指标体系的方法。层次分析法是美国 Saaty 教授[10]于 1977 年提出的，把由众多因素构成的复杂且缺乏定量数据的系统，分解为多目标、多层次指标体系，通过分层定性评价确定指标权重的建模工具。线性加权法[11]将各评价指标及其相应的权重系数以一定的函数形式进行合成，是多指标综合评价方法的一个基本模型。

本章通过概念操作化并结合能值分析方法构建了生态效率评价指标体系；采用层次分析法得出各项指标的权重；运用线性加权法得出评价目标、评价准则、评价指标公式。通过对陕西龙门生态工业园生态效率的评价，证明本章建立的包括指标体系、指标权重、评价公式在内的生态效率评价体系具有科学性和可操作性；得出龙门生态工业园已具雏形，生态效率有所提高，但其生态功能还有待进一步发挥的结论。

8.2 指标体系

我们把生态工业园的生态效率理解为，生态工业园各项产出与投入之间的比较。这些产出和投入表现在经济、环境、社会三个领域。根据能值分析法，把决定和影响各项指标的原始数据都转化为表示产出和投入的基准能值变量。根据层次分析法，把指标体系设置为评价目标、评价准则、评价指标三个层次。

设：E——生态工业园生态效率综合指标。

则有评价目标：$E = F(E_1, E_2, E_3)$

其中：E_1——生态工业园经济子系统状况指数；

E_2——生态工业园环境子系统状况指数；

E_3——生态工业园社会子系统状况指数。

又有评价准则：$E_1 = G(E_{11}, E_{12}, E_{13}, E_{14})$

其中：E_{11}——生态工业园经济总产出与资源总投入能值比；

E_{12}——生态工业园废弃物综合利用产值占经济总产出能值比；

E_{13}——生态工业园电力使用量占总使用资源能值比；

E_{14}——生态工业园燃料使用量占总使用资源能值比。

再有评价准则：$E_2 = H(E_{21}, E_{22}, E_{23}, E_{24}, E_{25}, E_{26})$

其中：E_{21}——生态工业园循环利用废弃物占总使用资源能值比；

E_{22}——生态工业园排放废弃物与总使用资源能值比；

E_{23}——生态工业园使用可更新资源占总使用资源能值比；

E_{24}——生态工业园拥有可更新自然资源与总使用资源能值比；

E_{25}——生态工业园资源环境负荷率；

E_{26}——生态工业园废弃物环境负荷率。

还有评价准则：$E_3 = K(E_{31}, E_{32}, E_{33}, E_{34})$

其中：E_{31}——生态工业园人均能值产出量；

E_{32}——生态工业园能值功率密度；

E_{33}——生态工业园周边社区对园区满意度；

E_{34}——生态工业园职工对生态工业认知率。

8.3 指标权重

依据层次分析法，我们向陕西省环境保护局、陕西省发展与改革委员会、西安高新技术开发区、陕西龙门生态工业园相关工作人员发放了100 份调查问卷，征集评价指标对评价准则、评价准则对评价目标影响强度的主观赋值；运用频数统计方法把主观赋值转化为比较矩阵的相对重要性标度（表 8 - 1 ~ 表 8 - 4）。[①]

表 8 - 1　目标—准则层判断矩阵

E	E_1	E_2	E_3
E_1	1	1	8/7
E_2	1	1	8/7
E_3	7/8	7/8	1

表 8 - 2　经济子系统—指标层判断矩阵

E_1	E_{11}	E_{12}	E_{13}	E_{14}
E_{11}	1	8/9	8/7	8/6
E_{12}	9/8	1	9/7	9/6
E_{13}	7/8	7/9	1	7/6
E_{14}	6/8	6/9	6/7	1

表 8 - 3　环境子系统—指标层判断矩阵

E_2	E_{21}	E_{22}	E_{23}	E_{24}	E_{25}	E_{26}
E_{21}	1	9/5	9/8	9/7	1	1
E_{22}	5/9	1	5/8	5/7	5/9	5/9
E_{23}	8/9	8/5	1	8/7	8/9	8/9
E_{24}	7/9	7/5	7/8	1	7/9	7/9
E_{25}	1	9/5	9/8	9/7	1	1
E_{26}	1	9/5	9/8	9/7	1	1

表 8 - 4　社会子系统—指标层判断矩阵

E_3	E_{31}	E_{32}	E_{33}	E_{34}
E_{31}	1	8/5	1	8/7
E_{32}	5/8	1	5/8	5/7
E_{33}	1	8/5	1	8/7
E_{34}	7/8	7/5	7/8	1

运用 *EXCEL* 软件计算出各判断矩阵的最大特征值 λ_{max}、归一化权重系数 Wi、一致性检验指数 I、随机一致性比率 CR（见表 8 - 5）。

[①] 共发放问卷 100 份，回收有效问卷 90 份。

表 8 – 5   各判断矩阵的 λ_{max}、Wi、CI、CR

判断矩阵	λ_{max}	Wi						CI	CR
目标—准则层	3.0000	0.3478	0.3478	0.3043				0	0
经济子系统—指标层	4.0118	0.2667	0.3000	0.2333	0.2000			0.0039	0.0044
环境子系统—指标层	6.0125	0.1915	0.1064	0.1702	0.1489	0.1915	0.1915	0.0025	0.0020
社会子系统—指标层	4.0000	0.2857	0.1786	0.2857	0.2500			0	0
总一致性检验								0.0002	0.0002

表 8 – 5 中，$CI < 0.10$，$CR < 0.10$，表明各矩阵模型满足一致性检验的逻辑要求①。

8.4   公式推导

8.4.1   原始数据与基准能值变量

评价生态工业园生态效率的 3 类 14 个评价指标，是由若干投入和产出变量的比率表示的；这些投入和产出变量是由一系列具有可获得性的原始数据决定和影响的。为了使变量具有可比性，根据能值分析法，我们把这些原始数据转化为基准能值变量。

表 8 – 6   原始数据与基准能值变量

序号	原始数据	基准能值变量
1	拥有的太阳能、风能、雨水势能、水能等	拥有可更新自然资源能值(R_1)
2	使用的木材、粮食、水产品等	使用可更新资源产品能值(R_2)
3	使用的可更新自然资源能值和可更新资源产品	使用的可更新资源能值(R_3)
4	循环利用的废气、废水和固废	循环利用废弃物的能值(C)
5	使用的电力	耗电的能值(D)
6	使用的煤炭、石油制品和天然气等	使用燃料的能值(F)

---

① 根据层次分析法，允许判断有一定的误差，当 $CR < 0.10$ 时，就可认为判断矩阵满足一致性要求，据此计算的 W 值是可以接受的。

续表 8 - 6

序号	原始数据	基准能值变量
7	使用的矿产资源、石油、天然气等	使用不可更新资源能值(N)
8	使用不可更新资源能值和使用可更新资源产品能值	资源总投入能值(I)
9	使用不可更新资源能值、使用可更新资源产品能值、使用的可更新资源能值、循环利用废弃物的能值	总使用能值(U)
10	排向自然给环境带来污染的废弃物	排放废弃物的能值(W)
11	已经开发和具有开发潜力的土地	园区可利用的土地面积(A)
12	园区创造的总财富，以工业为主	经济总产出能值(O)
13	废弃物循环利用创造的能值	废弃物综合利用产出能值(M)
14	园区职工和周边居民的总人数	园区常住人口数(P)

8.4.2 评价指标公式

根据 3 类 14 个评价指标的含义，我们给出各项评价指标的公式（见表 8 - 7）。

表 8 - 7 指标公式

评价指标名称	公 式
经济总产出与资源总投入能值比	$E_{11} = O/I$
废弃物综合利用产值占经济总产出能值比	$E_{12} = M/O$
电力占总使用资源能值比	$E_{13} = D/U$
燃料占总使用资源能值比	$E_{14} = F/U$
循环利用废弃物占总使用资源能值比	$E_{21} = C/U$
排放废弃物与总使用资源能值比	$E_{22} = W/U$
使用可更新资源占总使用资源能值比	$E_{23} = (R_2 + R_3)/U$
拥有可更新自然资源与总使用资源能值比	$E_{24} = R_1/U$
资源环境负荷率	$E_{25} = N/R_1$
废弃物环境负荷率	$E_{26} = W/R_1$
人均能值产出量	$E_{31} = O/P$
能值功率密度	$E_{32} = U/A$
周边社区对园区满意度	$E_{33} = $ 居民对环境满意度①
职工对生态工业认知率	$E_{34} = $ 职工认知率②

---

① 通过问卷调查获得,调查表来源于国家环保局颁布的《生态工业园区标准(试行)》。
② 通过问卷调查获得,调查表来源于国家环保局颁布的《生态工业园区标准(试行)》。

8.4.3　评价指标的标准化公式

在缺乏全国统一的生态工业园生态效率评价标准的条件下，我们以工业园的阶段发展目标作为评价标准 x^0。

设：x_{ij}——第 i 类评价准则第 j 项评价指标的实际数值；

x_{ij}^0——第 i 类评价准则第 j 项评价指标的评价标准；

f_{ij}——第 i 类评价准则第 j 项评价指标的标准值。

则有

$$f_{ij} = x_{ij}/x_{ij}^0 \qquad \text{(公式 8 - 4 - 1)}$$

8.4.4　评价目标与评价准则公式

设：w_i——第 i 类评价准则的权重；

w_{ij}——第 i 类评价准则第 j 项评价指标的权重。

则有：

$$E_1 = \sum_{j=1}^{4} f_{1j} W_{1j} \qquad \text{(公式 8 - 4 - 2)}$$

$$E_2 = \sum_{j=1}^{6} f_{2j} W_{2j} \qquad \text{(公式 8 - 4 - 3)}$$

$$E_3 = \sum_{j=1}^{4} f_{3j} W_{3j} \qquad \text{(公式 8 - 4 - 4)}$$

$$E = \sum_{i=1}^{3} E_i W_i \qquad \text{(公式 8 - 4 - 5)}$$

8.5　评价示例

8.5.1　数据来源

龙门生态工业园是陕西省首个生态工业园。我们以建园前 2002 年末和建园第三年 2005 年末为数据采集点；以龙门生态工业园规划大纲中设定的第一阶段建设目标为评价标准值。采用国家环保局《生态工业园区标准（试行）》中的《环境满意度及生态工业认知度调查问卷表》，于 2006 年 5 月对龙门生态工业园的 300 名领导、干部、职工进行了随机抽样调查，运用处理后的调查结果对龙门生态工业园提供的数据进行了检验、修正、充实。①

8.5.2　数据处理

我们采用蓝盛芳等《生态经济系统能值分析》[12]一书中的太阳能值转换率，把龙门生态工业园建园前后和评价标准的各项原始数据转化为太阳能值（见表8-8、表8-9），并由此计算出各变量的基准能值数值（见表8-10）。

表8-8　龙门生态工业园建园前后能值转换表

项　目	原始数据		能值转换率（sej/单位）	太阳能值(sej/a)	
	2002 年（单位/a）	2005 年（单位/a）		2002 年（sej/a）	2005 年（sej/a）
可更新资源					
1. 太阳光	3.96E+17J/a	3.96E+17J/a	1.00E+00sej/J	3.96E+17	3.96E+17
2. 风能	6.05E+14J/a	6.05E+14J/a	6.63E+02sej/J	4.01E+17	4.01E+17
3. 雨水势能	2.13E+14J/a	2.13E+14J/a	8.88E+02sej/J	1.89E+17	1.89E+17
4. 雨水化学能	2.16E+14J/a	2.16E+14J/a	1.54E+04sej/J	3.33E+18	3.33E+18
5. 地球循环能	7.80E+13J/a	7.80E+13J/a	2.90E+04sej/J	2.26E+18	2.26E+18
小计				6.57E+18	6.57E+18
投入可更新资源	0	0		0	0
投入不可更新资源					
1. 原煤	1.25E+17J/a	1.79E+17J/a	4.00E+04sej/J	5.00E+21	7.16E+21
2. 铁矿	1.28E+12g/a	1.56E+12g/a	8.60E+08sej/g	1.10E+21	1.34E+21
3. 石灰石	3.40E+11g/a	3.67E+11g/a	7.67E+08sej/g	2.61E+20	2.82E+20
4. 黏土	5.20E+10g/a	5.40E+10g/a	2.00E+09sej/g	1.04E+20	1.08E+20
5. 混合材料(石膏等)	1.32E+11g/a	1.34E+11g/a	1.00E+09sej/g	1.32E+20	1.34E+20
6. 新鲜水	4.89E+13J/a	1.22E+14J/a	4.10E+04sej/J	2.00E+18	2.57E+18
7. 电	3.74E+15J/a	5.93E+15J/a	1.60E+05sej/J	5.98E+20	9.49E+20
小计				7.20E+21	9.97E+21

① 共发放问卷300份，回收有效问卷286份。

项 目	原始数据		能值转换率 (sej/单位)	太阳能值(sej/a)	
	2002 年 (单位/a)	2005 年 (单位/a)		2002 年 (sej/a)	2005 年 (sej/a)
循环利用资源					
1. 循环利用废水	7.30E+14J/a	2.71E+15J/a	8.60E+05sej/J	6.28E+20	2.33E+21
2. 循环利用废气	2.62E+6J/a	1.04E+7J/a	6.66E+05sej/J	1.74E+12	6.92E+12
3. 循环利用固废	3.29E+11g/a	2.93E+12g/a	1.50E+08sej/g	4.94E+19	4.40E+20
小计				6.77E+20	3.01E+21
污染物排放					
1. 废水	8.75E+12J/a	8.81E+12J/a	8.60E+05sej/J	7.53E+18	7.58E+18
2. 废气	7.91E+7J/a	1.71E+8J/a	6.66E+05sej/J	5.27E+14	1.14E+15
3. 固体废弃物(等)	1.45E+12g/a	1.51E+12g/a	1.50E+08sej/g	2.18E+20	2.27E+20
小计				2.26E+20	2.35E+20
系统产出					
1. 工业总产值	5.13E+8 $/a	1.29E+9 $/a	8.67E+12sej/ $	4.45E+21	1.11E+22
2. 废弃物综合利用产值	0.18E+8 $/a	3.69E+8 $/a	8.67E+12sej/ $	1.56E+20	3.20E+21

表 8-9 龙门生态工业园评价标准能值转换表

项 目	原始值(单位/a)	能值转换率(sej/单位)	太阳能值(sej/a)
可更新资源			
1. 太阳光	3.96E+17J/a	1.00E+00sej/J	3.96E+17
2. 风能	6.05E+14J/a	6.63E+02sej/J	4.01E+17
3. 雨水势能	2.13E+14J/a	8.88E+02sej/J	1.89E+17
4. 雨水化学能	2.16E+14J/a	1.54E+04sej/J	3.33E+18
5. 地球循环能	7.80E+13J/a	2.90E+04sej/J	2.26E+18
小计			6.57E+18
投入可更新资源产品	0		0
投入不可更新资源			
1. 原煤	2.39E+17J/a	4.00E+04sej/J	9.55E+21
2. 铁矿	1.68E+12g/a	8.60E+08sej/g	1.45E+21
3. 石灰石	3.83E+11g/a	7.67E+08sej/g	2.94E+20
4. 黏土	5.60E+10g/a	2.00E+09sej/g	1.12E+20
5. 混合材料(石膏等)	1.45E+11g/a	1.00E+09sej/g	1.45E+20
6. 新鲜水	2.52E+13J/a	4.10E+04sej/J	1.03E+18
7. 电	9.43E+15J/a	1.60E+05sej/J	1.51E+21
小计			1.31E+22
循环利用资源			
1. 循环利用废水	3.94E+15J/a	8.60E+05sej/J	3.39E+21

续表 8 - 9

项　目	原始值（单位/a）	能值转换率（sej/单位）	太阳能值（sej/a）
2. 循环利用废气	1.45E + 7J/a	6.66E + 05sej/J	9.66E + 12
3. 循环利用固废	3.65E + 12g/a	1.50E + 08sej/g	5.48E + 20
小计			3.94E + 21
污染物排放			
1. 废水	1.65E + 13J/a	8.60E + 05sej/J	1.42E + 19
2. 废气	2.36E + 8J/a	6.66E + 05sej/J	1.57E + 15
3. 固体废弃物（等）	1.74E + 12g/a	1.50E + 08sej/g	2.61E + 20
小计			2.75E + 20
系统产出			
1. 工业总产值	1.91E + 9 \$/a	8.67E + 12sej/\$	1.65E + 22
2. 废弃物综合利用产值	7.12E + 8 \$/a	8.67E + 12sej/\$	6.17E + 21

注：①可更新资源中，雨水和地球循环包含了太阳辐射能、地表风能等，故不重复计算。

②龙门生态工业园中农业比例非常少，故忽略不计，下文计算同。

③因文章篇幅限制，相关数据估算式没有列出。

表 8 - 10　各变量的基准能值数值

单位：sej/a

变量名称	2002 年	2005 年	评价标准值
可更新自然资源能值（R_1）	6.57E + 18	6.57E + 18	6.57E + 18
可更新资源产品能值（R_2）	0	0	0
使用的可更新资源能值（R_3）	0	0	0
循环利用废弃物的能值（C）	6.77E + 20	3.01E + 21	3.94E + 21
耗电的能值（D）	5.98E + 20	1.12E + 21	1.51E + 21
所用燃料的能值（F）	5.00E + 21	7.16E + 21	9.55E + 21
输入不可更新资源能值（N）	7.20E + 21	9.97E + 21	1.31E + 22
资源总投入能值（I）	7.20E + 21	9.97E + 21	1.31E + 22
总使用能值（U）	7.88E + 21	1.30E + 22	1.70E + 22
排放废弃物的能值（W）	2.26E + 20	2.35E + 20	2.75E + 20
园区可利用的土地面积（A）①	78km²	78km²	78km²
经济总产出能值（O）	4.45E + 21	1.11E + 22	2.08E + 22
废弃物综合利用产出能值（M）	1.56E + 20	3.20E + 21	6.17E + 21
园区常住人口数（P）②	5.56 万人	7.1 万人	7.1 万人

①　设拟建项目完成后的园区可利用土地面积不变。

②　设拟建项目完成后的园区常住人口不变。

8.5.3　计算结果

运用表 8 – 5 给出的评价指标权重、表 8 – 7 给出的指标公式和评价指标的标准化公式（公式 8 – 4 – 1），对表 8 – 10 中变量的基准能值数值进行计算，得出 3 类 14 个评价指标的实际值和比较值（见表 8 – 11）。

表 8 – 11　龙门生态工业园生态效率评价指标的实际值和比较值

指　标		实际值 x_{ij}		评价标准值 x_{ij}^0	比较值 f_{ij}		权重 w_{ij}
		2002 年	2005 年		2002 年	2005 年	
经济子系统	E_{11}	0.6181	1.1100	1.2600	0.4906	0.8810	0.0928
	E_{12}	0.0351	0.2711	0.2967	0.1183	0.9137	0.1043
	E_{13}	0.0759	0.0862	0.0889	0.8805	0.9696	0.0811
	E_{14}	0.6345	0.5510	0.5618	1.1294	0.9808	0.0696
环境子系统	E_{21}	0.0859	0.2320	0.2317	0.3707	1.0013	0.0666
	E_{22}	0.0287	0.0181	0.0161	1.5806	1.1242	0.0370
	E_{23}	0	0	0	0	0	0.0592
	E_{24}	0.0008	0.0005	0.0004	2.0000	1.2500	0.0518
	E_{25}	1095.9	1517.5	1993.9	1.8194	1.3139	0.0666
	E_{26}	34.400	35.800	41.860	1.2168	1.1692	0.0666
社会子系统	E_{31}	1.32E + 17	3.29E + 17	1.76E + 18	0.0750	0.1869	0.0869
	E_{32}	1.01E + 14	1.67E + 14	2.19E + 14	0.4612	0.7626	0.0543
	E_{33}①	0	0.0300	0.9000	0	0.0333	0.0869
	E_{34}②	0.1000	0.7400	0.9000	0.1111	0.8222	0.0761

运用评价目标与评价准则公式（公式 8 – 4 – 2、公式 8 – 4 – 3、公式 8 – 4 – 4、公式 8 – 4 – 5）对表 8 – 11 的数据进行处理，得出龙门生态工业园生态效率评价结果（见表 8 – 12）。

---

①　根据访谈结果和相关资料设定建园前的水平，以 2006 年 5 月调查的数据作为建园后的水平。

②　根据访谈结果和相关资料设定建园前的水平，以 2006 年 5 月调查的数据作为建园后的水平。

表 8 – 12　龙门生态工业园生态效率评价结果

年份	E	E_1	E_2	E_3
2002	0.6368	0.5976	1.1184	0.1315
2005	0.6951	0.9107	0.9730	0.4047

8.5.4　结果分析

1. 生态工业园经济子系统生态效率评价

表 8 – 11 显示，龙门生态工业园建园 3 年，经济总产出与资源总投入能值比（E_{11}）提高了 0.80 倍，比工业园第一阶段建设目标高出 11.9 个百分点；废弃物综合利用产值占经济总产出的能值比（E_{12}）提高了 6.72 倍，比工业园第一阶段建设目标高出 8.63 个百分点；电力占总使用资源的能值比（E_{13}）提高了 0.10 倍，比工业园第一阶段建设目标高出 3.04 个百分点；燃料占总使用资源的能值比（E_{14}）减少了 0.14 倍，比工业园第一阶段建设目标高出 1.92 个百分点。生态效率经济子系统指标（E_1）提高了 0.52 倍，比工业园第一阶段建设目标高出 8.93 个百分点。

2. 生态工业园环境子系统生态效率评价

表 8 – 11 显示，龙门生态工业园建园 3 年，循环利用废弃物占总使用资源的能值比（E_{21}）提高了 1.70 倍，比工业园第一阶段建设目标高出 0.13 个百分点；排放废弃物与总使用资源的能值比（E_{22}）减少了 0.29 倍，比工业园第一阶段建设目标高出 12.42 个百分点；使用可更新资源占总使用资源的能值比（E_{23}）为 0，表明龙门生态工业园尚未使用可更新资源；拥有可更新自然资源与总使用资源的能值比（E_{24}）减少了 0.38 倍，超过工业园第一阶段建设目标 25 个百分点；资源环境负荷率（E_{25}）增加了 0.39 倍，比工业园第一阶段建设目标低 23.88 个百分点；废弃物环境负荷率（E_{26}）增加了 0.04 倍，比工业园第一阶段建设目标高出 14.48 个百分点。生态效率环境子系统指标（E_2）减少了 0.13 倍，比工业园第一阶段建设目标低 2.70 个百分点。

3. 生态工业园社会子系统生态效率评价

表 8-11 显示，龙门生态工业园建园 3 年，人均能值产出量（E_{31}）提高了 1.49 倍，比工业园第一阶段建设目标高出 81.31 个百分点；能值功率密度（E_{32}）提高了 0.65 倍，比工业园第一阶段建设目标高出 23.88 个百分点；周边社区对园区的满意度（E_{33}）仅有 3.33%；职工对生态工业的认知率（E_{34}）提高了 6.41 倍，比工业园第一阶段建设目标高出 17.78 个百分点。生态效率社会子系统指标（E_3）提高了 2.08 倍，比工业园第一阶段建设目标高出 49.53 个百分点。

总体看来，龙门生态工业园生态效率综合指数（E），2002 年是评价标准值的 63.68%，2005 年达到 69.51%，提高了 0.09 倍；与工业园第一阶段建设目标尚差 30.49 个百分点。

8.6 结 论

通过运用能值分析法、层次分析法和线性加权法，建立了包括指标体系、指标权重和计算公式在内的生态工业园生态效率评价体系；应用评价体系对龙门生态工业园区生态效率进行了评价。表明，本章所构建的生态工业园生态效率评价体系具有操作性和推广价值。

龙门生态工业园自 2003 年建园至 2005 年 3 年中，生态效率经济子系统综合指数提高了 52%，比工业园第一阶段建设目标高出 8.93 个百分点；生态效率环境子系统综合指数降低了 13%，比工业园第一阶段建设目标低 2.70 个百分点；生态效率社会子系统综合指数提高了 2.08 倍，比工业园第一阶段建设目标高出 49.53 个百分点。由于建园 3 年中，园区内高耗能产品的产量迅速增长，生态效率环境子系统综合指数不升反降，因此龙门生态工业园生态效率综合指数比建园前的 2002 年仅提高了 9%，与工业园第一阶段建设目标相差 30.49 个百分点。

参考文献

［1］Schattegger and Sturm, *Okologische Rationalitat：Ansatzpunkte zur Ausgestaltung von Okologieorienttierten Managementinstrumenten*, Die Unternehmung 4, 1990：273~290.

［2］Bjrn Stigson, *Eco-efficiency：Creating More Value with Less Impact.* WBCSD, 2000：5~36.

［3］World Business Council for Sustainable Development, *Measuring Eco-Efficiency：A Guide to Reporting Company Performance.* WBCSD, 2000：2~30.

［4］耿勇等：《国内外生态工业园发展述评》，载《产业与环境》2003年增刊，第111~113页。

［5］周一虹：《生态效率指标：环境业绩指标和财务业绩指标结合方法探讨》，载《兰州商学院学报》2005年第3期，第1~4页。

［6］Helge Brattebo, "Toward a Methods Framework for Eco-efficiency Analysis?" *Journal of Industrial Ecology*, 2005, 9 (4)：9~11.

［7］Matti Melanen, Jyri Seppala, Tuuli Myllymaa, et al., *Measuring Regional Eco-efficiency：Case Kymenlaakso.* Helsinki：Edita Publishing Ltd, 2004：23~39.

［8］田龙：《基于能值分析的工业园区生态效率评价研究》，大连理工大学硕士毕业论文，2005年7月，第40~41页。

［9］Odum H. T., Odum E. C., *Energy Basis of Man and Nature*［M］. New York：McGraw-Hill, 1981：5~10.

［10］李振福：《城市化水平综合测度模型研究》，载《北方交通大学学报（社会科学版）》2003年第2期，第75~76页。

［11］吴义丽：《四川省县级妇幼卫生工作评价指标体系研究》，四川大学出版社2005年版。

［12］蓝盛芳等：《生态经济系统能值分析》，化学工业出版社2002年版，第3~4页、第50页。

9 生态城市发展水平测度体系构建与应用

9.1 引 言

　　1971 年，第 16 届联合国教科文组织"关于人类聚居地的生态综合研究"会议最早使用"生态城市"一词[1]，以期通过具有"社会—经济—自然"和谐发展特征的"生态城市"建设，实现城市的可持续发展。此后，生态城市逐步引起世界各国的普遍关注[2]，并被认为是 21世纪城市建设的最佳模式，是国际上第四代城市发展的目标[3]，是循环经济的新范式[4]。截至 2006 年 12 月，我国有 14 个省（市、区）提出建设具有生态城市特征的区域试点规划。①

　　国家环保总局 2003 年发布的《生态县、生态市、生态省建设指标（试行）》，从经济发展、环境保护、社会进步三个方面设计了生态城市（县、省）的建设指标。此后，很多学者也都沿着这一思路，分别从经济、社会、自然（环境）三个方面各自独立[5][6]或协调统一[7]的角度研究了生态城市的指标体系。宋永昌等则另辟蹊径，把城市作为一个生态系统，从结构、功能和协调度三方面研究了生态城市的指标体系。[8]这些研究都强调了"社会—经济—自然"相和谐，实现城市可持续发

---

　　① 环保总局和海南省政府在海口市联合举办"2006 中国·海南生态省建设论坛"，12 月18 日至 19 日。

展的生态城市功能，但是都没有把生态城市当作发展循环经济的范式或载体，没有从资源利用体系、废弃物减排体系、废弃物处置体系、废弃物综合利用体系的角度，构建具有循环经济建设内容的生态城市指标体系。

本章把生态城市理解为循环经济的载体，研究生态城市发展水平的测度体系，以期提供突出循环经济功能的生态城市规划和建设的基础依据。通过对作为循环经济载体的生态城市进行概念解析，构建了包括资源利用、废弃物减排、废弃物处置、废弃物综合利用、技术与资金投入等体现循环经济范式的指标体系；应用相关系数分析方法对指标进行筛选、检验，运用层次分析方法确定指标权重，采用线性加权法测度生态城市发展水平；应用测度体系，以 2005 年相关统计数据为依据，对全国 30 个主要城市的生态城市发展水平进行了测度。

9.2　评价指标

我们把作为循环经济载体的生态城市理解为一个封闭系统，从外部向系统内投入资源和产品，以满足系统内生态企业、生态园区的生产需求和居民的生活需求；把生产过程和生活过程产生的废弃物作为资源，再投入系统内的生产过程；如此循环，直到实现只向系统外输出产品，而不输出废弃物。如图 9 - 1 所示。

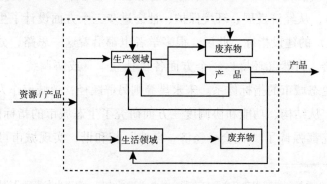

图 9 - 1　生态城市示意图

上述阐释揭示了作为循环经济载体的生态城市的本质特征：资源的高效利用、循环利用以及由此而实现的废弃物趋于零排放。参考国内学者的相关研究①，考虑到原始数据的可获得性，我们设计了体现生态城市上述本质的 5 类 22 个测度指标（见表 9 - 1）。运用相关系数分析方法②，对国内除拉萨外的 26 个省会城市和 4 个直辖市 2005 年有关统计数据进行了处理，证明了这 22 个指标具有相互独立性，可以避免因指标反映的信息重复而导致的测度结果偏差。

表 9 - 1　生态城市发展水平测度指标

测度目标	一级指标	二级指标	计算公式	序号
生态城市发展水平（A）	资源利用（B_1）	劳动生产率	地区生产总值/就业人数	C_1
		资本产出率	地区生产总值/固定资产原值	C_2
		能耗产出率	地区生产总值/综合能源消耗	C_3
		用水产出率	地区生产总值/用水量	C_4
		土地产出率	地区生产总值/土地面积	C_5
	废弃物减排（B_2）	万元工业产值废水排放量	工业废水排放量/工业生产总值	C_6
		万元工业产值废气（SO_2）排放量	工业废气（SO_2）排放量/工业生产总值	C_7
		万元工业产值固体废物排放量	工业固体废物排放量/工业生产总值	C_8
	废弃物处置（B_3）	工业废水排放达标率	工业废水排放达标量/工业废水排放量	C_9
		工业废气排放达标率	工业 SO_2 排放达标量/工业 SO_2 排放量	C_{10}
		危险废物集中处理率	危险废物综合利用量/危险废物产生量	C_{11}
		城市生活污水处理率	城市污水再生利用量/城市污水排放量	C_{12}
		生活垃圾无害化处理率	经无害化处理的垃圾量/生活垃圾产生总量	C_{13}

---

① 本章参考了国家统计局"循环经济评价指标体系"课题组设计的相关指标和黄光宇关于生态城市的指标设计。

② 相关系数方法是 F. Y. Edgewreth 于 1892 年提出的，用于描述统计指标相关程度和相关方向，相关系数绝对值大的就认为关系密切。相关系数的计算公式为：$r = \dfrac{\sum (x \cdot \bar{x})(y \cdot \bar{y})}{\sqrt{\sum (x \cdot \bar{x})^2 \sum (y \cdot \bar{y})^2}}$。

续表

测度目标	一级指标	二级指标	计算公式	序号
生态城市发展水平（A）	废弃物综合利用（B_4）	工业固体废物综合利用率	综合利用的工业固体废物量/工业固体废物总量	C_{14}
		工业用水重复利用率	工业用水重复利用量/工业用水量	C_{15}
		危险废物综合利用率	危险废物综合利用量/危险废物生产量	C_{16}
		城市污水再生利用率	污水再生利用量/污水排放量	C_{17}
	技术与资金投入（B_5）	科技进步贡献率	/	C_{18}
		环境污染源治理本年投资额	/	C_{19}
		城市环境设施投资额	/	C_{20}
		高新技术产品产值占工业总产值比重	高新技术产品产值/工业生产总值	C_{21}
		三废综合利用产品产值	/	C_{22}

9.3　指标权重和标准确定

9.3.1　指标权重

为了准确反映各个指标对生态城市发展水平的相关度，我们运用层次分析法 [1]，通过对陕西省环境保护局、陕西省循环经济研究会、西安市环境保护研究所、西安市发展和改革委员会、西安高新技术开发区管理委员会、西安市青岛啤酒厂的 200 名工作人员发放调查问卷的方式，征集了 5 类 22 个指标对生态城市发展水平影响强度的主观评价 [2]。经过对问卷的处理，得出二级指标对一级指标的权重 $C-B$，一级指标对测度目标的权重 $B-A$，二级指标对测度目标的权重 $C-A$（见表 9-2）。

---

[1] 层次分析方法是专门针对一个由相互关联、相互制约的众多因素构成的复杂而缺乏定量数据的系统进行分析的方法，为排序和决策提供了一种简洁而适用的建模工具。
[2] 共发出调查问卷 200 份，收回问卷 200 份，其中有效问卷 190 份。

表9-2 生态城市发展水平测度指标体系各层的权重及相关信息

测度目标	一级指标	二级指标	$C-B$	$B-A$	$C-A$	单位	参考标准
生态城市发展水平（A）	B_1	C_1	0.0679	0.2065	0.0140	万元/人	15.00
		C_2	0.1091		0.0225	万元	3.50
		C_3	0.3197		0.0660	万元/吨标煤	2.0000
		C_4	0.3197		0.0660	万元/吨	0.5260
		C_5	0.1836		0.0379	万元/平方公里	117969
	B_2	C_6	0.2970	0.3682	0.1093	吨/万元	1.0000
		C_7	0.1634		0.0602	吨/万元	0.0004
		C_8	0.5396		0.1987	吨/万元	0.0000001
	B_3	C_9	0.3134	0.1094	0.0343	%	100
		C_{10}	0.1758		0.0192	%	100
		C_{11}	0.0986		0.0108	%	100
		C_{12}	0.3134		0.0343	%	100
		C_{13}	0.0986		0.0108	%	100
	B_4	C_{14}	0.4550	0.2065	0.0940	%	100
		C_{15}	0.1411		0.0292	%	100
		C_{16}	0.1411		0.0292	%	100
		C_{17}	0.2630		0.0543	%	50
	B_5	C_{18}	0.2189	0.1094	0.0239	/	70
		C_{19}	0.3763		0.0412	万元	2253696
		C_{20}	0.2189		0.0239	万元	1668760
		C_{21}	0.0601		0.0066	/	70
		C_{22}	0.1257		0.0138	万元	645183

9.3.2 标准确定

1. 参考标准

我们以寻找指标值最佳参考标准为目标，确定了选取指标测度标准的原则：（1）有国际标准的指标，采用国际标准值；（2）没有国际标准的指标，采用国家标准值；（3）没有国际标准和国家标准的指标，采用国外一流水平城市的现状值；（4）没有国际标准、国家标准和国外一流水平城市现状值的指标，采用国内一流水平城市的现状值（见表9-2）[①]。

2. 指标的标准化处理

由于 5 类 22 个指标的计量单位不同，因此要对指标进行无量纲的标准化处理。我们采用定基转化[②]来进行指标无量纲处理，计算公式为：

$$F_i = \left(\frac{X_{i1}}{X_{i0}}\right)^m, (m = 1 \text{ 或 } -1; i = 1, 2, \cdots, n) \qquad （公式 9-3-1）$$

式中：F_i——第 i 指标的标准值；X_{i1}——第 i 指标的实际值；X_{i0}——第 i 指标的参考值，n——指标总数。当指标为正向指标[③]时，$m = 1$；为负向指标[④]时，$m = -1$。

3. 测度标准

我们以国内最优的生态城市发展水平值为参照系，对 30 个主要城市的生态城市发展水平进行标准化处理，具体公式为：

$$Z_i = \left(\frac{S_{i1}}{S_0}\right) \times 100, i = 1, 2, \cdots, p \qquad （公式 9-3-2）$$

式中：Z_i——第 i 个城市生态城市发展水平指数的标准值；S_{i1}——第 i 个城市生态城市发展水平指数的实际值；S_0——国内最优的生态城市发展水平值；p——测度的城市总数。

将标准化后的生态城市发展水平值，进行等距分组，确定组数为5，组距为 10，所得生态城市发展水平等级表（见表 9-3）。

[①] C_{13}—C_{18} 遵循原则（1）；C_6—C_{12} 遵循原则（2）；C_3、C_5、C_{21} 遵循原则（3）；C_1、C_2、C_4、C_{19}、C_{20}、C_{22} 遵循原则（4）。

[②] 适用于比较指数的指标标准化。

[③] 指标取值越大越有利。

[④] 指标取值越小越有利。

表 9 – 3　生态城市发展水平等级

等级	指数值	评价
1	$Z \geqslant 85$	优
2	$75 \leqslant Z < 85$	较优
3	$65 \leqslant Z < 75$	中等
4	$55 \leqslant Z < 65$	较差
5	$Z < 55$	差

9.4　测度公式

设：S——生态城市发展水平指数；

　　X_{i1}——第 i 指标的实际值；

　　X_{i0}——第 i 指标的参考值；

　　W_i——第 i 指标的权重值。

则有：

$$S = \sum_{i=1}^{n} \left(\frac{X_{i1}}{X_{i0}} W_i \right), i = 1, 2, \cdots, n\, (n\ 为二级指标总数)$$

（公式 9 – 4 – 1）

再设：S_x——生态城市发展水平一级指数；

　　　F_i——第 i 指标的标准值；

　　　W_i——第 i 指标的权重值。

则有：

$$S_x = \sum_{i=y}^{z} \left(F_i \cdot \frac{W_i}{\sum_{i=y}^{z} W_i} \right), i = y, y+1, y+2, \cdots, z$$

（公式 9 – 4 – 2）①

---

① y 为起始指标序号，z 为终止指标序号。

（1）当 $x = 1$，$y = 1$，2，…，$z = a$ 时①，S_1 表示资源利用指数。

（2）当 $x = 2$，$y = a + 1$，$a + 2$，…，$z = b$ 时②，S_2 表示废弃物减排指数。

（3）当 $x = 3$，$y = b + 1$，$b + 2$，…，$z = c$ 时③，S_3 表示废弃物处置指数。

（4）当 $x = 4$，$y = c + 1$，$c + 2$，…，$z = d$ 时④，S_4 表示废弃物综合利用指数。

（5）当 $x = 5$，$y = d + 1$，$d + 2$，…，$z = e$ 时⑤，S_5 表示技术与资金投入指数。

9.5 数据处理与分析

9.5.1 数据处理

我们所选取的除拉萨外的国内 26 个省会城市和 4 个直辖市，都具有生态多样性特征，存在不同程度的资源过度开发、生态保护和经济发展矛盾突出等问题，相关统计数据也相对齐全，能够满足我们测度生态城市发展水平所需的基本条件，也具有普遍性意义。数据来自《2005 中国城市统计年鉴》、《2005 中国环境年鉴》、《2005 中国环境统计》、各省（市、区）统计年鉴和"环境保护'十一五'规划"。

运用公式 9 - 3 - 1、公式 9 - 3 - 2、公式 9 - 4 - 1 和公式 9 - 4 - 2 对 30 座主要城市 5 类 22 个指标进行计算，结果如下（表 9 - 4）。

---

① a 为资源利用项指标总数。
② $b - a$ 为废弃物减排项指标总数。
③ $c - b$ 为废弃物处置项指标总数。
④ $d - c$ 为废弃物综合利用项指标总数。
⑤ $e - d$ 为技术与资金投入项指标总数。

表 9 – 4 30 座主要城市测度目标和 5 类指标的指数值

城市序号①	城 市	发展水平标准值	生态城市发展水平	资源利用水平	废弃物减排水平	废弃物处置水平	废弃物综合利用水平	技术与资金投入水平
1	海口市	100.00	0.4479	0.273	0.4158	0.9198	0.5666	0.1891
2	济南市	92.80	0.4155	0.52	0.1298	0.8484	0.65	0.3043
3	上海市	88.80	0.3976	0.3511	0.0976	0.5459	0.6771	0.8196
4	广州市	83.18	0.3725	0.4989	0.0885	0.7365	0.5984	0.2989
5	福州市	83.00	0.3717	0.4287	0.1278	0.7201	0.6229	0.2621
6	天津市	81.76	0.3661	0.2969	0.1539	0.6822	0.6859	0.2913
7	北京市	81.21	0.3636	0.4746	0.1312	0.6697	0.6232	0.4803
8	长春市	80.50	0.3605	0.2598	0.2055	0.6787	0.6403	0.2256
9	石家庄市	77.59	0.3474	0.2624	0.103	0.7814	0.7069	0.2193
10	杭州市	75.52	0.3382	0.3428	0.0419	0.8193	0.6358	0.2833
11	沈阳市	71.84	0.3217	0.2709	0.1149	0.7984	0.5442	0.217
12	南京市	71.03	0.3181	0.2349	0.0356	0.8156	0.672	0.2598
13	武汉市	66.79	0.2991	0.3025	0.0233	0.585	0.6538	0.2651
14	成都市	65.31	0.2925	0.1728	0.0168	0.7751	0.6598	0.2699
15	哈尔滨市	64.52	0.2889	0.246	0.0625	0.5073	0.6414	0.2482
16	合肥市	64.01	0.2866	0.1731	0.0662	0.7727	0.5848	0.1935
17	南昌市	63.79	0.2856	0.2741	0.0372	0.6204	0.6093	0.2159
18	长沙市	61.39	0.2749	0.2725	0.0602	0.6492	0.4905	0.2208
19	郑州市	60.42	0.2705	0.2096	0.047	0.6476	0.5542	0.2255
20	西安市	58.25	0.2608	0.1634	0.02446	0.6657	0.5444	0.3006
21	南宁市	57.39	0.257	0.2511	0.0082	0.5512	0.5743	0.2121
22	昆明市	56.95	0.255	0.2152	0.0483	0.909	0.322	0.2453
23	兰州市	56.54	0.2532	0.1804	0.0494	0.5558	0.567	0.1813
24	银川市	55.31	0.2477	0.1393	0.0316	0.7001	0.542	0.1701
25	太原市	54.41	0.2436	0.1546	0.0568	0.7075	0.4425	0.2012
26	乌鲁木齐市	52.99	0.2373	0.1687	0.0321	0.7319	0.4497	0.163
27	重庆市	51.43	0.2303	0.1974	0.0098	0.636	0.4425	0.2281
28	呼和浩特市	43.67	0.1955	0.2003	0.0739	0.6141	0.203	0.163
29	贵阳市	42.27	0.1893	0.126	0.0254	0.5991	0.32	0.2037
30	西宁市	36.63	0.164	0.1211	0.0302	0.5268	0.2348	0.1992

---

① 城市序号是根据生态城市发展水平进行排序。

9.5.2 数据分析

1. 全国生态城市发展水平总体分析

根据表9-4计算结果，按照测度标准将生态城市发展水平分为5级，利用描述统计，对全国生态城市发展水平进行分析，见图9-2。

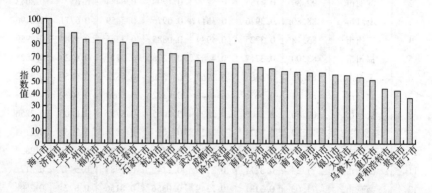

图9-2 30座主要城市生态城市发展水平排序

通过描述统计分析，可得生态城市发展水平均值为66.6440；最大值为100（海南）；最小值为36.63（西宁）。根据图9-2显示，2005年，海口等3座城市的生态城市发展水平处于优等，占10.00%；广州等7座城市的生态城市发展水平处于较优，占23.33%；沈阳等4座城市的生态城市发展水平处于中等，占13.33%；哈尔滨等10座城市的生态城市发展水平处于较差，占33.33%；太原等6座城市的生态城市发展水平处于差等，占20.00%。总体来看，沈阳等20座城市的生态城市发展水平处于中等偏下，占66.67%。

2. 全国生态城市发展水平地域特征分析

对测度结果的分析表明，我国生态城市发展水平呈现明显的东部、中部、西部①地域性特征。见表9-5。

————————

① 我国东部地区包括北京、天津、河北、辽宁、上海、江苏、浙江、福建、山东、广东、海南11个省市；我国中部地区包括山西、吉林、黑龙江、安徽、江西、河南、湖北、湖南8省；我国西部地区包括重庆、四川、贵州、云南、西藏、陕西、甘肃、青海、宁夏、新疆、内蒙古、广西12省（市、区）。

表 9 – 5 我国东部、中部、西部各项水平均值

项目 均值 地区	生态城市发展水平	资源利用水平	废弃物减排水平	废弃物处置水平①	废弃物综合利用水平	技术及资金投入水平
东部	82. 4308	0. 3595	0. 1309	0. 7579	0. 6348	0. 3295
中部	64. 4787	0. 2365	0. 0698	0. 6461	0. 5963	0. 2245
西部	57. 8531	0. 1760	0. 0318	0. 6604	0. 4418	0. 2124

9.6 结 论

（1）本章把生态城市理解为循环经济的载体，构建了包括指标体系、指标权重、测度标准和测度公式在内的生态发展水平测度体系。通过应用，证明测度体系具有操作性。

（2）我国 30 座主要城市的生态城市发展水平均值为 66.6440；最大值为 100（海南）；最小值为 36.63（西宁）。海口等 10 座城市的生态城市发展水平属优、较优水平；沈阳等 20 座城市的生态城市发展水平属中等、较差、差。

（3）我国生态城市发展水平的东、中、西地域特征明显。东部地区生态城市发展水平明显高于中、西部地区。

参考文献

［1］朱志红：《生态城市建设中循环经济理论与实践的探讨》，载《齐齐哈尔人学学报（哲学社会科学版）》2006 年第 1 期，第 70 ~ 72 页。

［2］徐兵等：《广西生态城市建设的评价指标体系初探》，载《规

---

① 此项中，西部的水平高于中部，原因是由于昆明的废弃物处置水平为 0.9090，处于全国第二，从而使得整个地区的平均数略高于中部。

划师》2006 年第 6 期，第 72～76 页。

　［3］陶飞：《沈阳市建设生态城市的指标及对策研究》，载《环境保护科学》2004 年第 6 期，第 61～64 页。

　［4］孙国强：《循环经济的新范式——循环经济生态城市的理论和实践》，清华大学出版社 2005 年版。

　［5］夏晶等：《生态城市动态指标体系的构建与分析》，载《环境保护科学》2003 年第 2 期，第 61～64 页。

　［6］尚正永等：《兰州生态城市建设现状定量评价》，载《城市问题》2004 年第 1 期，第 55～58 页。

　［7］胡建渊等：《生态城市模糊综合评价及其决策支持系统》，载《现代管理科学》2006 年第 2 期，第 69～72 页。

　［8］宋永昌等：《生态城市的指标体系与评价方法》，载《城市环境与城市生态》1999 年第 5 期，第 16～19 页。

10 基于条件评估法的城市生活垃圾减量化效益评估

10.1 引 言

"十五"期间，我国城市生活垃圾排放量共增加 3783 万吨，2005 年达到 1.56 亿吨；加之生活垃圾处理仍然是卫生填埋、焚烧、堆肥等末端治理方式，因此，在投入巨额资金建设、维护生活垃圾处理设施的同时，还要不断增加土地占用量。2005 年，全国用于城市环境基础设施建设的投资额为 1289.7 亿元，比 2000 年增加了 2.6 倍。[1]尽管如此，仍然有 200 多座大中城市陷入"垃圾围城"困境。[2]

20 世纪 90 年代以来，各主要发达国家越来越重视城市生活垃圾减量化问题。[3]我国 1995 年颁布的《中华人民共和国固体废物污染环境防治法》以及此后发布的《城市生活垃圾处理及污染防治技术政策》、《关于实行城市生活垃圾处理收费制度促进垃圾处理产业化的通知》等文件，都提出把城市生活垃圾减量化作为解决城市垃圾问题的重要路径。但是，由于缺乏对城市生活垃圾减量化效益的基本评估，城市生活垃圾减量化的重要性、优越性不能直观显现，因而，很难引起相关部门和城市居民对生活垃圾减量化的高度重视。

Karen Palmer 等分析了不同价格政策在减少固体废物方面的成本有效性及减量化程度。[4]Ruslana Palatnik 等认为，时间成本、储存可回收垃圾的空间占用成本、其他额外费用的支付等，影响居民参与城市固体废物循环再利用的支付意愿；居民的参与程度越高，垃圾循环利用活动的成本有效性就越高。[5]在笔者检索的文献中，国内学者只有金建君等定量估计了具体区域（澳门）实施垃圾减量化策略的总经济价值，分析了影响居民支付意愿的因素。[6][7]

评估城市生活垃圾减量化效益的方法有两类。其中，市场价值法运用价格、供求、成本、收益等原理及模型，从环境资源为人类生产和生活提供的消费性使用价值和环境资源涵养水土、调节气候、维持生物圈功能等非消费性使用价值的角度，评价环境效益。非市场价值法通过对居民真实行为的观察、调查，不仅从环境资源的使用价值，而且从人们因感知环境资源的存在而获得的满足、人们为环境资源未来的开发利用所愿意花费的时间与费用等非使用价值两个方面，评价环境效益。[8]

条件评估法（Contingent Valuation Method）是目前应用最广泛的非市场价值法，即通过设定若干假设性问题，以问卷调查或实验方法，直接询问居民对环境资源改善的支付意愿；从支付意愿汇总得到当地环境资源改善的总效益。条件评估法的应用包括问卷设计、调查实施、估计平均支付意愿（Willingness to Pay）、分析影响支付意愿的因素、支付意愿汇总五个阶段。[9]由于享乐价格法、旅行费用法等其他非市场价值法，仍然需要借助评估对象的市场价值进行间接评估，且只能用于事后评估，因此，选用条件评估法评估城市生活垃圾减量化效益，不仅显得直接、简明、易于操作，而且可以用于事前评估。

本章依据条件评估法的基本原理，构建了城市生活垃圾减量化效益的评估模型；依据模型设计了城市居民对生活垃圾减量化支付意愿的调查问卷；运用分层随机抽样法对西安市居民进行了问卷调查。通过对调查结果的分析，揭示了影响居民支付意愿的主要因素，估算出西安市城区生活垃圾减量化的总效益。

10.2　城市生活垃圾减量化效益评估模型

10.2.1　支付意愿阐释

设：$Y(Q,U,s)$——居民收入函数；

Q_0——基期城市生活垃圾排放量；

U_0——基期居民效用水平；

s——居民的个人偏好；

WTP——居民支付意愿。

则有：

$$WTP^c = Y(Q_0, U_0, s) - Y(Q_0 - \Delta Q, U_0, s) \qquad (公式 10-2-1)$$

WTP^c 表示特性为 s 的居民为了维持基期效用水平，对城市生活垃圾减量化的支付意愿，即基期居民收入水平 $Y(Q_0, U_0, s)$ 与城市生活垃圾排放量减少后的居民收入水平 $Y(Q_0 - \Delta Q, U_0, s)$ 的差额。

又有：

$$WTP^e = Y(Q_0, U_0, s) - Y(Q_0, U_0 - \Delta U, s) \qquad (公式 10-2-2)$$

WTP^e 表示特性为 s 的居民为了不增加城市生活垃圾排放量，对城市生活垃圾减量化的支付意愿，即基期居民收入水平 $Y(Q_0, U_0, s)$ 与因城市生活垃圾排放量增加导致居民效用水平下降后的居民收入水平 $Y(Q_0, U_0 - \Delta U, s)$ 的差额。

10.2.2 影响支付意愿的因素

收入函数 $Y(Q, U, s)$ 中，Q 为可统计变量，U 随环境物品价格的变化而变化，而 s 是对支付意愿产生随机影响且难以观察的居民个人偏好。我们用居民的认知、态度和社会经济特征等影响支付意愿的因素界定 s。

1. 居民的认知与态度

（1）对减少垃圾排放量急迫性的认识（A_1）。若居民认为减少垃圾排放量具有急迫性，则支付意愿可能较高。

（2）对所居住区域的垃圾处理状况的满意度（A_2）。若居民对所居住区域的垃圾处理状况不满意，则支付意愿可能较高。

（3）对垃圾减量化主体的认识（A_3）。若居民认为垃圾减量化的主体是政府而非居民，则其减量化参与意识有待提高，其支付意愿可能较低。

（4）对现行垃圾处理费征收方式的意见（A_4）。若居民认为目前垃圾费的定量征收方式不合理，其支付意愿可能较高。

（5）对污染者付费原则的认识（A_5）。若居民赞成垃圾处理费用应由垃圾制造者负担，则表明其对污染者付费原则有较好的认知，支付意愿可能较高。

（6）对计量征收垃圾处理费的态度（A_6）。若居民赞成计量征收垃圾处理费，则表示其愿意为减少垃圾排放量付出额外的成本，支付意愿可能较高。

（7）对普及燃气（A_7）、净菜进城（A_8）、限用一次性餐具（A_9）、限用购物包装袋（A_{10}）政策的态度。若居民赞成这些促进源削减的减量化政策，则支付意愿可能较高。

（8）对垃圾分类收集（A_{11}）、促进垃圾回收利用的经济政策（A_{12}）的态度。若居民赞成这些促进回收再利用的减量化政策，则支付意愿可能较高。

2. 居民的社会经济特征

居民的社会经济特征包括受教育程度（EDU）、个人每月收入（INC）、家庭每月收入（FIN）、居住年限（$YEAR$）、家庭人口结构（$FSIZE$）等可预期因素和性别（SEX）、年龄（AGE）、职业（OCU）、居住区域（$AREA$）等不可预期因素。在可预期因素中，受教育程度较高的居民，环保意识较强，支付意愿可能高于受教育程度较低的居民；收入较高的居民，支付能力较强，支付意愿可能高于收入较低的居民；居住年限较长的居民，对所在城市的归属感较强，支付意愿可能高于居住年限较短的居民；家庭人口数较多的居民，经济负担较重，支付意愿可能低于家庭人口数较少的居民。

10.2.3　模型构建

设：x_{ij}——第 j 个受访者的第 i 个认知与态度变量；

y_{ij}——第 j 个受访者的第 i 个社会经济特征变量；

α_i、β_i——回归系数；

ε_j——第 j 个随机残差，代表未知影响，假设 $\varepsilon_j : N(0, \sigma^2)$；

J——受访者人数；

M、N——变量个数；

WTP_j——第 j 个受访者的支付意愿。

则有：

$$WTP_j = \sum_{i=1}^{M} \alpha_i x_{ij} + \sum_{i=1}^{N} \beta_i y_{ij} + \varepsilon_j (j = 1,2,\cdots,J) \quad （公式 10 - 2 - 3）$$

由最小二乘法可得：

$$\sum_{j=1}^{J} (WTP_j - \sum_{i=1}^{M} \hat{\alpha}_i x_{ij} + \sum_{i=1}^{N} \hat{\beta}_i y_{ij})^2 = \min_{\alpha_i,\beta_i} \sum_{j=1}^{J} (WTP_j - \sum_{i=1}^{M} \alpha_i x_{ij} + \sum_{i=1}^{N} \beta_i y_{ij})^2$$

$$（公式 10 - 2 - 4）$$

由公式 10 - 2 - 4 可求出估计系数 $\hat{\alpha}_i$、$\hat{\beta}_i$。

再设：$\bar{x}_i$——第 i 个认知与态度变量的样本均值；

$\bar{y}_i$——第 i 个社会经济特征变量的样本均值；

WTP——单个居民的支付意愿；

P——研究区域内的居民总数；

η——具有正支付意愿的居民比例；

RB——研究区域内的生活垃圾减量化效益。

则有：

$$\widehat{WTP} = \sum_{i=1}^{M} \hat{\alpha}_i \bar{x}_i + \sum_{i=1}^{N} \hat{\beta}_i \bar{y}_i \quad （公式 10 - 2 - 5）$$

$$RB = \widehat{WTP} \times P \times \eta \quad （公式 10 - 2 - 6）$$

10.3　模型构建

10.3.1　问卷设计

参考 Mitchell[10]、Randall[11]、NOAA[12] 等关于问卷中应提供的信息、包含的内容和遵循的原则，我们设计了包括背景资料、居民认知与态度、居民支付意愿、居民社会经济特征等内容的问卷。

背景资料介绍了西安市生活垃圾的组成、来源、清运量、组分，生活垃圾收运及处理处置情况，垃圾处理费的征收方式及额度，实施城市生活垃圾减量化的途径和意义，以提供给评估对象尽可能充分的信息。

依据评估模型中影响支付意愿的相关参数，设计了居民的认知、态度和社会经济特征方面的问题。我们把关于居民个人社会经济特征的问题排序在问卷最后，以避免调查开始时就询问敏感问题，引起受访者的抵制情绪。

依据 WTP^e、WTP^e 两种不同衡量方式，设计了居民对城市生活垃圾减量化的支付意愿及其拒绝支付的理由等问题。依据西安市相关规划①，借鉴国外的相关研究[13][14]，设定了 5 年内城市生活垃圾排放量减少 30% 的目标。

根据对 50 位西安市居民和在校大学生的预调查，我们对问卷的问题结构、个别参数、文字表述等进行了调整、修正与完善。

10.3.2　调查实施

我们把调查范围设定为西安市城区（新城区、碑林区、莲湖区、灞桥区、未央区、雁塔区），把生活垃圾减量化效益评估的影响人群界定为城区内全部常住居民。根据 2005 年西安市人口普查数据，城区常住人口总数为 434.09 万。[15]

设：N——抽样母体（4340900）；

　　g——抽样误差（取 5%）②。

根据 Scheaffer 等[16]的抽样公式：

$$n = \frac{N}{(N-1) \times g^2} + 1 \qquad （公式 10-3-1）$$

计算得出最小样本量 n 为 401。

根据西安市 6 个区各自的人口数占城区总人口数的比例，确定各

---

①　西安市市容园林局：《西安市城市环境卫生设施"十一五"规划》。

②　兼顾研究成本的控制及样本对于母体的代表性，确定 g 的取值。

区的调查样本数；依据分层随机抽样方法，在各区所辖街道中随机抽取 2 个街道①，把各区调查样本数平均分配到被调查的街道；考虑到无效样本问题，实际调查样本数大于最小样本量；考虑到调查结果的可靠性，设计了以随机访问、面对面访谈、询问代填问卷的调查方法。正式调查前，我们对担任调查员的 26 名在校硕士研究生和高年级本科生进行了知识背景和调查方法的专门培训。调查中，共发出问卷 610 份，回收问卷 610 份，其中有效问卷为 575 份，有效率为 94.3%。

10.4　调查结果分析

10.4.1　社会经济特征分析

调查结果表明，样本分布均匀，其社会经济特征具有代表性。受访者中：

（1）91.2% 的受访者年龄在 18～55 岁之间，平均年龄 36.83 岁，最小年龄 18 岁；

（2）职业分布广泛，居前五位的依次是工人（18.2%）、学生（12%）、服务业从业人员（10.8%）、公务员（7.9%）、退休者（7.5%）；

（3）受过高等教育的占 57.3%，受过高中、中专教育的占 28.3%；

（4）个人平均月收入 1597.05 元，其中每月收入 1200 元以下的占 53.9%，3000 元以上的占 6.2%；

（5）家庭平均月收入 3362.62 元，其中每月家庭收入 1000 元以下的占 14.5%，5000 元以上的占 11.7%；

（6）家庭平均人口 3.25 人，其中 3 口人家庭占 52.2%；

---

①　所抽取的街道为新城区的长乐中路街道、中山门街道；碑林区的长乐坊街道、太乙路街道；莲湖区的青年路街道、环城西路街道；雁塔区的大雁塔街道、丈八沟街道；未央区的张家堡街道、大明宫街道；灞桥区的纺织城街道、狄寨街道。

（7）在西安居住的平均时间为 22.37 年，居住时间为 30 年及以上的占 30.9%，居住时间 10 年及以下的占 37.7%。

10.4.2　认知与态度分析

西安市居民对城市生活垃圾减量化的基本态度是：

（1）80.8% 的受访者认为，减少垃圾排放量非常急迫（37.8%）或急迫（43.0%）；

（2）29.2% 的受访者对所居住区域的垃圾处理状况不满意，只有 17.6% 的受访者对垃圾处理状况表示满意；

（3）16.9% 的受访者认为应该由政府承担垃圾减量化责任，70.4% 的受访者认为政府和居民应该共同承担垃圾减量化责任，只有 12.7% 的受访者认为应该由居民承担垃圾减量化责任；

（4）24.1% 的受访者认为现行垃圾处理费征收方式是合理的，29.7% 的受访者认为现行垃圾处理费征收方式不合理；

（5）66.2% 的受访者赞成污染者付费，还有 33.8% 的受访者不赞成污染者付费；

（6）77.8% 的受访者赞成计量征收垃圾处理费，还有 22.2% 的受访者不赞成计量征收垃圾处理费；

（7）95.8% 的受访者赞成实施燃气普及政策，分别有 14.3%、21.6%、30.9% 的受访者不赞成净菜进城、限用一次性餐具、限用购物包装袋政策；

（8）96.0% 的受访者赞成垃圾分类收集，86.7% 的受访者赞成采用回收补贴、押金返还等经济政策促进垃圾回收利用。

10.4.3　支付意愿分析

1. 零支付意愿分析

调查样本中，13.7% 的受访者选择了零支付意愿，即拒绝对垃圾减量化进行额外支付。

选择拒绝支付的理由：9.0% 的受访者认为垃圾污染并不严重，不需要改善；62.9% 的受访者认为减少垃圾排放量主要是政府的责任，与自己无关；28.1%的受访者表示，家庭经济困难，出不起这笔钱。

我们对拒绝支付的问卷采取两种处理方式：若受访者选择家庭经济困难作为拒绝支付的理由，则表示其有支付意愿，只是受支付能力所限而选择零支付，将这部分受访者的支付意愿重设为最小值（0.5元）；若受访者选择其他拒绝理由，在统计分析中不予考虑。

2. 正支付意愿分析

对于 WTP^c，86.3%的受访者愿意给予额外支付，即选择正的支付意愿。受访者的平均支付意愿为3.97元，其中，57.8%的受访者的支付意愿在0.5~3元之间；22.9%的受访者的支付意愿在3.5~5元之间；16.5%的受访者的支付意愿在5.5~10元之间；2.6%的受访者的支付意愿在10.5~15元之间。

对于 WTP^e，84.4%的受访者愿意给予额外支付，即选择正的支付意愿。受访者的平均支付意愿为4.00元，其中，58.7%的受访者的支付意愿在0.5~3元之间；19.2%的受访者的支付意愿在3.5~5元之间；18.2%的受访者的支付意愿在5.5~10元之间；3.9%的受访者的支付意愿在10.5~15元之间。

图10-1、图10-2显示，受访者支付意愿在5元、10元处形成两个极值点。猜想，这是由居民思维惯性及支付偏好所导致。忽略这些异常值后，可以发现，意愿支付的金额与意愿支付的人数负相关，基本满足条件评估法关于模拟市场的假设，即被评估物品的价格越高，购买数量越少。

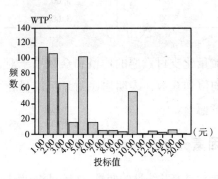

图 10-1 WTP^c 的分布图

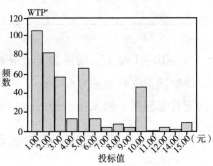

图 10-2 WTP^e 的分布图

3. 对垃圾处理费的支付意愿

图 10 - 3 显示，55.8% 的受访者认为目前每人每月 3 元的垃圾处理费是合适的，23.4% 的受访者认为目前垃圾处理费征收额度偏高，20.6% 的受访者认为目前垃圾处理费征收额度偏低，表明目前垃圾处理费的征收额度较能反映大部分居民的支付能力和支付意愿。

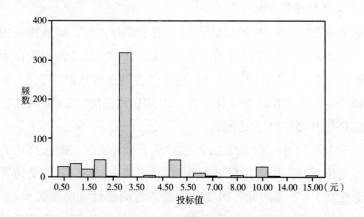

图 10 - 3　居民对垃圾处理费的支付意愿

4. 比较分析

表 10 - 1　居民对垃圾减量化及垃圾处理费的支付意愿比较

支付意愿	WTP^c	WTP^e	Charge
均值	3.97	4.00	3.42
中位数	3.00	3.00	3.00
众数	5.00	5.00	3.00

表 10 - 1 显示，居民对于垃圾减量化支付意愿的均值和众数高于对垃圾处理费支付意愿（Charge）的均值和众数，表明居民对垃圾减量化的支付意愿高于对末端治理的支付意愿。

10.4.4　影响支付意愿的因素分析

由 SPSS 软件包进行 OLS 分析，排除具有共线性的变量，得到西安市生活垃圾减量化的居民支付意愿回归分析结果（见表 10 - 2、表 10 - 3）。

1. 主要影响因素

表10-2　西安市生活垃圾减量化的居民支付意愿（WTP^e）回归分析表①

影　响　因　素	估计系数	标准化系数	t 值	P 值
对所居住区域的垃圾处理状况的满意度（A_2）	0.583	0.126	2.257	0.025**
由政府承担垃圾减量化责任（A_{3-1}）	-1.032	-0.106	-1.902	0.058*
由居民承担垃圾减量化责任（A_{3-2}）	0.867	0.092	1.719	0.087*
对限用购物包装袋政策的态度（A_{10}）	0.723	0.103	1.873	0.062*
受教育程度为研究生（EDU_1）	2.970	0.182	3.078	0.002***
受教育程度为初中及以下（EDU_4）	-1.224	-0.137	-1.945	0.053*
家庭月收入（FIN）	0.000	0.265	3.203	0.001***
家庭人口数（$FSIZE$）	-0.307	-0.094	-1.650	0.100*

$R^2 = 0.242$；Adjusted $R^2 = 0.159$；$F = 2.593$；$P < 0.001$

表10-3　西安市生活垃圾减量化的居民支付意愿（WTP^e）回归分析表

解　释　变　量	估计系数	标准化系数	t 值	P 值
对所居住区域的垃圾处理状况的满意度（A_2）	1.038	-0.051	3.071	0.002***
对污染者付费原则的认识（A_5）	0.933	0.108	1.913	0.057*
对计量征收垃圾处理费的态度（A_6）	0.970	0.062	1.739	0.083*
受教育程度为高中、中专（EDU_3）	-1.299	-0.112	-2.002	0.046**
家庭月收入（FIN）	0.000	0.211	2.148	0.033**
居住区域为碑林区（$AREA\_2$）	2.118	0.247	2.809	0.005***
居住区域为莲湖区（$AREA\_3$）	3.022	0.257	3.372	0.001***

$R^2 = 0.281$；Adjusted $R^2 = 0.160$；$F = 2.320$；$P < 0.001$

表10-2、表10-3显示，估计式的调整 R^2 均不低于15%，符合条件评估法对于拟合优度的要求。对居民支付意愿有显著影响的因素有：

（1）对所居住区域垃圾处理状况的满意度（A_2）。对所居住区域的生活垃圾处理状况不满意的居民更希望改善垃圾排放状况，因此，支付意愿更高。

---

① ＊表示在1%显著性水平之下，＊＊表示在5%显著性水平之下，＊＊＊表示在10%显著性水平之下。

（2）对垃圾减量化主体的认识（A_3）。认为应由政府承担垃圾减量化责任的居民，未意识到居民参与对于减少垃圾排放量的重要性，支付意愿较低；认为应主要由居民承担垃圾减量化责任的居民，环保意识较强，支付意愿较高。

（3）对污染者付费原则的认识（A_5）。赞成垃圾处理费用应由垃圾制造者负担的居民，对污染者付费原则有较好的认知，支付意愿较高。

（4）对计量征收垃圾处理费的态度（A_6）。赞成计量征收垃圾处理费的居民，愿意为减少垃圾排放量付出额外的成本，支付意愿较高。

（5）对限用购物包装袋政策的态度（A_{10}）。赞成限用购物包装袋政策的居民，愿意通过价格机制来遏制白色污染的过度产生，支付意愿较高。

（6）受教育程度（EDU）。受教育程度较高的居民，环保意识较强，支付意愿较高。

（7）家庭每月收入（FIN）。家庭每月收入较高的居民，支付能力较强，支付意愿较高。

（8）家庭人口数（$FSIZE$）。家庭人口数较多的居民，经济负担较重，支付意愿低。

（9）居住区域（$AREA$）。碑林区、莲湖区的居民支付意愿较高。猜想，这两个区居民的文化程度较高或收入较高或所居住区域垃圾处理状况不尽如人意。

2. 与理论预期的比较

在12个认知与态度方面的影响因素中，有8个和预期相符。4个和预期不相符的影响因素是：

（1）对减少垃圾排放量急迫性的认识（A_1）。调查结果显示，认为垃圾排放量急迫的受访者的支付意愿反而低于认为垃圾排放量不急迫的受访者的支付意愿。表明对减少垃圾排放量是否急迫的认识，并不影响受访者的支付意愿。

（2）对现行垃圾处理费征收方式的意见（A_4）。调查结果显示，认为现行垃圾处理费征收方式不合理的居民的支付意愿较低，认为现行垃圾处理费征收方式合理的居民的支付意愿反而较高。表明对现行垃圾处理费征收方式的态度，并不影响受访者的支付意愿。

（3）对限用一次性餐具（A_9）政策的态度。调查结果显示，赞成限用一次性餐具政策的居民支付意愿较低，不赞成限用一次性餐具政策的居民支付意愿反而较高。可能是部分受访者认为使用一次性餐具更卫生、方便。

（4）对促进垃圾回收利用的经济政策（A_{12}）的态度。调查结果显示，赞成采用经济政策促进垃圾回收利用的居民支付意愿较低，不赞成采用经济政策促进垃圾回收利用的居民支付意愿反而较高。表明对促进垃圾回收利用的经济政策的态度，并不影响受访者的支付意愿。

10.4.5　减量化效益估算

通过逐步回归法（Stepwise Regression）排除影响因素中不显著的变量和具有共线性的变量，得出对支付意愿有显著影响因素[①]的估计系数，代入公式10-2-5，得到

$$\widehat{WTP^c} = 2.201 + 0 \times \overline{FIN} + 2.636 \times \overline{EDU\_1} - 1.246 \times \overline{A_3\_1} +$$
$$0.604 \times \overline{A_2} - 0.373 \times \overline{FSIZE} + 0.850 \times \overline{A_{10}} + 1.049 \times \overline{A_3\_2}$$

（公式10-4-1）

$$\widehat{WTP^e} = -3.052 + 0 \times \overline{FIN} + 0.988 \times \overline{A_2} + 1.093 \times \overline{A_{10}} +$$
$$1.326 \times \overline{AREA\_2} + 2.029 \times \overline{AREA\_3} + 0.931 \times \overline{A_5} + 2.016 \times \overline{A_{11}}$$

（公式10-4-2）

由公式10-4-1和公式10-4-2可得，西安市居民对生活垃圾减量化的人均支付意愿为2.95元/月，约占西安市居民家庭人均可支配收入的0.32%。依据2005年的相关统计数据和我们的调查结果计算，西安市城区生活垃圾减量化的经济效益为1.38亿元/年。

10.4.6　偏差分析

1. 策略性偏差

由于部分受访者对条件评估法的基本原理了解不足，将评估公共物

---

① 5%显著性水平下，为显著的估计值。

品的价值与确定垃圾收费标准相混淆，支付意愿偏低。另外，由于部分受访者对所支付费用能否被充分用于垃圾的减量化活动表示质疑，或者认为垃圾管理问题主要由政府负责，而支付意愿较低或拒绝支付。

2. 未回答偏差

调查过程中，由于问卷的背景资料介绍需要占用受访者一定时间，因此，有受访者拒绝接受访问，从而使资料产生一定偏差。假设拒绝接受访问的受访者对垃圾减量化问题的关心程度低于接受访问的受访者，那么所评估的减量化效益就可能高于实际效益值。

3. 埋藏偏差

由于背景资料中介绍了西安市生活垃圾处理费的征收标准，部分居民在选择支付意愿的投标值时，可能借鉴这一标准，造成选择 2 元、3 元投标值的受访者较多；另外，由于受居民思维惯性及支付偏好的影响，选择 5 元、10 元的受访者也较多。

10.5 结 论

本章依据条件评估法的基本原理，构建了城市生活垃圾减量化效益的评估模型；依据模型设计了城市居民对生活垃圾减量化支付意愿的调查问卷；运用支付卡的询价方式、分层随机抽样方法对西安市居民进行了问卷调查；通过对调查结果的分析，得出影响居民支付意愿的主要因素和减量化效益估值。研究表明，本章所构建的城市生活垃圾减量化效益评估模型及其研究程序具有操作性乃至普适性。

本章的主要结论是，西安市居民对生活垃圾减量化的人均支付意愿为 2.95 元/月，约占西安市居民家庭人均可支配收入的 0.32%。经估算，西安市城区生活垃圾减量化的经济效益为 1.38 亿元/年。

本章关于研究过程中产生的策略性偏差、未回答偏差及埋藏偏差的分析，一方面表明本研究存在的偏差被控制在研究方法许可的范围内；另一方面也指出本方法尚有改进和完善的空间。

参考文献

［1］中华人民共和国国家统计局：《环境统计数据 2005 ［DB/OL］》，http：//www. stats. gov. cn/tjsj/qtsj/hjtjzl/hjtjsj2005/。

［2］侯晓龙、马祥庆：《中国城市垃圾的处理现状及利用对策》，载《污染防治技术》2005 年第 6 期，第 19～23 页。

［3］何灵巧：《国外循环经济立法比较分析及对我国的启示》，载《科技与法律》2005 年第 3 期，第 121～124 页。

［4］Karen Palmer, Hilary Sigman, Margaret Walls, *The Cost of Reducing Municipal Solid Waste* ［R］. Washington：Resources for the Future, 1996.

［5］Ruslana Palatnik, Ofira Ayalon, Mordechai Shechter, "Household Demand for Waste Recycling Services" ［J］. *Environmental Management*, 2005, 35（2）：21～129.

［6］金建君、王志石：《澳门改善固体废弃物管理的总经济价值评估》，载《中国人口·资源与环境》2005 年第 15 卷第 6 期，第 122～124 页。

［7］金建君，王志石：《条件价值法在澳门固体废弃物管理经济价值评估中的比较研究》，载《地球科学进展》2006 年第 6 期，第 605～609 页。

［8］J·A. 迪克逊、L·F. 斯库拉、R·A. 卡朋特等：《环境影响的经济分析》，中国环境科学出版社 2001 年版。

［9］Nick Hanley、Jason F. Shogren、Ben White 著，曹和平等译：《环境经济学教程》，中国税务出版社 2005 年版。

［10］李莹：《意愿调查价值评估法的问卷设计技术》，载《环境保护科学》2001 年第 27 卷第 12 期，第 25～27 页。

［11］Randall, A. Hoehn, B. J., Brookshire, D. S., "Contingent Valuation Surveys for Evaluating Environmental Assets" ［J］. *Natural Resources Journal*,

1983, 23 (3): 635~648.

[12] National Oceanic and Atmospheric Administration, "Report of the NOAA panel on contingent valuation" [J]. *Federal Register*, 1993, 58 (10): 4601~4614.

[13] Miranda, M. L., J. W. Everett, D. Blume, et al., "Market-based Incentives and Residential Municipal Solid Waste" [J]. *Journal of Policy Analysis and Management*, 1994, 13 (4): 681~698.

[14] Callan, Scott J., Thomas, et al., "The Impact of State and Local Policies on the Recycling Effort" [J]. *Eastern Economic Journal*, 1997, 23 (4): 411~423.

[15] 西安市政府门户网站：《西安人口 [EB/OL]》, http://www. xa. gov. cn/cenweb/xagov/xazl/xazonglan. jsp? flag=3。

[16] Scheaffer, Richard L., William Mendenhall, et al., *Elementary Survey Sampling* [M], 2nd ed. North Scituate, MA: Duxbury Press, 1979.

11 受损植被生态服务
功能补偿评估研究

11.1 引　言

植被是在一定区域内，覆盖地面的植物及其群落，包括人工植被和自然植被；是木材、草料、粮食、蔬菜、瓜果等生产和生活资料的源泉。植被的生态服务功能是净化空气、涵养水源、保持水土等。最近 20 多年来，我国自然植被遭受的破坏日益严重，远远超过了生态系统的自我修复能力。20 世纪 70 年代我国草地退化面积占草地总面积的 10%，20 世纪 80 年代占 30%，20 世纪 90 年代中期达到 50%。[1]目前，全国退化草原的面积以每年 $200 \times 10^4 hm^2$ 的速度扩张，天然草原面积每年减少约 $65 \times 10^4 \sim 70 \times 10^4 hm^{2[2]}$；荒漠化土地面积 $26740 \times 10^4 hm^2$，占国土面积的 27.9%；其中沙漠化土地面积达 $17431 \times 10^4 hm^2$，占国土面积的 18.2%，且呈不断扩大的势头：20 世纪 80 年代每年扩大 $21 \times 10^4 hm^2$，20 世纪 90 年代末每年扩大 $34.6 \times 10^4 hm^{2[3][4]}$。植被的破坏，直接导致植被生态服务功能退化，水土流失、水源枯竭、河水断流、沙尘暴袭击等频频发生。

为了改善植被状况，我国政府已经实施了一些恢复植被的建设工程，如 1998 年启动的六大林业重点工程①，到 2004 年累计完成造林面积

---

① 六大林业重点工程分别为：天然林保护工程、"三北"和长江中下游地区等重点防护林建设工程、退耕还林还草工程、环北京地区防沙治沙工程、野生动植物保护及自然保护区建设工程、重点地区以速生丰产用材林为主的林业产业基地建设工程。

$2532.90 \times 10^4 \mathrm{hm}^{2[5]}$，占全国荒漠化土地面积的 9.5%。这些植被工程对于恢复受损植被，补偿受损植被的生态服务功能，已经发挥了重要的作用。但是，要从根本上遏制自然植被遭受破坏的势头，补偿受损植被的生态服务功能，必须制定并实施更具战略意义的全面恢复受损植被的建设规划。因此，评估受损植被生态服务功能的受损量和补偿量，并据此确定恢复受损植被所需的土地规模，具有基础意义。

国外关于恢复受损植被的研究基本上是从补偿受损植被生态服务功能的角度进行的。Craig D. Allen 等研究了特定区域松树林的生态服务功能补偿问题[6]；Paul A. Keddy 等监测、研究了北美原始落叶林的生态服务功能弱化的问题[7]；David Cooper 研究了泥炭地被开采后补偿生态服务功能的植被恢复问题[8]；Margaret A. de Gruchy 研究了位于加拿大和美国边界尼亚加拉瀑布附近的斜坡植被破坏与生态服务功能补偿问题[9]。关于生态服务功能补偿的研究方法有：生态系统等级分类法、植物群落组成和物质变量预测模型法[10]、规模特征量值法[11]等。

与国外研究相比，国内学者更偏好于从价值补偿或效益补偿的角度，研究受损植被生态服务功能补偿的制度、机制、方法等一般性问题：李文华等通过对发达国家的森林生态效益补偿的理论和实践经验进行总结归纳，以及分析国内森林生态效益补偿的具体实践，提出我国今后森林生态效益补偿制度工作的研究方向[12]；王欧通过运用问卷调查及跟踪访谈等方法，对内蒙古翁牛特旗退牧还草项目的实施进行实证分析，提出建立与完善退牧还草地区生态补偿机制的途径与措施[13]。此外，一些学者从生态服务功能价值的角度，运用定量化方法对生态补偿问题进行了研究：鲍锋等以八达岭林场为例，对森林资源的生态区位商和主导生态价值进行计算，建立了生态补偿的概念模型[14]；徐琳瑜等选择生态服务功能价值计算方法确定生态补偿标准，对厦门市莲花水库工程的生态补偿量进行了研究[15]；陈源泉等以生态系统服务和生态足迹的理论和方法为基础，从国家宏观层面建立了生态补偿的判定标准、量化模型和计算方法，并在此基础上以中国各省份为例，研究中国区域之间的生态补偿量化问题[16]。

HEA（Habitat Equivalence Analysis）方法，即栖息地平衡分析法，

用于对有害物质排放等引起的自然资源生态服务功能①受损量的评估和补偿，是美国相关机构进行自然资源受损评估（NRDA）的一种常用方法。[19] Brian Roach 认为由于 HEA 方法考虑了对生态系统造成的潜在受损情况，因而不同于自然资源受损评估领域传统的经济分析方法。[20] 考虑到植被也属于自然资源，本章在对 HEA 方法进行改进后，将其引入受损植被生态服务功能的受损量和补偿量的评估研究，以期探索一种生态服务功能补偿研究方法。

本章通过对 HEA 方法的改进，运用"中国生态系统生态服务价值当量因子表"，推导出受损植被生态服务功能补偿评估计算公式。以相关统计资料为依据，应用公式，对陕西省森林和草地生态服务功能的受损量和补偿量进行了评估，发现 1986 ~ 2004 年，陕西省的森林生态服务功能水平每年递增 1.7%，草地生态服务功能水平每年递减 3.0%。在此基础上，计算出补偿受损草地生态服务功能所需的土地规模，并提出相应的补偿方案。

11.2   研究方法

11.2.1   HEA 方法

设：A 为自然资源生态服务功能受损量的现值；

T 为自然资源生态服务功能开始受损的时间点；

X 为受损自然资源生态服务功能恢复到原有水平的时间点；

σ_t 为 t 年受损自然资源提供生态服务功能的价值与原有水平的比值（亦称恢复函数，从 X 年起 σ_t 等于 1）；

Q_t 为受损自然资源的面积；

ρ_t 为 t 年的贴现值，[亦可表示为 $(1-d)^{-(t-p)}$]；

---

① 生态服务功能是指自然生态系统及其所属物种形成与维持的人类赖以生存的条件和过程[17]，即自然生态系统的结构和功能的维持能够为人类的生存和发展提供有支持和满足作用的产品、资源和环境[18]。

d 为真实贴现率；

P 为评估的当前时间点。

则有：

$$A = \sum_{t=T}^{X} W_t(1 - \sigma_t)Q_t\rho_t \qquad \text{（公式 11 - 2 - 1）}$$

设：D 为通过把其他种类的栖息地转换成受损自然资源而增加的生态服务功能的现值；

H 为被转换栖息地开始转换的时间点；

L 为通过转换其他种类的栖息地，使受损自然资源生态服务功能的增量与其受损量相等的时间点；

Q_R 为需要被转换的栖息地的面积；

U_t 为 t 年被转换栖息地在未被转换成受损自然资源情况下的价值；

V_t 为完成转换后的栖息地具有的最大生态服务价值；

φ_t 为 t 年被转换栖息地具有的生态服务价值和最大生态服务价值的比值（亦称成熟函数），在 M 年达到最大值。

则有：

$$D = Q_R \sum_{t=H}^{L} (V_t\varphi_t - U_t)\rho_t \qquad \text{（公式 11 - 2 - 2）}$$

令 $D = A$，得 Q_R 值，表示需要被转换的栖息地的面积，即补偿受损自然资源生态服务功能所需要的土地规模。

11.2.2 中国生态系统生态服务价值当量因子表

表 11 - 1 中国生态系统生态服务价值当量因子

（当量/公顷）

	A	B	C	D	E	F	G	H	I
森　林	3.50	2.70	3.20	3.90	1.31	3.26	0.10	2.60	1.28
草　地	0.80	0.90	0.80	1.95	1.31	1.09	0.30	0.05	0.04
湿　地	1.80	17.10	15.50	1.71	18.18	2.50	0.30	0.07	5.55
水　域	0.00	0.46	20.38	0.01	18.18	2.49	0.10	0.01	4.34
农　田	0.50	0.89	0.60	1.46	1.64	0.71	1.00	0.10	0.01
难利用土地	0.00	0.00	0.03	0.02	0.01	0.34	0.01	0.00	0.01

"中国生态系统生态服务价值当量因子表"是谢高地[21]等在 Costanza 等人提出的全球生态系统服务功能评价模型的基础上,对国内 200 多位生态学学者进行问卷调查,最后综合得出的。该表定义 1hm² 全国平均产量的农田每年自然粮食产量的经济价值为 1,其他生态系统生态服务价值当量因子是指生态系统产生该生态服务相对于农田食物生产服务贡献的大小,我们用当量因子表示各类生态系统单位面积具有的生态服务功能水平。由于国内统计体系中,只有耕地面积的数据,因此以"耕地"替代表中的"农田"。

表 11 –1 列出了森林、草地等 6 类生态系统从 A 到 I 共 9 项生态服务功能,分别为气体调节 A、气候调节 B、水源涵养 C、土壤形成与保护 D、废物处理 E、生物多样性维持 F、食物生产 G、原材料生产 H 和休闲娱乐 I。

设: M_{ij} 为 j 类生态系统 i 项生态服务功能的价值总当量;

A_j 为 j 类生态系统的面积;

e_{ij} 为 j 类生态系统 i 项生态服务功能相对于农田生态系统提供生态服务单价(标准值)的当量因子。

则有:

$$M_{ij} = A_j e_{ij}(i = 1,2,\cdots,9;j = 1,2,\cdots,6) \qquad (公式 11 –2 –3)$$

11.3　方法改进与公式推导

HEA 方法是以自然资源生态服务功能水平为依据,对自然资源生态服务功能的受损量和补偿量进行评估的方法。我们用"中国生态系统生态服务价值当量因子表"中的当量因子,表示各类生态系统(自然资源)单位面积具有的生态服务功能水平,进而计算受损植被生态服务功能的受损量和补偿量,再回归为补偿受损植被生态服务功能所需要的土地面积。为此,有必要对 HEA 方法进行适当改进,推导出受损植被生态服务功能的受损量和补偿量的评估公式。

11.3.1　受损量评估公式

图 11 - 1 是植被生态服务功能受损量示意图，纵坐标表示植被的关键生态服务功能水平，横坐标表示时间。

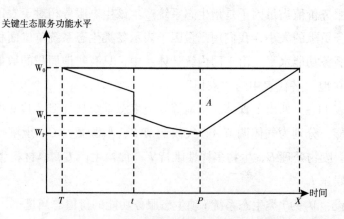

图 11 - 1　植被生态服务功能受损量示意图

图 11 - 1 中，T 为研究的起始时间点；t 为研究过程中的某一时间点；P 为研究中的当前时间点，即对受损植被开始进行生态服务功能补偿的时间点；X 为植被的关键生态服务功能恢复到原有水平的时间点（"原有水平"指研究起始时间点植被具有的关键生态服务功能的水平，并以此作为恢复的目标）；W_0 为 T 时植被的关键生态服务功能水平（并把 T 时植被的生态服务功能水平作为恢复的目标和参照标准）；W_P 为 P 时植被的关键生态服务功能水平；W_t 为 t 时植被的关键生态服务功能水平。

设：A 为从 T 到 X 过程中产生的植被的关键生态服务功能的受损量（包括从研究起始时间到研究中的当前时间产生的生态服务功能的受损量，加上从现有水平恢复到原有水平过程中产生的生态服务功能的中间受损量）。

则有：

$$A = \int_T^X (W_0 - W_t) d_t \qquad （公式 11 - 3 - 1）$$

11.3.2　补偿量评估公式

图 11-2 是植被生态服务功能补偿量示意图，纵坐标表示植被的关键生态服务功能水平，横坐标表示时间。

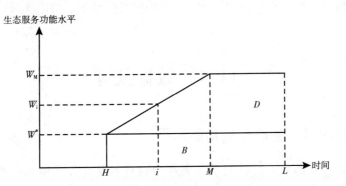

图 11-2　植被生态服务功能补偿量示意图

图 11-2 中，H 为生态系统开始转换的时间点；i 为生态系统转换过程中的某一时间点；M 为转换完成的时间点（此时，转换后的植被生态系统具有和参照植被生态系统相同的生态服务功能，补偿区域植被的生态服务功能水平达到最大值）；L 为使植被的关键生态服务功能的增量等于受损量的时间点，即植被补偿工程完成的时间点；W_i 为转换后 i 时的关键生态服务功能水平；W^* 为被转换生态系统转换前的关键生态服务功能水平；W_M 为研究区域内被转换生态系统转换完成后具有的关键生态服务功能水平。

设：D 为被转化生态系统转换完成后增加的关键生态服务功能，即植被的关键生态服务功能的补偿量[1]。

则有：

$$D = \int_H^L (W_i - W^*) d_i \qquad （公式 11-3-2）$$

公式 11-3-2 中 W_i 是时间点 i 的函数，$W^* = V_2 A_R$，$W_M = V_1 A_R$。

---

[1]　图 2 中阴影部分 B 表示补偿区域内被转化生态系统原来具有的生态服务功能水平。

其中，V_1 表示单位面积植被生态系统具有的生态服务功能水平；V_2 表示单位面积被转换生态系统转换前的生态服务功能水平；A_R 表示需要被转换的生态系统的面积，也就是所需的补偿规模。

令植被的关键生态服务功能的补偿量等于植被的关键生态服务功能的受损量，即 $A = D$。在 H、M、L 值确定的条件下，得出 A_R 值。

11.4 数据处理

11.4.1 生态服务功能水平

利用公式 11 - 2 - 1 计算出各年份森林和草地各项生态服务功能的价值总当量①（见表 11 - 2）。表 11 - 2 显示，森林和草地的各项生态服务功能中的 D 项，即森林和草地提供的"土壤形成与保护"的价值当量值最大，同时考虑陕西省水土流失严重的环境特征，我们选取 D 项为本书研究中的关键生态服务功能。

表 11 - 2 陕西省各年份森林和草地各种生态服务功能价值当量

（万当量）

植被类型	年份	A	B	C	D	E	F	G	H	I
森林	1986	1647.8	1271.2	1506.6	**1836.1**	616.7	1534.8	47.1	1224.1	602.6
	1994	1736.0	1339.2	1587.2	**1934.4**	649.8	1617.0	49.6	1289.6	634.9
	1999	2075.5	1601.1	1897.6	**2312.7**	776.6	1933.2	59.3	1541.8	759.0
	2004	2228.8	1719.4	2037.8	**2483.6**	834.2	2076.0	63.7	1655.7	815.1
草地	1986	437.4	492.0	437.4	**1066.1**	716.2	595.9	164.0	27.3	21.9
	1994	282.8	318.2	282.8	**689.3**	463.1	385.3	106.1	17.7	14.1
	1999	254.5	286.3	254.5	**620.3**	416.7	346.7	95.4	15.9	12.7
	2004	250.7	282.1	250.7	**611.1**	410.6	341.6	94.0	15.7	12.5

注：表 2 中黑体部分的数字表示各年份森林和草地的关键生态服务功能水平。

① 数据分别来自 1986 年、1994 年、1999 年、2004 年《陕西省统计年鉴》，其中森林面积（万公顷）分别为：470.8、496.0、593、636.81；草地面积（万公顷）分别为：546.7、353.5、318.1、313.4。

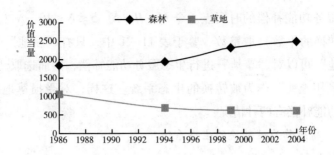

图 11 - 3 陕西省各年份森林和草地的关键生态服务功能水平

图 11 - 3 显示，从 1986 年到 2004 年，森林的关键生态服务功能水平总体不断增加，平均每年递增 1.7%；草地的关键生态服务功能水平总体不断减少，平均每年递减 3.0%，但减少的速度逐渐减缓。因此，有必要对陕西省的受损草地进行生态服务功能补偿。

11.4.2 受损量评估

在对受损草地进行生态服务功能补偿评估时，首先需要对草地的生态服务功能的受损量进行评估。我们选取关键生态服务功能 D 项即"土壤形成与保护"的水平作为评估依据，以 1986 年为研究的起始时间点，并根据有关专家的研究[22]，设定 2004 年后的第 10 年①，即 2014 年为完成补偿的时间点。同时，根据图 11 - 3，把研究周期分为 1986 ~ 1994 年、1995 ~ 1999 年、2000 ~ 2004 年、2005 ~ 2014 年 4 个阶段，并假设各个阶段内关键生态服务功能水平是线性变化的。参考图 11 - 1，运用公式 11 - 3 - 1，得出 1986 ~ 2014 年陕西省草地的关键生态服务功能的受损量 A = 8090.7 万当量，平均每年受损 289.0 万当量，相当于 1986 年、1994 年、1999 年、2004 年 4 年草地关键生态服务功能价值当量平均值 746.7 万当量的 38.7%。

11.4.3 补偿量评估

我们设定 2004 年为生态系统开始转换的时间点，2014 年为完成草

---

① 有植被专家指出，中、轻度退化的草地植被完全可以自然恢复，对其进行围栏禁牧、封山育草，8 ~ 10 年后便可恢复至原始的植被状态。

地生态服务功能补偿的时间点。令 $M - H = N$，$5 \leqslant N \leqslant 10$，$N$（表示生态系统转换的年数）取整数。鉴于表 11 – 1 中，只有"耕地"和"难利用土地"可以对"草地"进行生态服务功能补偿，因而选取"耕地"和"难利用土地"作为被转换的生态系统。这样，对受损草地进行生态服务功能补偿有两种情况：

1. 以耕地作为被转换的生态系统

根据表 11 – 1，得：

$$W_R = 1.46A_R, \quad W_M = 1.95A_R,$$

$$E_1E_2 = W_M - W_R = 0.49A_R, \quad D = 0.49A_R(10 - 0.5N)。$$

2. 以难利用土地作为被转换的生态系统

根据表 11 – 1，得：

$$W_R = 0.02A_R, \quad W_M = 1.95A_R,$$

$$E_1E_2 = W_M - W_R = 1.93A_R, \quad D = 1.93A_R(10 - 0.5N)。$$

11.4.4 补偿规模计算

令 $D = A = 8090.7$。

以耕地作为被转换的生态系统时，

$$A_{R1} = 16511.6/(10 - 0.5N), (5 \leqslant N \leqslant 10), N取整数。 \quad （公式 11 – 4 – 1）$$

以难利用土地作为被转换的生态系统时，

$$A_{R2} = 4192.1/(10 - 0.5N), (5 \leqslant N \leqslant 10), N取整数。 \quad （公式 11 – 4 – 2）$$

根据公式 11 – 4 – 1、公式 11 – 4 – 2，当 N 取不同值时，可以分别计算出 A_{R1}、A_{R2} 两种补偿规模：

$$A_{R1} = \begin{cases} 2201.6(\times 10^4 \text{hm}^2)(N=5) \\ 2358.8(\times 10^4 \text{hm}^2)(N=6) \\ 2540.53(\times 10^4 \text{hm}^2)(N=7) \\ 2751.9(\times 10^4 \text{hm}^2)(N=8) \\ 3002.1(\times 10^4 \text{hm}^2)(N=9) \end{cases} \quad A_{R2} = \begin{cases} 558.9(\times 10^4 \text{hm}^2)(N=5) \\ 598.9(\times 10^4 \text{hm}^2)(N=6) \\ 644.9(\times 10^4 \text{hm}^2)(N=7) \\ 698.7(\times 10^4 \text{hm}^2)(N=8) \\ 762.2(\times 10^4 \text{hm}^2)(N=9) \\ 838.4(\times 10^4 \text{hm}^2)(N=10) \end{cases}$$

A_{R1}、A_{R2}显示，以耕地作为被转换的生态系统，最少需要 $2201.6 \times 10^4 hm^2$ 的耕地用于补偿受损草地；以难利用土地作为被转换的生态系统，最少也要 $558.9 \times 10^4 hm^2$ 的难利用土地用于补偿受损草地。若完成草地生态服务功能补偿需要的时间延长到 2024 年，则 A_{R1} 最小值为 $943.5 \times 10^4 hm^2$，A_{R2} 最小值为 $239.5 \times 10^4 hm^2$。因此，适当延长草地生态服务功能补偿时间，缩短生态系统转换的年数 N，可以有效地节约被转换的生态系统的面积。

11.5 结 论

（1）本章通过对 HEA 方法的改进，运用"中国生态系统生态服务价值当量因子表"，推导出受损植被生态服务功能补偿评估的计算公式。以相关统计资料为依据，应用公式，对陕西省森林和草地生态服务功能的受损量和补偿量进行了评估，发现 1986～2004 年，陕西省的森林生态服务功能水平每年递增 1.7%，草地生态服务功能水平每年递减 3.0%。在此基础上，进一步计算出补偿受损草地生态服务功能所需的土地规模，并提出相应的补偿方案。证明生态服务功能受损量的评估公式 $A = \int_T^X (W_0 - W_t)d_t$、补偿量的评估公式 $D = \int_H^L (W_i - W^*)d_i$ 及评估程序是有效的。

（2）从 1986 年到 2004 年，陕西省森林的关键生态服务功能水平总体不断增加，平均每年递增 1.7%；草地的关键生态服务功能水平总体不断减少，平均每年递减 3.0%。因此，有必要强化对陕西省受损草地的生态服务功能补偿。

（3）1986～2014 年，陕西省草地的关键生态服务功能的受损量 $A = 8090.7$ 万当量，平均每年受损 289.0 万当量，相当于 1986 年、1994 年、1999 年、2004 年 4 年草地关键生态服务功能价值当量平均值 746.7 万当量的 38.7%。

（4）2005～2014 年，以耕地作为被转换的生态系统，陕西省最少

需要 $2201.6 \times 10^4 \mathrm{hm}^2$ 的耕地用于补偿受损草地；若以难利用土地作为被转换的生态系统，陕西省最少需要 $558.9 \times 10^4 \mathrm{hm}^2$ 的难利用土地用于补偿受损草地。若把完成草地生态服务功能补偿的时间延长到 2024 年，则最少需要 $943.5 \times 10^4 \mathrm{hm}^2$ 的耕地用于补偿受损草地；或最少需要 $239.5 \times 10^4 \mathrm{hm}^2$ 的难利用土地用于补偿受损草地。因此，适当延长草地生态服务功能补偿时间，缩短生态系统转换的年数 N，可以有效地节约被转换的生态系统的面积。

参考文献

［1］平原：《草地退化现状及其恢复方法》，http：//www. tingyuan. com. cn/xxlr1. asp？ID = 428,2006 年 9 月 26 日。

［2］于卫亚：《生态环境》，http：//www. gov. cn/test/2005 – 07/28/content_17792. htm,2005 年 7 月 28 日。

［3］李喜梅：《实物换保障：我国农村社会保障的理性选择》，http：//soci. hust. edu. cn/daobao – ziliao/daobao2 – 7. htm。

［4］陈越光：《再造中国？——"大西线"的梦想与困惑》，http：//www. cng. com. cn/bbs/printpage. asp？BoardID = 9&ID = 15386,2005 年 5 月 22 日。

［5］《2004 年六大林业重点工程统计公报》，http：//www. yunfu. gov. cn/govmach/lyj/2118 – 14323. html,2005 年 7 月 21 日。

［6］Craig D. Allen, Melissa Savage, "Ecological Restoration of Southwestern Ponderosa Pine Ecosystems：A Broad Perspective" ［J］. *Ecological Applications*, 2002, （5）：1418 ~ 1433.

［7］Paul A. Keddy, Chris G. Drummond, "Ecological Properties for the Evaluation, Management, and Restoration of Temperate Deciduous Forest Ecosystems" ［J］. *Ecological Applications*, 1996, （3）：748 ~ 762.

［8］David Cooper, "Restoring the Vegetation of Mined Peatlands in the Southern Rocky Mountains of Colorado" ［J］. *U. S. A. Restoration Ecology*,

2000，（8）：103～111.

[9] Margaret A. de Gruchy, "Natural Recovery and Restoration Potential of Severely Disturbed Talus Vegetation at Niagara Falls: Assessment Using a Reference System" [J]. *Restoration Ecology*, 2001, (9): 311～325.

[10] Brian J. Palik, P. Charles Goebel, "Using Landscape Hierarchies to Guide Restoration of Disturbed Ecosystems" [J]. *Ecological Applications*, 2000, (1): 189～202.

[11] Paul A. Keddy, Chris G. Drummond, "Ecological Properties for the Evaluation, Management, and Restoration of Temperate Deciduous Forest Ecosystems" [J]. *Ecological Applications*, 1996, (3): 748～762.

[12] 李文华、李芬、李世东等：《森林生态效益补偿的研究现状与展望》，载《自然资源学报》2006 年第 21 卷第 5 期，第 677～688 页。

[13] 王欧：《退牧还草地区生态补偿机制研究》，载《中国人口·资源与环境》2006 年第 16 卷第 4 期，第 33～38 页。

[14] 鲍锋、孙虎、延军平：《森林主导生态价值评估及生态补偿初探》，载《水土保持通报》2005 年第 25 卷第 6 期，第 101～104 页。

[15] 徐琳瑜、杨志峰、帅磊等：《基于生态服务功能价值的水库工程生态补偿研究》，载《中国人口·资源与环境》2006 年第 16 卷第 4 期，第 125～128 页。

[16] 陈源泉、高旺盛：《基于生态经济学理论与方法的生态补偿量化研究》，载《系统工程理论与实践》2007 年第 4 期，第 165～170 页。

[17] Daily G. C. *Nature's Services: Societal Dependence on Natural Ecosystem* [J]. Washington DC: Island Press, 1997.

[18] 刘向华、马忠玉、刘子刚：《我国生态服务价值评估方法的述评》，载《理论月刊》2005 年第 7 期，第 130～132 页。

[19] Richard W. Dunforda, Thomas C. Ginn, William H. Desvousges, "The Use of Habitat Equivalency Analysis in Natural Resource Damage Assessments" [J]. *Ecological Economics*, 2004, 48 (1): 49～70.

［20］Brian Roach, William W. Wade, "Policy Evaluation of Natural Resource Injuries Using Habitat Equivalency Analysis" ［J］. *Ecological Economics*, 2006, 58（1）: 421~433.

［21］肖玉、谢高地、安凯：《莽措湖流域生态系统服务功能经济价值变化研究》, 载《应用生态学报》2003 年第 14 卷第 5 期, 第 676~680 页。

［22］韩建国：《中国西部地区退化草地恢复与重建》, 载《林业科学》2000 年第 6 期, 第 7~8 页。

12 "全面推进、重点突破"

——陕西省循环经济发展的战略思考

12.1 引　言

1997 年以来，陕西省 GDP 增长一直高于全国平均水平，其中，2004 年、2005 年两年分别为 12.9%、12.6%。① 但是与此同时，陕西省经济的高投入、高消耗、高排放和低效率特征表现得也很明显。1992 ~ 2005 年，陕西省经济增长的资本贡献率平均为 67.78%。② 2001 ~ 2005 年，陕西省的单位 GDP 能耗仅仅降低了 6%，而同期全国的单位 GDP 能耗平均降低了 16% 。2005 年陕西省二氧化硫排放量和烟尘排放量分别是 2001 年的 1.48 倍和 1.08 倍；工业废水排放量和工业固体废物排放量分别是 2001 年的 1.5 倍和 1.9 倍。③

2005 年 4 月胡锦涛在陕西省考察时提出，必须正确处理西部大开发中人和自然、经济发展和资源环境的关系，大力提倡和推广循环经济，以最小的资源环境成本获取最大的经济社会效益。[1]陕西省"十一五"规划纲要也把大力发展循环经济，建设资源节约型、环境友好型社

---

① 《陕西省 2005 年统计年鉴》、《陕西省 2005 年国民经济和社会发展统计公报》。
② 《陕西省人民政府关于进一步加强节能工作的若干意见》。
③ 《2005 年陕西省环境质量公报》。

会作为主要任务之一。① 近年来，陕西省制定了数部促进循环经济发展的政策法规；开始了以清洁生产为切入点的生态企业建设和生态园区试点，提出了生态城市建设的思路。但是，总体来看，陕西省循环经济的发展还处在起步阶段。本章在分析陕西省循环经济发展现状的基础上，依据陕西省的自然条件、资源禀赋、经济社会发展水平等，提出了"全面推进、重点突破"的陕西省循环经济发展的战略思路，以期为政府有关部门提供决策支持。

12.2   文献综述

"战略"一词原是军事术语，指"对战争全局的筹划和指导"[2]，后来逐渐被用于其他领域，泛指带有全局性、长远性、根本性的重大谋划，包括战略思想、战略目标、战略阶段、战略重点、战略对策五项基本要素[3]。循环经济发展战略是指为了实现生产过程、消费过程废弃物趋向零排放的循环经济目标而制定的，具有全局性、长远性、根本性的，全国或者区域的生态企业、生态园区、生态城市、生态社会建设的总体规划。循环经济发展战略包括生态企业、生态园区、生态城市、生态社会建设的指导思想、总体目标、阶段目标、建设重点及实现目标的体制、政策、法制、技术等措施。

12.2.1   国外关于循环经济发展战略的研究

国外学者一般是依据循环经济市场推进原理研究循环经济问题的，其基本理念是将市场作为推进循环经济的主体。他们多以实证分析为基础，主要研究了政策、技术、法律等制度层面推进循环经济的战略措施。Hansjoerg Griese 等对循环经济中的再利用和生命周期延伸战略面临的全球市场、技术创新和环境立法问题进行了初步研究。[4] Pierre

---

① 《陕西省国民经济和社会发展"十一五"规划纲要》确定陕西"十一五"期间经济增长速度年均11%左右。

Desrochers 等认为，城市和企业间的循环链接主要是出于经济动机，政府应该构建灵活的调节机制，引导企业的行为[5]；D. Bazind 等主张，政府可以通过循环经济税收制度的设计，激励企业承担环境责任[6]。J. Marjolijn 等提出，应该建立循环经济的柔性技术体系，以鼓励可持续技术的研发和应用。[7] Tomohiro Tasaki 等分析了《日本家用电器再循环法》的实施效果，讨论了循环经济立法的原则。[8] 总的来看，由于发达国家普遍把循环经济的发展战略定位于一种环境管理战略，因此，国外学者的研究主要是解决生产和生活废弃物减量的问题，很少从经济发展模式转变的角度研究完整的循环经济发展战略。

12.2.2 国内关于循环经济发展战略的研究

国内学者是依据在国家宏观调控下，把市场作为配置资源的基础性手段的原理研究循环经济战略问题的，其基本理念是政府在循环经济的启动期发挥着决定性作用。因此，国内学者从战略思想、战略目标、战略阶段、战略重点、战略对策等方面全方位地研究了我国循环经济的发展战略。诸大建比较了中外循环经济发展战略在战略定位、理论基础、体制安排、科技支撑等方面的不同，提出了中国发展循环经济的 C 模式[9]；"我国循环经济发展战略研究"课题组提出了我国循环经济发展的战略目标和战略阶段[10]；齐建国[11]、杨春平[12]、谢旭人[13]等学者，分别论述了我国发展循环经济的战略重点；马凯提出了我国发展循环经济的战略对策[14]。这些研究在借鉴国外经验的基础上，考虑了中国发展循环经济的特殊背景，为我国循环经济发展战略的总体定位和政府决策提供了重要依据。

此外，学者们结合区域特点，对地方循环经济发展战略进行了研究。刑振纲在总结天津市推进循环经济的措施和成就的基础上，提出了天津市发展循环经济亟待解决的问题和对策建议[15]；尚杰认为，黑龙江省可以通过发展循环型农业、循环型工业、循环型服务业和建设循环型城市等途径实践循环经济[16]；李炳武讨论了长沙市的循环经济发展战略[17]。关于陕西省循环经济发展战略问题，学者们也进行了有益的探讨。杨松茂从生态省建设的角度提出了陕西省发展循环经济的战略思路[18]；何发理讨论了陕西省循环型农业的发展路径[19]；刘超以杨凌为例，分析指出，陕西省应从产业体系、基础设施体系、生态环保体系和社会事业体系四个方面建设生态型城镇[20]。上述关于循环经济的研究对于普及循环经济理念、促进循环经济发展产生了积极作用。但总的来看，有关陕西省循环经济发展战略的研究仍然比较薄弱，尚未构建较为系统的战略分析框架。

12.3 陕西省循环经济发展现状及问题分析

生态企业、生态园区、生态城市是循环经济在实践层面的三个载体。本章通过分析陕西省生态企业、生态园区、生态城市的建设现状，总结陕西省循环经济建设取得的成就，分析存在的问题及其原因。

12.3.1 建设的成就

1994 年，陕西省成立了全国首家省级清洁生产指导中心——陕西省清洁生产指导中心，开始实施清洁生产的计划。2000 年底，陕西省委、省政府组织有关部门和专家编制了《陕西省生态省建设规划》，陕西省开始生态省的建设。2004 年 9 月，全国循环经济工作会议之后，陕西省以省环保局为主导，在全省启动和实施循环经济并取得了一定成效。

1. 生态企业建设取得一定成效

陕西省生态企业建设以清洁生产为切入点，通过清洁生产审核，使相关企业逐渐走上科技含量高、经济效益好、资源消耗低、环境污染少的可持续发展的新型工业化道路。

（1）部分企业通过实施清洁生产方案达到了资源节约、废物减量的目标。如陕西恒兴公司合阳果汁厂、渭南海升果汁有限公司、伊天果汁（陕西）有限公司三家果汁厂，通过实施清洁生产方案，2005 年节约水资源 43.6 万吨，节煤 4500 吨，减少 COD（化学耗氧量）排放

608.814 吨，减少煤渣 4300 吨，回收香精 360 吨。①

（2）部分企业通过采用新的企业环境管理模式进行生态企业建设。如青岛啤酒西安汉斯集团有限公司、西安开米等企业，在陕西省环保局的帮助下，制定了《国家环境友好型企业行动方案》，严格按照国家的要求，以传统的"三同时"验收为基础、以清洁生产审核为手段、以ISO14000 环境管理体系为保障进行生态企业建设，取得了明显的绩效。

（3）个别企业成功进行了生态企业的试点，实现了企业内部分产业链的闭合和废弃物的"零排放"。以韩城龙门钢铁集团公司为例，在内部生产环节中构建产业链条，实行中水回用、煤气收集、钢渣综合利用等，使废弃物的排放大幅度减少，2004 年由此而产生的效益达 2400万元，使区域环境质量得到了一定的改善。[21]

2. 生态园区建设初具规模

陕西省生态园区的建设改善了所在行业和区域的环境污染状况，提高了经济、社会效益，促进了生态恢复。

陕西省现有生态园区以生态工业园为主，集中分布在能源重化工等污染严重、能耗高的行业，其建设的主要目的是为了解决经济发展过程中突出的环境污染和资源浪费问题。如作为老工业基地的韩城市龙门生态工业园，是陕西省唯一的国家级示范生态工业园，属于改造型生态工业园。该工业园在煤炭、焦化、钢铁、电力、建材五大行业间累计投资7.8 亿元建成 22 个循环利用项目，实现了 7 个企业间产业链的延伸，初步形成了"原煤—发电—粉煤灰—水泥"等 8 个循环经济链条。每年循环利用废水 1.52 亿吨、富余煤气 17.1 亿立方米、工业尾气 5.76 亿立方米、煤焦油 22.8 万吨、各类固体废物 32.9 万吨，年循环利用产值达 13.2 亿元。② 龙门生态工业园区有效拉动了韩城市经济超常规发展，2004 年该市工业总值达到 40.6 亿元，比上年增长 21 %。

神府经济开发区锦界生态工业园和西安表面精饰工程园则属于全新规划型的生态工业园。西安表面精饰工程园已经开始施工建设，建成后

---

① 陕西省循环经济研究会文件。
② 韩城市环保局文件。

园区年生产能力 100 万平方米镀件，可容纳年产值在 1000 万元的电镀企业 50 余家，总产值超过 5 亿元。^① 神府经济开发区锦界生态工业园的规划大纲 2005 年底通过评审，已确定成为陕西省的生态工业园试点。此外，宝鸡市高新产业技术开发区制定了《生态工业园规划大纲》，为创建生态工业园奠定了基础。成立于 1997 年的杨凌农业高新技术产业示范区，是我国唯一的农业高新技术示范区，也是国家级生态农业园区试点。

3. 生态城市建设开始起步

陕西省从调整城市产业结构，转变生产、消费和管理模式等方面着手，开始生态城市^②建设的初步探索。^③ 陕西省制定并出台了征收城市生活污水处理费政策，西安、宝鸡、咸阳、安康和渭南等 7 个城市已提高了城市生活污水处理费的标准；陕西省政府出台了危险废物和医疗废物处置收费的原则性规定，西安、咸阳等城市已据此开始收费并处置医疗垃圾。西安市出台的《西安市"十一五"循环经济发展规划》，对城市生活垃圾收费、生活垃圾无害化处置等建设资源节约型城市的相关内容做出了战略部署。^④ 宝鸡、咸阳等城市进行了垃圾分类、建立资源回收体系等的初步尝试。[22] 杨凌农业高新技术产业示范区，凭借一流的农科实验环境、科研人才与科研水平，以发展循环型农业为切入点，正在探索生态城市建设的新途径。

12.3.2 存在的问题

1. 企业发展循环经济的积极性不高，生态企业建设仍停留在清洁生产阶段

目前陕西省尚未建成真正实现资源闭路循环、废弃物"零排放"的生态企业。大部分"生态企业"只是通过了清洁生产审核或实现了

① www.xaddy.com/36K，2006 年 9 月 28 日。
② 本章所指的生态城市主要包括西安、铜川、宝鸡、榆林、安康、商洛、咸阳、渭南、延安、汉中十个设区市和杨凌。
③ 陕西省环保局网站资料。
④ 《陕西省环境保护"十一五"规划（征求意见稿）》。

部分资源的综合利用，仍处在以清洁生产为主的循环经济初级阶段。从企业规模看，除了少数规模大、实力强、效益好的大型企业开始生态企业的建设，大部分中小企业由于技术水平低、产品单一，又缺少政策的扶持，仍保持传统的生产方式，发展循环经济的积极性不高；从行业看，只有电力行业、冶金、建材行业的重点企业实现了清洁生产；从产业看，生态企业建设以工业企业为主，农业和第三产业的生态企业建设刚刚起步；从地域看，现有生态企业主要集中在陕北能源重化工基地和关中工业区，其他地区发展相对滞后。

2. 基础设施和环境状况不理想，规划不尽合理，生态园区整体水平不高

陕西省的生态园区建设仍处于起步阶段，在基础设施建设和环境治理方面还存在不少问题。以陕西省产业链条最完善的龙门生态工业园为例，园区内入驻煤炭、冶金、建材、电力、化工、铁矿采选等行业共计45家重点企业，只在7家企业之间构建了8条循环链①，更多的企业尚未加入产业循环链条，整个园区距离"零排放"的目标还有很大差距。园区由于历史原因缺乏统一规划，基础设施严重滞后，生态环境较差，已经成为园区快速发展的制约因素。

另外，陕西的生态园区目前主要集中于能源密集型产业，对现有高新技术园区的生态化改造重视不够。如科研教育实力雄厚的关中地区，在距离不到200公里的地带上，集中了西安、杨凌、宝鸡3个国家级高新技术产业开发区和国家级的西安经济开发区，具有良好的生态工业园建设基础，但由于缺乏相关规划和政策引导，未能充分发挥其产业集群优势，实现资源的综合利用。

3. 产业结构不合理，生产和消费环节割裂，生态城市建设中循环经济的理念尚未普及

就生产领域来看，陕西省生态城市的建设尚未充分结合区域特色、发挥资源优势，城市内部自然、社会、经济子系统尚未实现协调发展。从全省来看，西安、宝鸡、咸阳等中心城市在经济发展水平、资源分

---

① 韩城市环保局文件。

布、生态环境状况、城市化指标等方面的排序呈现出较大差异。[23] 城市之间产业关联度低，重点产业集群趋同是制约生态城市建设的另一个突出问题。如西安、咸阳、宝鸡、铜川在纺织产业、电子产业、机械制造产业、建材产业等产业集群的布局上仍保留着计划经济时期的特征[24]，强调"大而全"、"小而全"，城市之间缺乏市场联系和协作，产业链延伸不足。

此外，城市的生产和消费环节处于割裂状态，没有形成有效的资源回收利用体系，现有的资源回收利用和生活垃圾处置方式落后，跟产业化发展的要求还有很大差距。

12.3.3 问题的原因

1. 管理体制不完善，无法形成广泛的循环经济参与机制

目前，陕西省环保局是推动循环经济发展的主要机构，这使循环经济从一开始就与环境保护和污染治理联系在一起，并取得了一定成效。但是，环保局更关注循环经济在减少污染、保护环境方面的作用，容易忽视循环经济的经济功能。特别是随着循环经济的深入发展，需要财政、科技、能源、国土等部门共同推动，单一部门管理体制无法有效解决部门协调和地方政府配合的问题。如龙门生态工业园创建之初由省环保局牵头，随着园区功能的日益完善和规模的扩大，成立了隶属于地方政府的园区管委会，承担园区的日常管理和服务职能。但是，由于龙门生态工业园的宏观管理体制仍不完善，存在着管理权限的缺位、越位和职能交叉，必须根据循环经济发展的要求进行调整，以适应园区迅速发展的现实需要。

2. 技术开发和技术支持不足，未能形成有力的循环经济技术支撑

生产领域循环经济技术的缺乏制约了陕西省生态企业、生态园区的建设。陕西的一些冶炼厂，由于缺乏先进的冶炼工艺和技术，生态化改造缓慢。陕北能源重化工基地生态工业园区的建设，由于缺少系统化技术的支撑，无法构建园区内部煤炭、石油等产业间完整的循环链条，废弃物"零排放"的目标很难实现。消费环节的资源化技术、生活垃圾再利用技术和无害化技术的缺乏制约了生态城市的建设。例如，陕西省

城市生活垃圾长期采用技术落后的混合收集方式，主要以寻找合适地点加以"消纳"为目的。2004年陕西省城市生活垃圾无害化处理量仅为127.8万吨，无害化处理率为36.5%，远低于全国平均水平的52.1%。[25]

从技术支持来看，资金投入不足是制约陕西省循环经济技术研发的重要因素。由于资金严重缺乏，陕西省污水处理、垃圾处理设施的数量不能满足实际需要，已经建成的污水处理、垃圾处理设施达不到设计的运行能力。[26]从技术应用来看，技术咨询和技术服务体系尚不完善，使循环经济技术供求的信息不畅通，生态企业和生态园区的建设受到制约。

3. 法制建设滞后，未能形成有效的循环经济约束机制

与循环经济法制建设起步较早的辽宁、重庆、贵阳等省市相比，陕西省的循环经济法制建设相对滞后。如《陕西省渭河流域水污染防治条例》、《关于对重点排污单位提高超标排污费征收额的有关问题的通知》等法规的指导思想仍以末端治理为主，对源头治理重视不够。现有法规虽然涉及了排污许可证的发放、排污费的征收等方面，但对清洁生产、废弃物的回收再利用等问题没有进行规范；约束企业行为的法规多，约束政府和居民行为的法规少；还没有出台关于生态企业、生态园区、生态城市建设的相关法规，关于绿色消费和政府采购的规定几乎没有。

此外，陕西省的循环经济执法也存在一些问题，部分禁止性法规的威慑力不够。如垃圾分类处理办法早已颁布，但是由于缺乏相应的惩罚措施，企业和居民并没有按照规定分类投放；《陕西省汉江丹江流域水污染防治条例》规定，对汉江、丹江流域河流污染的行为给以不同程度的罚款，然而与企业污染行为带来的收益相比，该条例规定的罚款金额不足以威慑企业。

4. 扶持政策缺位，未能形成有效的循环经济激励机制

陕西省还没有出台专门的循环经济政策，已有相关政策无法有效激励企业和居民，制约了循环经济的发展。在生态企业的建设中，主要以强制和自愿相结合的清洁生产审核等行政手段促使企业发展循环经济，缺少对企业的利益驱动。关于资源综合利用的政策不能有效激励企业加

入产业循环链条。例如，目前龙门生态工业园区内的企业循环利用其他企业的工业废渣、粉煤灰等废弃物，原来的废弃物产生者不仅不需要承担废弃物处理费用，而且还要向使用者收费，使综合利用企业获利减少，积极性受挫。在生态园区建设中，对大型企业政策倾斜比较明显，对中小企业进行扶持的政策较少，使得一些技术水平低、融资能力弱、产品单一的中小企业无法加入循环产业链条。另外，陕西还没有出台可以有效推动资源回收和循环利用体系建立的政策，如生产者责任延伸制度、绿色消费政策等。

12.4 国外推进循环经济发展的经验借鉴

德国、日本等发达国家在 20 世纪 70 年代开始探索发展循环经济的道路，在技术、法律、政策等方面形成了较为系统的循环经济推进机制，对我国制定循环经济发展战略具有重要借鉴意义。

12.4.1 科学的管理体制为循环经济提供了有效保障

世界上循环经济发展较成功的国家，都很重视中央和地方的分级管理，并设立了专门协调循环经济发展的机构。韩国 1978 年成立能源与资源部，全面负责制定能源政策及与能源、资源相关的计划。现在由产业资源部统一管理，避免了政出多门的局面。[27] 日本为建立循环型社会，于 2001 年改革了政府机构，将 20 多个部门合并为 6 个部门，并将环境厅升格为环境省，将原多个部门负责的废弃物管理职责统一划归环境省。[28] 法国政府成立了环境与能源控制署，每年投入近 3 亿欧元的预算资金，作为各级地方政府进行垃圾处理的行政管理及科技研发费用。同时，国家通过经营许可证限制，强制生产企业和销售商承担废弃物再利用责任。

12.4.2 先进的技术体系为循环经济提供了支撑手段

发达国家政府积极鼓励循环经济技术研发、提供技术服务。日本通产省 1999 年在《循环经济蓝图》报告中提出了以"零排放"为目标的循环经济技术系统，包括：生命周期评价技术、废弃物减量化技术、资源循环利用技术、废弃物资源化的产业链技术和废弃物回收、运输、交易系统。[29] 通过相关技术的应用，对资源消耗高、综合利用率低的传统产业部门进行改造，建立起资金和技术密集型的高新技术产业，极大地提高了经济效率，改善了生活环境。美国则通过政府补贴和税收优惠的形式，鼓励企业研发循环经济技术。德国通过技术服务中介组织为企业提供技术咨询和发布技术信息。

12.4.3 健全的法律体系为循环经济提供了约束机制

作为世界上较早实施循环经济的国家，德国和日本都形成了比较完备的循环经济法律体系，有力地促进了循环经济的发展。

德国循环经济立法的特点是先在具体领域实施，然后建立系统的循环经济法规。德国于 1972 年制定了第一部《废弃物处理法》；1991 年颁布了《包装条例》，规定了包装物再循环利用的目标；1992 年通过了《限制废车条例》，规定汽车制造商有义务回收废旧汽车；1996 年制定了《循环经济与废弃物管理法》，把废弃物处理提高到循环经济的高度。此后，又颁布了《商品法》、《可再生能源促进法》和《城市垃圾环境友好处置法》等法规，逐步形成了系统配套的循环经济法律体系。[30] 日本则先有总体性的再生利用法，然后向具体领域推进。日本先后制定、修订并通过了一部基本法——《促进建立循环型社会基本法》，两部综合性法律——《固体废弃物管理和公共清洁法》和《促进资源有效利用法》，以及《促进容器与包装分类回收法》、《家用电器回收法》、《建筑及材料回收法》、《食品回收法》等六部专门法。

总体来看，德国和日本通过法律制度的导向性，明确了政府、企业和公众在发展循环经济中各自的责任，约束了居民、企业和政府的行为[31]，推进了循环经济的发展。

12.4.4 完善的政策体系为循环经济提供了激励机制

各国都比较重视利用产业、投资、财税等政策鼓励发展资源消耗低、附加值高的高新技术产业，引导企业进行资源的循环利用。日本政府在 20 世纪 80 年代以来通过产业政策的引导，使原来以大量消耗能源、资源的重化工业为主的产业结构，向以高科技产业（如电子计算机、信息、新能源、生命科学、宇航、海洋开发、新材料等）为主的产业结构转变。[32]早在 1965 年，日本开发银行就开始为环保设施建设提供优惠贷款，中小企业金融金库也对环保设备投资提供优惠贷款。[33]德国则通过税收优惠、财政扶持等手段，鼓励再生利用企业的发展，2001年纸业生产中再生纸的利用率已达到了 65%；垃圾再利用行业每年创造 410 亿欧元的价值。[34]

丹麦卡伦堡生态工业园作为生态工业园区最成功的典型，政府采取的税收优惠和足额征收环境税费等政策手段，营造了有利于园区建设的基础设施和良好的政策环境。

以上分析表明，发达国家以完善的市场经济为基础，从解决消费领域的废弃物问题入手，逐渐向生产领域延伸，通过先进的技术体系、健全的法律体系、完善的政策体系、科学的管理体制发展循环经济，最终构建起新型的环境管理模式，改变了"大量生产、大量消费、大量废弃"的状况。

12.5　陕西省发展循环经济的战略设想

与发达国家所处的背景不同，我国正处于工业化初期向中期过渡的阶段，我国循环经济的实践最先从工业领域开始，逐渐拓展到消费领域，表现为从生态企业、生态园区向生态城市建设范围的不断扩大。

作为经济落后但具有相对优势的西部省份，陕西省循环经济发展的背景在我国具有一定的典型性。陕西省发展循环经济的直接目标应该是改变传统的经济增长模式，走新型工业化道路，解决复合型环境污染问题。因此，本章认为，陕西省循环经济的发展应该遵循"全面推进、重点突破"的战略思路。

全面推进是指，从土地、水、矿产、林、草、生物、气候、耕地等全部生态资源,从城市到农村的社会整体空间,从生产到消费的再生产全过程,全方位地发展循环经济。2005 年,陕西省人均 GDP 达到 1200 美元,进入了全面建设小康社会的发展阶段,但是仍处在环境库兹涅茨曲线的两难区间。[35]如果沿袭传统的经济增长模式,陕西的环境质量将出现不可逆转的恶化趋势。因此,陕西省不可能按照发达国家的模式来推进工业化和城市化,必须全面推进循环经济,彻底转变经济发展模式。

重点突破是指,通过生态企业、生态园区和生态城市等循环经济载体的建设,率先解决重点区域、重点行业、重点企业的高污染、高排放、低效益问题。由于陕西省目前的经济总量仍然较小,必须维持一定的经济增长速度以缓解就业压力,为经济结构调整和产业升级奠定基础。在此条件制约下,短期内全面推进循环经济,大幅度削减废弃物排放量对陕西省来说具有较大难度,只能采取全面推进与重点突破相结合的循环经济发展战略。通过重点突破为陕西省经济社会发展争取 20 年左右的缓冲时间,在经济增长保持既定目标的情况下,使资源消耗和污染实现先减速增长,再趋于稳定,为循环经济的全面推进创造条件,最终实现废弃物接近"零排放"的循环经济目标。

12.5.1 指导思想

陕西省是"三北"风沙综合防治区中生态环境问题最为严峻的地区之一[36],属于经济欠发达省份。2003 年,东部有 9 个省市人均国内生产总值已超过陕西省 2010 年的奋斗目标。[37]但是,陕西省的资源和科技优势也十分显著。截至 2005 年,陕西省的煤炭探明储量 1643 亿吨,石油探明储量 10 亿吨,天然气预测储量 6～8 万亿立方米、探明储量 5858 亿立方米,27 种矿产的保有量居全国前三位,54 种矿产的储量居全国前十位。此外,陕西省在教育、科研方面处于全国领先水平,在高科技产业和第二产业具有相对优势。因此,本章提出陕西省发展循环经济的指导思想是:以生态保护和恢复为出发点,正确处理资源节约、环境保护与经济发展之间的关系;通过研发和采用循环经济技术,提高资源的利用率和循环利用率,结合产业结构调整,发挥后发优势,逐步实现生产和消费过程废弃物接近零排放的目标；通过管理体制创新，建立和完善具有区域特色的法律保障体系和政策支持体系，为生态企业、生态园区、生态城市的建设提供有力支撑，实现人与自然和谐相处、经济社会全面进步。

12.5.2　总体目标

我国循环经济发展的总体战略目标是："到 2050 年左右，全面建成人、自然、社会和谐统一的、资源节约的循环型社会，资源生产率、循环利用率、废弃物的最终处理量等循环经济的主要指标以及生态环境、可持续发展能力等达到当时世界先进水平，极大提高生态环境质量并整体改善生存空间，全国全面进入可持续发展的良性循环。"① 沿海发达地区一般将 2020 年或 2030 年作为其循环经济发展战略长期目标的最终期限。但是，沿海地区发达省市的经济总量大约是陕西省经济总量的 3～5 倍，陕西省已经到了调整经济结构、进行产业升级带动经济总量更快增长的阶段。[38] 因此，根据陕西省经济发展水平整体落后，部分产业具有相对优势的省情，本章确定陕西省循环经济发展的总体目标是：到 2050 年左右，建立起产业结构优化、增长方式集约、资源利用效率不断提高、资源消耗持续降低、消费观念先进、消费方式科学的循环型社会。资源生产率、循环利用率、废弃物的最终处理量等循环经济的主要指标以及生态环境、可持续发展能力等达到西部领先水平，建成西部循环经济示范省份和城市群。走上经济良性发展、人民生活富裕、社会全面进步、生态环境良好的可持续发展道路。

12.5.3　阶段目标

我国发展循环经济的总体目标分 3 个阶段实施：近期是 2005 年至 2010 年，中期是 2011 年至 2020 年，长期是 2021 年至 2050 年。[39] 各省、区、直辖市循环经济发展的战略阶段一般也划分为三个时期：2005 年到 2010 年为循环经济的试点启动期；2010 年到 2020 年为循环经济的

---

①　国家发改委宏观经济研究院"我国循环经济发展战略研究"课题组。

全面发展期；2021 年到 2030 年为循环经济的提高完善期。[40]本章结合陕西省的自然条件、资源禀赋、经济社会发展水平，提出陕西省循环经济发展的阶段目标。

1. 循环经济起步阶段（2006～2010 年）

用 5 年左右的时间，改造、引进、新建若干生态企业；规划数个生态工业园；普及循环经济理念，提倡消费领域废弃物的有序排放和有序回收，生态城市的建设起步。

2. 循环经济发展阶段（2011～2020 年①）

用 10 年左右的时间，巩固生态企业；布局、初建数个生态工业园；普及循环经济观念；形成生活领域废弃物有序排放和有序回收的良好机制，生态城市的建设初见成效。

3. 循环经济成熟阶段（2021～2050 年）

用 30 年左右的时间，建成若干生态工业园；基本建成生产领域和生活领域废弃物排放接近零排放的生态城市，实现经济社会的全面和谐发展。

12.5.4 建设重点

1995～2005 年之间，第二产业在陕西省当年 GDP 中所占的比重每五年上升 5 个百分点左右，截至 2005 年，第二产业的比重达到50.32%。[41]其中，行业增长主要集中在以石油、煤炭开采与加工为主的资源型行业。2003 年石油天然气开采业、煤炭开采业和洗选业、石油加工及炼焦业三大行业产值占全省工业增加值的 32%。[42]但是，陕西省还未进入工业化中期阶段，在相当长的一段时期内第二产业仍将是陕西省的主导产业。因此，陕西省应选择生态企业、生态园区和生态城市作为循环经济发展的建设重点，对高消耗、高排放的第二产业进行改造，实现陕西省循环经济发展的重点突破。

1. 生态企业的建设重点

装备制造、高新技术、能源化工是陕西省经济增长的三大支柱产

---

① 根据十六大精神和陕西省委提出的"三步走"意见，2020 年陕西省国内生产总值比2000 年要翻两番多。

业，也是生态企业建设的重点产业，通过发展循环经济，可以推进全省产业结构的优化升级，带动整个陕西经济增长方式的转变。

陕西省提出，到 2010 年，全省万元生产总值能耗由 2005 年的 1.6 吨标煤降低到 1.3 吨标煤，降低 20% 左右。[①] 因此，煤炭、冶金、化工等能耗高、污染重的行业是陕西省生态企业建设的重点行业，这些行业可以通过煤矿瓦斯气、焦炉煤气、高炉煤气、余热等废气以及粉煤灰、煤矸石、尾矿等工业废渣的综合利用实现节能降耗的目标。[②] 清洁生产仍是一个时期内，陕西省生态企业建设的重要形式之一，应在钢铁、炼油和化工等行业，重点抓好若干户企业清洁生产的强制审核。对一些大型企业集团，要鼓励企业继续做大做强，构建完整的循环经济产业链条，实现企业内部生产废弃物的"零排放"；或者以企业为核心发挥辐射、引导作用，最终建成生态园区，带动所在区域循环经济的发展。在生态企业建设的地区选择上，陕南具有广阔的发展前景，汉中和安康都是巨大型的生物资源库，很多原生物可以广泛用于医药、食品和化妆品等清洁生产行业。

2. 生态园区的建设重点

陕西省不同地区或不同行业在发展生态园区时，应充分利用当地产业特点和资源优势，遵循不同的推进策略，形成各具特色的生态园区。

关中地区是陕西省教育、科研实力雄厚的区域，西安、杨凌、宝鸡 3 个国家级高新技术产业开发区和国家级西安经济开发区集中分布在该区域。关中地区应该利用上述生态园区建设的良好基础，加强生态园区的规划和政策引导，使已有的高新技术开发区和经济开发区逐渐向综合性生态园区转变。陕北地区不仅拥有丰富的煤炭、石油和天然气资源，还拥有大量不同品种的有色金属资源。因此，应该在继续加快锦界生态工业园建设的同时，以榆神、榆横煤化工园区为主体，延长产业链，进行资源产品深加工，建设煤化工基地。此外，还应进一步规划建设一批充分利用资源优势的其他行业性生态园区，使当地经济发展尽早纳入循

---

① 《陕西省国民经济与社会发展"十一五"规划》。
② 《陕西省人民政府关于做好建设节约型社会近期重点工作的通知》。

环经济的框架。陕南地区生物资源丰富，具有品质优良的绿色农产品、中草药，旅游前景广阔。因此，应该通过农副产品深加工及综合利用，重点建设具有区域特点的生态农业园和旅游观光园。

3. 生态城市的建设重点

陕西省生态城市的建设应按照"三大区域"的基本格局，针对关中城市群、陕北城市群、陕南城市群，以循环经济的核心理念和城市经济的内在联系为主线，对区域内的产业结构、基础设施、公共服务等进行通盘的战略设计，以发展静脉产业为突破口，实现生产和消费环节的一体化。

陕北能源化工基地应加大煤、油、气等资源开发的力度，大力发展煤电一体化、煤化一体化、油炼化一体化等现代能源转化产业，在确保环境容量的前提下，实现跨越发展，形成以延安、榆林为龙头的陕北生态城市群。

关中地区生态城市的建设应采取多样化的模式。西安、宝鸡、咸阳要充分利用高新科技和制造业的比较优势，建成国家重要的先进制造业基地。通过"西咸同治"等手段改变西安的"孤岛型"城市区位特征，注重生态城建设中城市的内在经济联系和产业互补。渭南、铜川等传统资源型城市应加快新区建设，在资源枯竭、产业转型的形势下，以循环经济和可持续发展的理念指导经济建设，在改善投资和生活环境的同时，加强与周边城市联系，提升核心竞争力，加快发展成为区域性的中心城市。杨凌应以农业高新技术产业示范区为依托，加强农业科技创新和推广应用，为陕西循环型农业的产业化和现代化探索有效途径。

陕南应发挥自然环境优美、生物资源和水资源丰富的优势，重点建设绿色产业基地，形成以中药产业、食品加工业、旅游业为主导的陕南绿色产业带为特色的循环经济发展模式。汉中按照国家确定的秦巴生物多样性功能区的定位及发展方向，严格控制水泥、火电、化工等重点行业的污染，强化对水源、土地、森林等自然资源的生态保护。安康以"药、水、游"三大产业作为实施"绿色安康"战略的突破口。商洛要加快融入西安经济圈，注重与河南、湖北相临区域的经济对接，构建跨区域的产业链条，重点建设一批以工业、商贸、旅游为特色的小城镇。

12.5.5 战略措施

1. 改革管理体制

明确陕西省政府下属各部门在发展循环经济中的职责，加强各级地方政府的协调配合，形成促进循环经济发展的体制条件和政策环境。

建议陕西省成立一个专门协调全省循环经济发展的机构——陕西省循环经济推进委员会，负责陕西省循环经济的规划和实施。该机构可以独立于现有部门以外单独设立，也可以设在陕西省环保局，由环保局牵头，省发改委、财政厅、科技厅等部门组织人员参与。在该委员会的领导下，各部门积极磋商，迅速解决相关利益纠纷，提高循环经济的决策效率。其中，陕西省发改委应在产业化示范工程、技改项目上对循环经济项目给予支持。陕西省科技厅要在实施自然科学计划、科技攻关计划中对高校、企业或科研单位的循环经济技术研发、基础研究等给予优先安排。财政部门应对循环经济高新技术成果商品化、产业化给予重点支持；鼓励和引导企业增加循环经济技术研发投入，给予必要的配套资金支持。在生态企业、生态园区、生态城市的建设中，要确立企业的主体性作用、各级政府的推进作用、公众的广泛参与和中介组织的沟通作用，建成管理体系和政策法规体系完善的循环型社会。

2. 强化技术支撑

（1）发展节能、节水和原材料节约技术。节能技术如替代石油技术、区域热电联产技术、建筑节能技术、余热利用技术等；节水技术如渠道防渗技术、管道输水技术等；原材料节约的重点是抓好机械、兵器、航空、电子、煤炭、轻工、石化、有色、冶金九大耗材行业的原材料消耗管理。

（2）开发能源开采和综合利用技术。开发并完善适合陕西省矿产资源特点的采、选、冶工艺，提高回采率和综合回收率。如近期集中资源开发煤变油技术以及燃料电池储氢技术、生物制氢技术。通过抓好龙门生态工业园、锦界生态工业园等示范试点，建设一批促进循环经济发展的重大项目，开发产业链延伸和耦合技术，探索系统化技术模式。

（3）开发废弃物再利用和废物资源化技术。应积极推进废钢铁、废有色金属、废纸、废塑料、废旧轮胎、废旧家电、废旧纺织品、废旧机电产品、包装废弃物等回收和循环利用技术的开发；支持研发汽车、发动机等废旧机电产品的再制造技术。

（4）研发清洁生产技术、农业节水技术、农业绿色能源开发技术、小流域综合治理技术、农林废弃物的资源化技术等发展循环型农业的关键技术。充分利用国家级农业研发基地——以西北农林科技大学为主体的杨凌农业高新技术开发区，实施农业技术的基础创新。

（5）积极支持建立陕西省循环经济信息系统和技术咨询服务体系，及时向社会发布有关循环经济的技术、管理政策等方面的信息，开展信息咨询、技术推广、宣传培训等，加强循环经济技术供求双方的联系与沟通。

3. 健全法制保障

陕西省应在现有法规的基础上，以建立完善的循环经济法律体系为目标，制定以下法规：在基本法规层面，陕西省人民政府要颁布《陕西省循环经济促进条例》。在专项法规层面，依据《中华人民共和国节约能源法》和《中华人民共和国清洁生产促进法》，陕西应按程序研究起草《陕西省节约能源条例》，制定《陕西省加快推进清洁生产实施意见》。省水利厅要会同有关部门抓紧编制《陕西省节约用水规划》；省发改委应会同省环保局制定《陕西省清洁生产审核办法》、《陕西省促进绿色消费条例》、《陕西省资源综合利用条例》、《陕西省废旧家电及电子产品回收处理管理条例》、《陕西省废旧轮胎回收利用管理条例》、《陕西省包装物回收利用管理办法》等。在特别法规层面，省科技厅应研究制定防止陕北采煤地表塌陷、地下水位下降的有关采掘技术标准；省建设厅应该会同有关部门尽早编制《陕西省城市用水规划》、《陕西省重点用水行业取水定额标准》，修订《民用建筑节能设计标准陕西省实施细则》等。

循环经济司法中要解决的关键问题是消除地方保护主义。在出现循环经济违法案件时，必须确保司法独立，各级地方政府不得为了地方经济利益而掩盖违法事件，纵容违法行为，干预司法机关的裁决。

加大对循环经济执法的投入，加强执法机关的硬件建设，提高信息化水平，增强其快速反应能力。建立完备的执法监督体系，规范执法人员的执法行为，提高执法人员的业务素质和思想素质，不断提高执法水平。

加大对循环经济违法的处罚力度，有效约束企业、政府或个人。依托社区和民间组织，利用电视、广播、报纸、网络等媒体开展多形式、多层次的循环经济守法教育，增强政府、企业和居民的循环经济法律意识。

4. 完善政策支持

调整和落实循环经济的投资政策，形成以政府投资为引导，企业、个人和境外投资者积极参与的多元投融资机制。充分发挥公共财政的作用，整合生态环境建设资金，集中财力解决陕北能源开发、渭河流域环境治理等突出的环境问题。陕西省扶贫开发办、林业厅、农业厅、环保局应将循环经济的发展与扶贫开发、退耕还林、小流域治理、农业综合开发和生态环境建设结合起来，在计划安排、项目设置、资金投入等方面，对循环经济发展给予重点支持。应放宽对投资的限制，积极推动污染治理市场化、产业化进程，引导社会资金以多种方式投入环保设施建设和运营。尝试建立和推行城市污水、垃圾处理特许经营制度，加强政府监管。

研究和完善循环经济发展的价格政策、收费政策、财税政策，加大对循环经济发展的支持力度。陕北、陕南地区应充分考虑资源的稀缺性和环境成本，建立反映资源稀缺程度的价格形成机制和生态补偿机制；逐步提高排污收费标准，实行城市污水、垃圾、危险废物处理收费政策。根据国家的《节能产品目录》和《关于政府节能采购的意见》，制定对生产和使用目录范围内产品的企业给予减免税的优惠政策。对再生资源回收、资源综合利用及生产环保产业设备的企业，以及对以废水、废气、废渣等废弃物为主要原料进行生产的企业，给予减免税收的优惠政策。

在产业政策方面，用循环经济理念指导区域发展，加快产业转型和老工业基地改造，促进陕西省产业布局的合理调整。加快发展低耗能、低排放的第三产业和高新技术产业，改变陕西省经济增长过于依赖第二产业、高能耗行业比重大的状况，严格限制发展高耗能、高耗水、高污染的产业；按照循环经济模式规划、建设和改造开发区，充分发挥产业集聚和工业生态效应，围绕核心资源发展相关产业，形成资源循环利用的产业链。

12.6 结 论

关于循环经济发展战略的研究既是目前国内理论探讨的热点，也是实践中迫切需要解决的问题。本章立足于理论与实践的结合，系统梳理了国内外关于循环经济发展战略的研究成果；总结了陕西省循环经济建设取得的成就，分析了陕西省循环经济发展中存在的问题及其深层原因；归纳概括了国外推进循环经济发展的经验；提出了"全面推进、重点突破"的陕西省循环经济发展的战略思路。本章主要得出三点结论：

（1）生态企业、生态园区、生态城市是陕西省循环经济在实践层面的三个载体，是循环经济理念的操作化。通过政府相关部门的积极推动和企业、居民的积极参与，陕西省的循环经济在生态企业、生态园区、生态城市的建设方面取得了一定成效。

（2）目前，陕西省循环经济发展过程中仍然存在一系列问题：企业发展循环经济的积极性不高，生态企业建设停留在清洁生产阶段；基础设施和环境状况不理想，规划不尽合理，生态园区整体水平不高；产业结构不合理，生产和消费环节割裂，生态城市建设中循环经济的理念尚未普及。造成上述问题的原因主要有：管理体制不完善，无法形成广泛的循环经济参与机制；技术开发和技术支持不足，未能形成有力的循环经济技术支撑；法制建设滞后，未能形成有效的循环经济约束机制；扶持政策缺位，未能形成有效的循环经济激励机制。

（3）借鉴国外的成功经验，本章认为，陕西省应该按照"全面推进、重点突破"的战略思路，重点建设生态企业、生态园区和生态城市等循环经济载体，通过改革管理体制、强化技术支撑、健全法制保障、完善政策支持等战略措施，为循环经济的全面推进创造条件，实现陕西省经济社会和谐发展的战略目标。

由于循环经济的理论与实践在陕西省都还处于起步阶段，要制定科学适用、操作性强的循环经济发展战略，必须深入探讨陕西省生态企业、生态园区、生态城市的建设路径，构建符合陕西省情的循环经济建设标准与评价体系，具体研究加快陕西省循环经济发展的技术体系、法律政策、运行机制等。

参考文献

［1］孟赤兵：《胡锦涛论循环经济》，载《循环经济要览》，航空工业出版社 2005 年版，第 6 页。

［2］杨斌：《软科学大辞典》，中国社会科学出版社 1991 年版，第 80 ~ 81 页。

［3］杨斌：《软科学大辞典》，中国社会科学出版社 1991 年版，第 80 ~ 81 页。

［4］Hansjoerg Griese, Harald Poetter , Kasten Schischke, "Reuse and Lifetime Extention Strategies in the Context of Technology Innovation, Global Markets, and Environmental Legislation", *IEEE*, 2004, 173 ~ 178.

［5］Pierre D. esrochers, "Cities and Industrial Symbiosis——Some Historical Perspectives and Policy Implications", *Journal of Industrial Ecology*, 2002, 5 (4): 29 ~ 43.

［6］D. Bazin, J. Ballet, D. Touahri, "Environmental responsibility versus taxation", *Ecological Economics*, 2004, 49, 129 ~ 134.

［7］Jan C. M. van den Ende, Philip J. Vergragt, "Flexibility Strategies for Sustainable Technology Development", *Technovation*, 2001, 21, 335 ~ 343.

［8］Tomohiro Tasaki, Atsushi Tazono, Yuichi Moliguchi, "Effective Assessment of Japanese Recycling Law for Electrical Home Appliances : Four years after the full enforcement of the law", *ISEE*, 2005, 243 ~ 248.

[9] 诸大建、钱斌华:《循环经济的 C 模式及保障体系研究》,载《铜业工程》2006 年第 1 期,第 6~7 页。

[10] 李振京:《我国循环经济的发展现状与战略选择》,载《环境经济杂志》2006 年 4 月总第 28 期,第 19~26 页。

[11] 齐建国:《中国循环经济发展的若干理论与实践探索》,载《学习与探索》2005 年第 2 期,第 160~167 页。

[12] 杨春平:《试论我国循环经济的发展》,载《宏观经济管理》2005 年第 5 期,第 42~45 页。

[13] 任勇等:《我国循环经济的发展模式》,载《中国人口·资源与环境》2005 年第 5 期,第 137~142 页。

[14] 马凯:《以科学发展观为指导 大力推进循环经济发展》,载《中国资源综合利用》2004 年第 10 期,第 1 页。

[15] 刑振纲:《天津市发展循环经济的战略思考》,载《环经保护》2005 年第 1 期,第 31 页。

[16] 尚杰:《黑龙江省发展循环经济的战略构想》,载《学习与探索》2005 年第 2 期,第 176~179 页。

[17] 李炳武、王良健:《长沙市发展循环经济的战略设计》,载《企业改革与管理》2006 年第 3 期,第 50~51 页。

[18] 杨松茂、张鸿:《建设陕西生态省的循环经济发展研究载》,载《水土保持通报》2005 年第 25 卷第 3 期,第 92~96 页。

[19] 何发理:《陕西构建循环型农业体系的实践与思考》,载《环境保护》2006 第 2 期,第 30~32 页。

[20] 刘超:《用循环经济理念建设生态型城镇——以杨凌农业高新技术产业示范区为例》,载《农业现代化研究》,2005 年第 26 卷第 6 期,第 445~448 页。

[21] 何发理:《树立循环经济理念 促进区域环境改善》,陕西省环保局网站,2005 年 4 月 7 日。

[22] 陕西省省政府研究室:《陕西发展循环经济的现状、问题及政策建议》,www. sare. com. cn/sxnw/ncjj. asp? pages = 2&bs,2006 年 10 月 6 日。

［23］王慧、耿宏强：《陕西调整空间结构综合评价分析》，载《统计与决策》2005 年第 14 期，第 41 ~ 43 页。

［24］储亚玲：《产业集群——陕西"一线两带"建设的有效途径》，载《陕西综合经济》2006 年第 4 期，第 31 ~ 32 页。

［25］西安市环境卫生科学研究所主办：《环卫信息》，2006 年第 2 期，第 16 页。

［26］刘铁军：《汉江上中游遭遇水污染威胁 防污治污亟待提速》，载《中国水利报》2005 年 9 月 14 日第 4 版。

［27］李东华：《国外发展循环经济做法》，载《今日浙江》2005 年第 4 期，第 27 页。

［28］《日本发展循环经济型社会的经验——Ⅲ强化政府职责与加强科技研究》，载《中国生态农业学报》2006 年第 1 期，第 205 页。

［29］谢旭人：《发展循环经济，实施可持续发展》，载《节能与环保》2003 年第 3 期，第 5 页。

［30］王爱兰：《世界发达国家推进循环经济发展的战略举措》，载《决策与信息》2005 年第 10 期，第 4 ~ 5 页。

［31］贾庆军：《发达国家循环经济法的构建及对我国的启示》，载《西北第二民族学院学报》2004 年第 4 期，第 106 ~ 110 页。

［32］李远：《美国日本产业政策：比较分析与启示》，载《经济经纬》2006 年第 1 期，第 48 ~ 50 页。

［33］王青：《对日本建立循环型社会的一点思考》，载《日本问题研究》2004 年第 1 期，第 22 ~ 26 页。

［34］刘文强、周宏春：《国外发展循环经济的做法与启示》，载《经济研究参考》2006 年第 46 期，第 19 页。

［35］杨先明、黄宁：《环境库兹涅茨曲线与增长方式转型》，载《云南大学学报（社会科学版）》2004 年第 6 期，第 45 ~ 51 页。

［36］蔡平：《陕西生态环境建设问题初探》，载《咸阳师范专科学校学报》2000 年第 15 卷第 16 期，第 60 ~ 63 页。

［37］《陕西日报》，2004 年 2 月 6 日，http：//news. shaanxi. gov. cn/shownews. asp？id = 28760。

［38］《三大因素制约陕西经济发展》，http：//post. baidu. com/f?
kz = 2047424 ,2006 年 10 月 3 日。

［39］李振京：《发展循环经济需遵循四大原则》，载《中国西部科
技》2005 年第 20 期，第 1 页。

［40］滕藤：《推进生态省建设和循环经济实践》，载《循环经济要
览》，航空工业出版社 2005 年版，第 178 页。

［41］陕西省信息中心 ：《陕西省经济增长质量的评价和分析》，
http：//www. sei. sn. cn/ShowArticle. asp？ ArticleID = 79962。

［42］《西部经济发展变化与陕西经济增长模式分析》，中国统计信息网
http：//61. 133. 107. 180/news/FinanceNews/roll/20050711/114789322t. shtml，
2005 年 7 月 12 日。

附　录

附录1 龙门生态工业园主要生态流能量原始数据估算式(以 2002 年为例)

一、系统可更新资源能值

1. 太阳光

年日照时数：2336.9 小时

年辐射总量：121.2k. cal/cm^2 · a

工业园面积：78km^2

能量 =（园区面积）（太阳光年平均辐射量）

$\quad$ =（78×10^{10}cm^2）（121.2kcal/cm^2 · a）（4186J/kcal）

$\quad$ = 3.96×10^{17} J/a

2. 风能

年平均风速：2.4m/s

高度：1000m

空气密度：1.23kg/m^3

园区面积：78km^2

涡流扩散系数：12.95m^2/s

风速垂直梯度变化率：3.93×10^{-3}m/s/m

能量 =（高度）（空气密度）（涡流扩散系数）（风速变化率）^{2}（园区面积）（3.1536×10^7s/a）

$\quad$ =（1000m）（1.23kg/m^3）（12.95m^2/s）（3.93×10^{-3} m/s/m）^{2}（78×10^6m^2）（3.1536×10^7s/a）

$\quad$ = 6.05×10^{14} J/a

3. 雨水势能

园区面积：78km^2

年均降雨量：559.7mm/a

平均海拔：500m

重力加速度：9.8m/s^2

能量 =（园区面积）（平均海拔高度）（年均降雨量）（水的密度）（重力加速度）

$$= (78 \times 10^6 \, m^2)(500m)(559.7 \times 10^{-3} \, m/a)(10^3 \, kg/m^3)(9.8 \, m/s^2)$$

$$= 2.13 \times 10^{14} \, J/a$$

4. 雨水化学能

园区面积：78km^2

年均降雨量：559.7mm

雨水吉布斯自由能 G：4.94J/g

能量 =（园区面积）（年降雨量）（吉布斯自由能 G）（水的密度）

$$= (78 \times 10^6 \, m^2)(559.7 \times 10^{-3} \, m/a)(4.94 \, J/g)(10^6 \, g/m^3)$$

$$= 2.16 \times 10^{14} \, J/a$$

5. 地球旋转势能

园区面积：78km^2

热通量：$1 \times 10^6 \, J/m^2/a$

能量 =（土地面积）（热通量）

$$= (78 \times 10^6 \, m^2)(1 \times 10^6 \, J/m^2 \cdot a)$$

$$= 7.8 \times 10^{13} \, J/a$$

二、不可更新资源输入

1. 水

能量 =（开发区年供水量）（能量折算参数）

$$= (9.783 \times 10^{12} \, g/a)(5 \, J/g)$$

$$= 4.89 \times 10^{13} \, J/a$$

2. 电

能量 = (年用电量)(能量折算参数)

$$= (10.4 \times 10^8 \text{kwh/a})(3.6 \times 10^6 \text{J/kwh})$$

$$= 3.74 \times 10^{15} \text{J/a}$$

3. 原煤

能量 = (年用煤量)(能量折算参数)

$$= (393.62 \times 10^4 \text{t/a})(3.18 \times 10^{10} \text{J/t})$$

$$= 1.25 \times 10^{17} \text{J/a}$$

4. 铁矿

能量 = (年消耗铁矿量)(能量折算参数)

$$= (127.9 \times 10^4 \text{t/a})(1.42 \times 10^7 \text{J/t})$$

$$= 1.81 \times 10^{13} \text{J/a}$$

5. 石灰石

能量 = (年消耗量)(能量折算参数)

$$= (3.4 \times 10^{11} \text{g/a})(1.635 \times 10^{-3} \text{J/g})$$

$$= 5.56 \times 10^8 \text{J/a}$$

三、循环利用资源能值

1. 循环利用废水

能量 = (循环利用废水量)(能量折算参数)

$$= (1.46 \times 10^8 \text{t/a})(1 \times 10^6)(5 \text{J/t})$$

$$= 7.30 \times 10^{14} \text{J/a}$$

2. 循环利用废气 (主要是高炉煤气)

能量 = (循环利用废水量)(能量折算参数)

$$= (6.40 \times 10^8 \text{m}^3/\text{a})(0.84 \text{kg/m}^3)(4.88 \times 10^{-3} \text{J/kg})$$

$$= 2.62 \times 10^9 \text{J/a}$$

四、废弃物能值

1. 废水

能量 = (年废水排放量)(能量折算参数)

$$= (1.75 \times 10^6 \text{t/a})(1 \times 10^6)(5\text{J/t})$$

$$= 8.75 \times 10^{12} \text{J/a}$$

2. 废气（主要是高炉煤气）

能量 =（年废水排放量）（能量折算参数）

$$= (1.93 \times 10^{10} \text{m}^3/\text{a})(0.84\text{kg/m}^3)(4.88 \times 10^{-3} \text{J/kg})$$

$$= 7.91 \times 10^{10} \text{J/a}$$

五、系统产出

韩城龙门生态工业园 2002 年工业总产值：42.53 亿元，即 5.13 亿美元。

废弃物综合利用产值：1.46 亿元，即 0.18 亿美元。

（2002 年人民币对美元汇率为：8.2770）

附录2 生态工业园生态效率
评价指标调查问卷

尊敬的专家：

您好，此次问卷调查的目的是为了了解不同指标在评价生态工业园生态效率中的重要程度。您的见解和意见对于我们构建生态工业园生态效率评价指标体系、确定不同指标的权重具有重要意义，进而可以促进生态工业园的健康可持续发展。问卷匿名填写，我们将对您的问卷填答内容严格保密。请您认真填写，感谢您的积极参与和支持！

> 填写说明：
> 1. 请您单独填写，并依照自己的实际情况和想法客观发表意见。
> 2. 请按照您对每个指标在评价生态工业园生态效率重要程度的理解，在您认可的相应分值后的（ ）内画"√"号。（程度高的分值大；不同指标的分值可以相等；一个指标只给一个分值。）
> 3. 务必请于填写问卷前阅读背景资料介绍。

第一部分 经济子系统指标

1-1 "经济总产出与资源总投入的比"对生态工业园生态效率的重要程度（该指标反映生态工业园的经济产出能力）

9（ ），8（ ），7（ ），6（ ），5（ ），4（ ），3（ ），2（ ），1（ ）。

1-2 "废弃物综合利用产值占经济总产出的比"对生态工业园生态效率的重要程度（该指标反映生态工业园的生态工业构建情况）

9（ ），8（ ），7（ ），6（ ），5（ ），4（ ），3（ ），2（ ），1（ ）。

1-3 "电力占总使用资源的比"对生态工业园生态效率的重要程度（该指标反映工业化、电气化水平）

9（ ），8（ ），7（ ），6（ ），5（ ），4（ ），3（ ），2（ ），1（ ）。

1-4 "燃料占总使用资源的比"对生态工业园生态效率的重要程度（该指标反映工业化水平和对石化燃料的依赖程度）

9（ ），8（ ），7（ ），6（ ），5（ ），4（ ），3（ ），2（ ），1（ ）。

第二部分 环境子系统指标

2-1 "循环利用废弃物占总使用资源的比"对生态工业园生态效率的重要程度（该指标反映构建生态链产生的环境效益）

9（ ），8（ ），7（ ），6（ ），5（ ），4（ ），3（ ），2（ ），1（ ）。

2-2 "排放废弃物与总使用资源的比"对生态工业园生态效率的重要程度（该指标反映构建生态链的潜力）

9（ ），8（ ），7（ ），6（ ），5（ ），4（ ），3（ ），2（ ），1（ ）。

2-3 "使用可更新资源占总使用资源的比"对生态工业园生态效率的重要程度（该指标反映园区使用可更新资源的能力）

9（ ），8（ ），7（ ），6（ ），5（ ），4（ ），3（ ），2（ ），1（ ）。

2-4 "拥有可更新自然资源与总使用资源的比"对生态工业园生态效率的重要程度（该指标反映园区环境潜力）

9（　），8（　），7（　），6（　），5（　），4（　），3（　），2（　），1（　）。

2-5 "资源环境负荷率"对生态工业园生态效率的重要程度（该指标反映园区使用资源对环境造成的压力）

9（　），8（　），7（　），6（　），5（　），4（　），3（　），2（　），1（　）。

2-6 "废弃物环境负荷率"对生态工业园生态效率的重要程度（该指标反映园区排放废弃物对环境的压力）

9（　），8（　），7（　），6（　），5（　），4（　），3（　），2（　），1（　）。

第三部分　社会子系统指标

3-1 "园区总产出与园区总人口的比值"对生态工业园生态效率的重要程度（该指标反映人民的生活水平）

9（　），8（　），7（　），6（　），5（　），4（　），3（　），2（　），1（　）。

3-2 "园区总使用资源与可利用面积的比值"对生态工业园生态效率的重要程度（该指标反映园区开发程度与人们生活水平）

9（　），8（　），7（　），6（　），5（　），4（　），3（　），2（　），1（　）。

3-3 "周边社区对园区的满意度"对生态工业园生态效率的重要程度（该指标反映周边社区人们对生态工业园环境的满意程度）

9（　），8（　），7（　），6（　），5（　），4（　），3（　），2（　），1（　）。

3-4 "职工对生态工业的认知率"对生态工业园生态效率的重要程度（该指标反映职工对生态工业园的认知程度）

9（　），8（　），7（　），6（　），5（　），4（　），3（　），2（　），1（　）。

第四部分　指标类别

4-1　"经济子系统指标"对生态工业园生态效率评价的重要程度（该类指标反映经济效益）

9（　），8（　），7（　），6（　），5（　），4（　），3（　），2（　），1（　）。

4-2　"环境子系统指标"对生态工业园生态效率评价的重要程度（该类指标反映环境效益）

9（　），8（　），7（　），6（　），5（　），4（　），3（　），2（　），1（　）。

4-3　"社会子系统指标"对生态工业园生态效率评价的重要程度（该类指标反映社会效益）

9（　），8（　），7（　），6（　），5（　），4（　），3（　），2（　），1（　）。

衷心感谢您的积极配合！

调查员：＿＿＿＿＿＿

调查时间：＿＿年＿＿月＿＿日

附录3 环境满意度及生态工业
认知度调查问卷

各位女士、先生:

　　此次问卷调查的目的是为了了解龙门生态工业园区的公众对园区环境的满意情况和职工对生态工业的认知情况,您的见解和意见对于改善园区环境、促进园区的可持续发展至关重要。问卷匿名填写,我们将对您的问卷填答内容严格保密。请您认真填写,感谢您的积极参与和支持!

填写说明:

1. 请您单独填写,并依照自己的实际情况和想法客观发表意见。

2. 以下问题,请在您认可的选项后的□内画"√"号。

3. 务必请于填写问卷前阅读背景资料介绍。

第一部分　公众对环境满意情况调查

1-1	对园区内的大气环境质量是否满意?	满意 □　基本满意 □　不满意 □
1-2	对园区内的声环境质量是否满意?	满意 □　基本满意 □　不满意 □
1-3	对园区内的水环境质量是否满意?	满意 □　基本满意 □　不满意 □
1-4	对周边企业的废气排放方式是否满意?	满意 □　基本满意 □　不满意 □
1-5	对周边企业的废水排放方式是否满意?	满意 □　基本满意 □　不满意 □

续表

1-6	对周边企业的固体废物排放方式是否满意？	满意 □	基本满意 □	不满意 □
1-7	对周边企业的噪声控制措施是否满意？	满意 □	基本满意 □	不满意 □
1-8	对园区现绿化水平是否满意？	满意 □	基本满意 □	不满意 □
1-9	对园区目前的中水回用水平是否满意？	满意 □	基本满意 □	不满意 □
1-10	对园区垃圾的清运和处理方式是否满意？	满意 □	基本满意 □	不满意 □
1-11	对园区现在的产业结构是否满意？	满意 □	基本满意 □	不满意 □
1-12	对园区的交通状况是否满意？	满意 □	基本满意 □	不满意 □
1-13	对园区的环境宣传力度是否满意？	满意 □	基本满意 □	不满意 □
1-14	对园区管理机构与公众的沟通方式和力度是否满意？	满意 □	基本满意 □	不满意 □

满意 □　　　　　基本满意 □　　　　不满意 □

第二部分　职工对生态工业认知情况调查

2-1	生态工业园区建设对改善园区空气环境质量有何影响？	有利 □	不利 □
2-2	生态工业园区建设对改善园区水环境质量有何影响？	有利 □	不利 □
2-3	生态工业园区建设对提高废物资源化水平有利吗？	有利 □	不利 □
2-4	生态工业园区建设对促进废物处理处置水平有利吗？	有利 □	不利 □
2-5	生态工业园区建设是否促进当地经济发展？	是 □	否 □
2-6	生态工业园区建设对优化经济结构是否有利？	是 □	否 □
2-7	生态工业园区建设对提高能源效率是否有利？	是 □	否 □
2-8	生态工业园区建设对提高水资源效率是否有利？	是 □	否 □
2-9	生态工业园区建设对促进环境信息交流是否有利？	是 □	否 □
2-10	生态工业园区建设对改善工作环境是否有利？	是 □	否 □
2-11	生态工业园区建设是否有利于提高自身的环境意识？	是 □	否 □
2-12	生态工业园区建设是否有利于提高园区环境管理水平？	是 □	否 □

注：本问卷前两部分来源于国家环保局颁布的文件《生态工业园区标准（试行）》

第三部分 个人基本信息

3－1 性别：□男 □女

3－2 年龄：_____岁

3－3 职业：

□1. 农民 □2. 一线工人 □3. 企业行政管理人员

□4. 公务员或其他公职人员 □5. 个体经营者

□6. 自由职业者 □7. 退休者 □8. 其他_____

3－4 教育程度：

□1. 研究生 □2. 大学 □3. 大专 □4. 高中

□5. 中专 □6. 初中 □7. 小学 □8. 未上学

衷心感谢您的积极配合！

调查员：_____

调查时间：___年___月___日

附录 4　生态城市发展水平
测度指标解释

1. 劳动生产率（C_1）： 从占用的劳动力产出效率角度反映资源利用效率的指标，用"平均每个就业人员实现国内生产总值"表示，计算公式为：

$$劳动生产率 = \frac{国内生产总值}{就业人员}$$

2. 资本产出率（C_2）： 从资本占用角度反映资源利用效率指标，用"平均每百元固定资产原值实现国内生产总值"表示，计算公式为：

$$资本产出率 = \frac{国内生产总值}{固定资产原值}$$

3. 能耗产出率（C_3）： 从能源消耗角度反映资源利用效率，用"单位综合能源消耗实现国内生产总值"表示，计算公式为：

$$能耗产出率 = \frac{国内生产总值}{综合能源消耗}$$

4. 用水产出率（C_4）： 从水资源使用消耗角度反映资源利用效率的指标，用"单位用水量实现国内生产总值"表示，计算公式为：

$$用水产出率 = \frac{国内生产总值}{用水量}$$

5. 土地产出率（C_5）： 从土地资源产出效率的角度反映资源利用效率的指标，用"单位土地面积实现国内生产总值"表示，计算公式为：

$$土地产出率 = \frac{国内生产总值}{土地面积}$$

6. 万元工业产值废水排放量（C_6）： 指每万元工业产值的工业废水排放量。该项指标比率越小，表明经济增长的同时工业废水的产生量越少，工业废水的产生量得到有效控制。计算公式为：

$$万元工业产值废水排放量 = \frac{工业废水排放量}{工业生产总值}$$

7. 万元工业产值废气（SO_2）排放量（C_7）： 指每万元工业产值的工业废气（具体为 SO_2）排放量。该项指标比率越小，表明经济增长的同时工业废气的产生量越少，工业废气的产生量得到有效控制。计算公式为：

$$万元工业产值废气(SO_2)排放量 = \frac{工业废气(SO_2)排放量}{工业生产总值}$$

8. 万元工业产值固体废物排放量（C_8）： 指每万元工业产值的工业固体废物排放量。该项指标比率越小，表明经济增长的同时工业固体废物的产生量越少，工业固体废物的产生量得到有效控制。计算公式为：

$$万元工业产值固体废物排放量 = \frac{工业固体废物排放量}{工业生产总值}$$

9. 工业废水排放达标率（C_9）： 指工业废水排放达标量占工业废水排放量的比率，工业废水排放达标率越高，表明对废水处置的力度越大。计算公式为：

$$工业废水排放达标率 = \frac{工业废水排放达标量}{工业废水排放量} \times 100\%$$

10. 工业废气（SO_2）排放达标率（C_{10}）： 指工业废气排放达标量占工业废气（具体为 SO_2）排放量的比率，工业废气排放达标率越高，表明对废气处置的力度越大。计算公式为：

$$工业废气排放达标率 = \frac{工业SO_2排放达标量}{工业SO_2排放量} \times 100\%$$

11. 危险废物集中处理率（C_{11}）： 指列入国家危险废物名录或根据国家规定的危险废物鉴别标准和鉴别方法认定的，具有爆炸性、易燃性、易氧化性、毒性、腐蚀性、易传染疾病等危险特性之一的废物的集中处理程度，反映一个城市对危险废弃物的处置情况。计算公式为：

$$\text{危险废物集中处理率} = \frac{\text{危险废物集中处理量}}{\text{危险废物产生量}} \times 100\%$$

12. 城市生活污水处理率（C_{12}）：指城市二级以上集中式污水处理厂处理的生活污水占市区生活污水排放总量之比，反映一个城市的生活领域废水处置能力。计算公式为：

$$\text{城市生活污水处理率} = \frac{\text{经处理的生活污水量}}{\text{生活污水排放总量}} \times 100\%$$

13. 生活垃圾无害化处理率（C_{13}）：指经无害化处理的城市市区生活垃圾数量占市区生活垃圾产生总量的百分比，反映一个城市的生活垃圾无害化处置能力。计算公式为：

$$\text{生活垃圾无害化处理率} = \frac{\text{经无害化处理的生活垃圾量}}{\text{生活垃圾产生总量}} \times 100\%$$

14. 工业固体废物综合利用率（C_{14}）：指工业固体废物综合利用量占工业固体废物产生的百分率，反映工业固体废弃物作为资源再次循环利用的程度。计算公式为：

$$\text{工业固体废物综合利用率} = \frac{\text{工业固体废物综合利用量}}{\text{工业固体废物产生量}} \times 100\%$$

15. 工业用水重复利用率（C_{15}）：指在一定的计量时间（年）内，生产过程中使用的重复利用水量与总用水量的比值，反映一个城市工业用水的循环利用程度，该指标越高，反映对水资源重复利用情况越好。计算公式为：

$$\text{工业用水重复利用率} = \frac{\text{工业用水重复利用量}}{\text{工业用水总量}} \times 100\%$$

16. 危险废物综合利用率（C_{16}）：指危险废物综合利用量占危险废物产生量的百分率，反映危险废物作为资源再次循环利用的程度。计算公式为：

$$\text{危险废物综合利用率} = \frac{\text{危险废物综合利用量}}{\text{危险废物产生量}} \times 100\%$$

17. 城市污水再生利用率（C_{17}）：指城市污水再生利用量占城市污水排放量的百分率，反映城市污水作为资源再次循环利用的程度。计算公式为：

$$城市污水再生利用率 = \frac{城市污水再生利用量}{城市污水排放量} \times 100\%$$

18. 科技进步贡献率（C_{18}）：这一指标用于分析经济增长与科技进步、劳动和资本的长期发展趋势与相互关系，反映经济发展中科技与管理水平提高的贡献份额。

19. 环境污染源治理本年投资额（C_{19}）：指企事业单位本年在污染治理工程（或者设施）建设中实际投入的资金总额。包括工业污染治理投资、新建项目环保设施"三同时"投资两部分。

20. 城市环境设施投资额（C_{20}）：包括用于城市建设中的燃气、集中供热、污水处理、园林绿化、垃圾处理及其他行业的固定资产投资额。

21. 高新技术产品产值占工业总产值比重（C_{21}）：指高新技术产品产值占工业生产总值的比率，反映区域高新技术发展应用状况。计算公式为：

$$高新技术产品产值占工业总产值比重 = \frac{高新技术产品产值}{工业生产总值} \times 100\%$$

22. 三废综合利用产品产值（C_{22}）：指报告期内利用"三废"作为主要原料生产的产品产值，已售或者准备销售。

附录5 关于生态城市发展水平测度指标的调查问卷

尊敬的专家：

您好，感谢您填写《关于生态城市发展水平测度指标的调查问卷》。本次调查的目的是为了客观准确地得出不同指标对于生态城市发展水平的影响程度，确定比较判断矩阵的赋值。您的见解和意见对于了解生态城市发展水平现状有至关重要的作用。问卷匿名填写，我们将对您的问卷填写内容严格保密，感谢您的积极参与和支持！

> 填写说明：
> 1. 请您单独填写，并依照自己的实际情况和想法客观发表意见。
> 2. 请按照您对各层级影响生态城市发展水平程度的理解，在您认可的相应分值后的（　）内画"√"号。（重要程度高、贡献大、强度高的分值大；不同指标的分值可以相等；每个指标只给一个分值）
> 3. 务必请于填写问卷前阅读背景资料介绍。

第一部分 二级指标层

1-1 资源利用指标

（1）劳动生产率相对于资源利用的重要程度

9（　），8（　），7（　），6（　），5（　），4（　），3（　），2（　），1（　）。

（2）资本产出率相对于资源利用的重要程度

9（ ），8（ ），7（ ），6（ ），5（ ），4（ ），3（ ），2（ ），1（ ）。

（3）能耗产出率相对于资源利用的重要程度

9（ ），8（ ），7（ ），6（ ），5（ ），4（ ），3（ ），2（ ），1（ ）。

（4）用水产出率相对于资源利用的重要程度

9（ ），8（ ），7（ ），6（ ），5（ ），4（ ），3（ ），2（ ），1（ ）。

（5）土地产出率相对于资源利用的重要程度

9（ ），8（ ），7（ ），6（ ），5（ ），4（ ），3（ ），2（ ），1（ ）。

1-2 废弃物减排指标

（6）万元工业产值废水排放量相对于废弃物减排的重要程度

9（ ），8（ ），7（ ），6（ ），5（ ），4（ ），3（ ），2（ ），1（ ）。

（7）万元工业产值废气（SO_2）排放量相对于废弃物减排的重要程度

9（ ），8（ ），7（ ），6（ ），5（ ），4（ ），3（ ），2（ ），1（ ）。

（8）万元工业产值固体废物排放量相对于废弃物减排的重要程度

9（ ），8（ ），7（ ），6（ ），5（ ），4（ ），3（ ），2（ ），1（ ）。

1-3 废弃物处置指标

（9）工业废水排放达标率相对于废弃物处置的重要程度

9（ ），8（ ），7（ ），6（ ），5（ ），4（ ），3（ ），2（ ），1（ ）。

（10）工业废气排放达标率相对于废弃物处置的重要程度

9（ ），8（ ），7（ ），6（ ），5（ ），4（ ），3（ ），2（ ），1（ ）。

（11）工业固体废物相对于废弃物处置的重要程度

9（ ），8（ ），7（ ），6（ ），5（ ），4（ ），3（ ），

2（　），1（　）。

（12）城市生活污水处理率相对于废弃物处置的重要程度

9（　），8（　），7（　），6（　），5（　），4（　），3（　），

2（　），1（　）。

（13）生活垃圾无害化处理率相对于废弃物处置的重要程度

9（　），8（　），7（　），6（　），5（　），4（　），3（　），

2（　），1（　）。

1-4　废弃物综合利用指标

（14）工业固体废物综合利用率相对于废弃物综合利用的重要程度

9（　），8（　），7（　），6（　），5（　），4（　），3（　），

2（　），1（　）。

（15）工业用水重复利用率相对于废弃物综合利用的重要程度

9（　），8（　），7（　），6（　），5（　），4（　），3（　），

2（　），1（　）。

（16）城市中水回用率相对于废弃物综合利用的重要程度

9（　），8（　），7（　），6（　），5（　），4（　），3（　），

2（　），1（　）。

（17）城市生活垃圾资源化利用率相对于废弃物综合利用的重要程度

9（　），8（　），7（　），6（　），5（　），4（　），3（　），

2（　），1（　）。

1-5　技术与资金投入指标

（18）科技进步贡献率相对于技术与资金投入的重要程度

9（　），8（　），7（　），6（　），5（　），4（　），3（　），

2（　），1（　）。

（19）环境污染源治理本年投资额相对于技术与资金投入的重要程度

9（　），8（　），7（　），6（　），5（　），4（　），3（　），

2（　），1（　）。

（20）城市环境设施投资额相对于技术与资金投入的重要程度

9（　），8（　），7（　），6（　），5（　），4（　），3（　），

2（　），1（　）。

（21）高新技术产品产值占工业总产值比重相对于技术与资金投入的重要程度

9（　），8（　），7（　），6（　），5（　），4（　），3（　），2（　），1（　）。

（22）三废综合利用产品产值相对于技术与资金投入的重要程度

9（　），8（　），7（　），6（　），5（　），4（　），3（　），2（　），1（　）。

第二部分　一级指标层

2－1　资源利用对生态城市发展水平的重要程度

9（　），8（　），7（　），6（　），5（　），4（　），3（　），2（　），1（　）。

2－2　废弃物减排对生态城市发展水平的重要程度

9（　），8（　），7（　），6（　），5（　），4（　），3（　），2（　），1（　）。

2－3　废弃物处置对生态城市发展水平的重要程度

9（　），8（　），7（　），6（　），5（　），4（　），3（　），2（　），1（　）。

2－4　废弃物综合利用对生态城市发展水平的重要程度

9（　），8（　），7（　），6（　），5（　），4（　），3（　），2（　），1（　）。

2－5　技术与资金投入对生态城市发展水平的重要程度

9（　），8（　），7（　），6（　），5（　），4（　），3（　），2（　），1（　）。

衷心感谢您的积极配合！

调查员：＿＿＿＿＿＿＿

调查时间：＿＿＿年＿＿＿月＿＿＿日

附录 6 全国 30 个主要城市各项指标实际值、标准值

附表 6－1

城市 指标	北 京		天 津		石家庄	
	实际值	标准值	实际值	标准值	实际值	标准值
C_1	0.4912	0.03274499	9.912367	0.66082449	14.27724	0.95181622
C_2	1.6941	0.48404179	2.328768	0.66536239	2.279033	0.65115224
C_3	1.2821	0.64102564	0.925926	0.46296296	0.546448	0.27322404
C_4	0.0285	0.05421338	0.045463	0.08643071	0.058745	0.11168223
C_5	2549.589	0.02161237	2459.631	0.02084981	2337.521	0.0198147
C_6	2.6854	0.37238796	4.20979	0.23754151	6.330545	0.15796429
C_7	0.0023	0.17124124	0.003747	0.10674921	0.001177	0.33994831
C_8	0.0019	5.34E－05	8.19E－07	0.12216112	0.0001	0.00099563
C_9	99	0.99	99	0.99	97	0.97
C_{10}	20.96446	0.2096446	24.92031	0.24920312	99.74768	0.99747677
C_{11}	75.40	0.754	100.00	1	100.00	1
C_{12}	54	0.54	54	0.54	33	0.33
C_{13}	80	0.8	61	0.61	100	1
C_{14}	71	0.71	98	0.98	91	0.91
C_{15}	91	0.91	85	0.85	94.67	0.9467
C_{16}	87.5	0.875	85	0.85	96.15	0.9615
C_{17}	9.18	0.1836	0	0	4.48	0.0896
C_{18}	56	0.8	50	0.71428571	46	0.65714286
C_{19}	64066	0.02842708	104146	0.0462112	48748	0.02163025
C_{20}	1090000	0.65317961	615094	0.36859345	328161	0.19664961
C_{21}	30	0.42857143	30.5	0.43571429	24.9	0.35571429
C_{22}	645183	1	54689	0.0847651	14622	0.02266334

附表6-2

城市	太　原		呼和浩特		沈　阳	
指标	实际值	标准值	实际值	标准值	实际值	标准值
C_1	5.409622	0.3606415	8.896803	0.59312022	9.45334	0.63022269
C_2	1.908426	0.54526445	1.625714	0.4644898	1.95672	0.55906299
C_3	0.338983	0.16949153	0.526316	0.26315789	0.909091	0.45454545
C_4	0.024725	0.04700557	0.040727	0.07742756	0.03202	0.06087495
C_5	916.5703	0.00776959	297.3177	0.0025203	1464.321	0.01241276
C_6	5.474671	0.18265938	4.210981	0.23747438	3.461898	0.28885888
C_7	0.025513	0.01567846	0.021585	0.01853135	0.002251	0.17766943
C_8	0.07078	1.4128E-06	0.0001349	0.00074153	0.000745681	0.00013411
C_9	90	0.9	79	0.79	97	0.97
C_{10}	29.43383	0.29433833	4.243027	0.04243027	45.96395	0.45963952
C_{11}	100.00	1	93.18	0.9318	100.00	1
C_{12}	61	0.61	61	0.61	69	0.69
C_{13}	85	0.85	77	0.77	100	1
C_{14}	43	0.43	18	0.18	77	0.77
C_{15}	89.64	0.8964	55.54	0.5554	83.8	0.838
C_{16}	71.25	0.7125	28.21	0.2821	48.51	0.4851
C_{17}	3.77	0.0754	0.55	0.011	1.35	0.027
C_{18}	48	0.68571429	43.57	0.62242857	50	0.71428571
C_{19}	121618	0.0539638	779	0.00034565	50767	0.02252611
C_{20}	108435	0.06497939	125395	0.07514262	222616	0.13340205
C_{21}	15	0.21428571	11.1	0.15857143	25.5	0.36428571
C_{22}	18399	0.02851749	3239	0.00502028	5374	0.00832942

附表6-3

城市	长　春		哈尔滨		上　海	
指标	实际值	标准值	实际值	标准值	实际值	标准值
C_1	8.297325	0.55315499	6.522526	0.43483504	13.6637	0.91091345
C_2	3.337284	0.95350969	3.155425	0.90154997	2.415268	0.69007649
C_3	0.526316	0.26315789	0.555556	0.27777778	1.136364	0.56818182
C_4	0.054166	0.10297684	0.047362	0.09004249	0.023033	0.04378988
C_5	746.1986	0.00632538	316.6623	0.00268428	11749.36	0.09959702

城市 指标	长 春		哈尔滨		上 海	
	实际值	标准值	实际值	标准值	实际值	标准值
C_6	1. 750474	0. 57127382	6. 043782	0. 1654593	4. 377104	0. 22846157
C_7	0. 001821	0. 21961645	0. 004893	0. 08174523	0. 002714	0. 14737971
C_8	0	0	0	0	9. 57606E – 06	0. 01044271
C_9	90	0. 9	91	0. 91	96	0. 96
C_{10}	37. 95602	0. 37956017	13. 90785	0. 1390785	15. 81493	0. 15814926
C_{11}	87. 50	0. 875	100. 00	1	0. 00	0
C_{12}	50	0. 5	19	0. 19	63	0. 63
C_{13}	88	0. 88	40	0. 4	20	0. 2
C_{14}	93	0. 93	74	0. 74	97	0. 97
C_{15}	75. 08	0. 7508	63. 29	0. 6329	80. 09	0. 8009
C_{16}	77. 5	0. 775	98. 33	0. 9833	86. 94	0. 8694
C_{17}	0. 33	0. 0066	14. 57	0. 2914	0	0
C_{18}	48	0. 68571429	41. 75	0. 59642857	57. 6	0. 82285714
C_{19}	195606	0. 08679343	281285	0. 12481053	2253696	1
C_{20}	188132	0. 1127376	253376	0. 1518349	1668760	1
C_{21}	19. 1	0. 27285714	28	0. 4	21. 9	0. 31285714
C_{22}	9090	0. 01408903	68777	0. 10660076	130402	0. 2021163

附表 6 – 4

城市 指标	南 京		杭 州		合 肥	
	实际值	标准值	实际值	标准值	实际值	标准值
C_1	11. 76833	0. 78455535	14. 82464	0. 66082449	8. 299789	0. 55331926
C_2	1. 589172	0. 45404905	2. 086827	0. 66536239	1. 631353	0. 46610085
C_3	0. 735294	0. 36764706	1. 149425	0. 46296296	0. 413223	0. 20661157
C_4	0. 016427	0. 03122923	0. 040392	0. 08643071	0. 028502	0. 05418573
C_5	2901. 854	0. 02459844	1515. 425	0. 02084981	838. 9529	0. 00711164
C_6	14. 29945	0. 06993275	14. 96709	0. 23754151	9. 270781	0. 10786577
C_7	0. 004395	0. 09102051	0. 003034	0. 10674921	0. 003629	0. 11023754
C_8	0	0	9. 62617E – 05	0. 12216112	3. 34E – 06	0. 02996707
C_9	90	0. 9	97	0. 99	95	0. 95
C_{10}	83. 19	0. 8319	32. 24999	0. 24920312	5. 359084	0. 05359084

城市 指标	南 京		杭 州		合 肥	
	实际值	标准值	实际值	标准值	实际值	标准值
C_{11}	98.72	0.9872	100.00	1	98.67	0.9867
C_{12}	61	0.61	84	0.54	86	0.86
C_{13}	100	1	98	0.61	100	1
C_{14}	85	0.85	93	0.98	99	0.99
C_{15}	55.67	0.5567	70.72	0.85	75.11	0.7511
C_{16}	66.74	0.6674	78.5	0.85	16.67	0.1667
C_{17}	21.42	0.4284	0.39	0	0.92	0.0184
C_{18}	46	0.65714286	55	0.71428571	47.6	0.68
C_{19}	23303	0.0103399	80115	0.0462112	1829	0.00081156
C_{20}	513076	0.30745943	301965	0.36859345	138624	0.08307006
C_{21}	27.7	0.39571429	23	0.43571429	28.2	0.40285714
C_{22}	107263	0.16625206	197744	0.0847651	9844	0.01525769

城市 指标	福 州		南 昌		济 南	
	实际值	标准值	实际值	标准值	实际值	标准值
C_1	12.56966	0.83797716	8.748293	0.58321956	12.09197	0.80613131
C_2	2.940301	0.84008605	2.191902	0.62625779	2.485598	0.71017083
C_3	1.492537	0.74626866	0.952381	0.47619048	0.409836	0.20491803
C_4	0.064993	0.12356067	0.020211	0.03842389	0.525182	0.99844449
C_5	1293.83	0.01096754	1036.682	0.00878775	1979.788	0.01678228
C_6	3.024127	0.3306739	11.15335	0.08965912	2.711833	0.36875423
C_7	0.003035	0.13178706	0.006282	0.06367124	0.003993	0.10017822
C_8	6.70299E-06	0.01491871	0.000431	0.00023197	1.36846E-05	0.00730748
C_9	97	0.97	95	0.95	98	0.98
C_{10}	9.249729	0.09249729	15.53375	0.15533753	85.33708	0.85337084
C_{11}	98.84	0.9884	73.11	0.7311	99.54	0.9954
C_{12}	65	0.65	34	0.34	62	0.62
C_{13}	100	1	100	1	100	1
C_{14}	93	0.93	89	0.89	93	0.93
C_{15}	74	0.74	49.79	0.4979	86.92	0.8692

城市\指标	福　州		南　昌		济　南	
	实际值	标准值	实际值	标准值	实际值	标准值
C_{16}	67. 14	0. 6714	95	0. 95	60. 15	0. 6015
C_{17}	0. 11	0. 0022	0	0	3. 67	0. 0734
C_{18}	50	0. 71428571	48	0. 68571429	55	0. 78571429
C_{19}	326580	0. 14490863	168992	0. 07498438	307568	0. 13647271
C_{20}	249942	0. 14977708	120677	0. 07231537	264448	0. 15846976
C_{21}	20	0. 28571429	23. 5	0. 33571429	36	0. 51428571
C_{22}	6178	0. 00957558	8102	0. 01255768	78826	0. 12217619

附表 6－6

城市\指标	郑　州		武　汉		长　沙	
	实际值	标准值	实际值	标准值	实际值	标准值
C_1	9. 455079	0. 63033857	7. 405725	0. 49371498	10. 06375	0. 67091672
C_2	2. 246696	0. 64191306	2. 378981	0. 67970875	1. 697207	0. 48491622
C_3	0. 369004	0. 18450185	1. 098901	0. 54945055	0. 970874	0. 48543689
C_4	0. 057331	0. 10899393	0. 02558	0. 04863117	0. 028476	0. 05413674
C_5	1850. 508	0. 0156864	2302. 802	0. 0195204	959. 3729	0. 00813242
C_6	8. 336935	0. 11994815	20. 24319	0. 04939932	5. 731825	0. 17446449
C_7	13. 30298	0. 88686506	7. 537875	0. 502525	4. 586107	0. 30574044
C_8	3. 051169	0. 87176246	2. 258232	0. 6452091	2. 121184	0. 60605266
C_9	1. 265823	0. 63291139	0. 833333	0. 41666667	1. 086957	0. 54347826
C_{10}	0. 218143	0. 41471999	0. 021383	0. 04065304	0. 020306	0. 03860498
C_{11}	5536. 464	0. 04693151	266. 3073	0. 00225743	30. 74121	0. 00026059
C_{12}	4. 290417	0. 23307756	54. 93718	0. 01820261	3. 09998	0. 3225827
C_{13}	0. 00359	0. 11141423	0. 02328	0. 01718239	0. 000205	1. 95539119
C_{14}	4. 9273E－05	0. 00202951	0. 019764715	5. 0595E－06	0. 000120755	0. 00082812
C_{15}	92	0. 92	90	0. 9	96	0. 96
C_{16}	43. 73654	0. 43736538	26. 29855	0. 26298553	100	1
C_{17}	100. 00	1	100. 00	1	95. 00	0. 95
C_{18}	58	0. 58	22	0. 22	80	0. 8
C_{19}	92	0. 92	56	0. 56	100	1
C_{20}	93	0. 93	96	0. 96	100	1
C_{21}	0. 008837	0. 04526577	0. 007665	0. 05218806	0. 007803	0. 05126484
C_{22}	1. 36846E－05	0. 00730748	0. 000486194	0. 00020568	0. 008034186	1. 2447E－05

附表 6－7

城市	广 州		南 宁		海 口	
指标	实际值	标准值	实际值	标准值	实际值	标准值
C_1	84	0.84	93	0.93	88	0.88
C_2	18.65295	0.18652954	33.49555	0.33495546	27.8285	0.27828502
C_3	98.60	0.986	100.00	1	70.00	0.7
C_4	55	0.55	22	0.22	50	0.5
C_5	83	0.83	68	0.68	100	1
C_6	65	0.65	80	0.8	86	0.86
C_7	86.2	0.862	80.92	0.8092	14.58	0.1458
C_8	96	0.96	97	0.97	40.67	0.4067
C_9	0.24	0.0048	7.36	0.1472	4.03	0.0806
C_{10}	49.2	0.70285714	49.5	0.70714286	54	0.77142857
C_{11}	45980	0.02040204	67276	0.02985141	41130	0.01825002
C_{12}	275943	0.16535811	330568	0.198092	172120	0.10314245
C_{13}	25	0.35714286	22.2	0.31714286	25	0.35714286
C_{14}	32401	0.05021986	188323	0.29189083	4953	0.00767689
C_{15}	74.12	0.7412	81.05	0.8105	72.33	0.7233
C_{16}	46.21	0.4621	16.27	0.1627	0	0
C_{17}	1.02	0.0204	0.03	0.0006	1.8	0.036
C_{18}	50.8	0.72571429	50	0.71428571	48	0.68571429
C_{19}	98589	0.04374547	9114	0.00404402	1135	0.00050362
C_{20}	737216	0.44177473	142714	0.08552099	40546	0.02429708
C_{21}	23.3	0.33285714	36	0.51428571	39	0.55714286
C_{22}	35221	0.05459071	23358	0.03620368	54	8.3697E－05

附表 6－8

城市	重 庆		成 都		贵 阳	
指标	实际值	标准值	实际值	标准值	实际值	标准值
C_1	6.827506	0.45516706	10.92537	0.72835813	4.558459	0.30389725
C_2	1.643354	0.46952985	1.297012	0.37057498	1.51521	0.4329171
C_3	0.564972	0.28248588	0.344828	0.17241379	0.294118	0.14705882
C_4	0.040226	0.07647572	0.041025	0.07799429	0.016966	0.03225492
C_5	323.4579	0.00274189	1797.032	0.01523309	552.1897	0.0046808
C_6	38.75017	0.02580634	26.77401	0.03734965	12.30989	0.08123549

指标 \ 城市	重庆		成都		贵阳	
	实际值	标准值	实际值	标准值	实际值	标准值
C_7	0.029919	0.01336931	0.0114	0.03508881	0.050923	0.00785502
C_8	0.0861032	1.1614E – 06	0.010138631	9.8633E – 06	0.015726342	6.3588E – 06
C_9	78	0.78	96	0.96	79	0.79
C_{10}	100	1	100	1	100	1
C_{11}	99.70	0.997	100.00	1	81.04	0.8104
C_{12}	22	0.22	42	0.42	17	0.17
C_{13}	49	0.49	69	0.69	43	0.43
C_{14}	73	0.73	94	0.94	46	0.46
C_{15}	7.69	0.0769	61.1	0.611	62.95	0.6295
C_{16}	70.47	0.7047	74.11	0.7411	15.45	0.1545
C_{17}	0.01	0.0002	7.86	0.1572	0	0
C_{18}	45	0.64285714	51.5	0.73571429	49.5	0.70714286
C_{19}	96774	0.04294013	115236	0.05113201	111721	0.04957235
C_{20}	309625	0.18554196	431141	0.2583601	87097	0.05219265
C_{21}	17.5	0.25	31	0.44285714	15	0.21428571
C_{22}	79932	0.12389043	33102	0.05130637	30413	0.04713856

附表 6 – 9

指标 \ 城市	昆明		西安		兰州	
	实际值	标准值	实际值	标准值	实际值	标准值
C_1	7.970029	0.53133525	6.6364077	0.44242718	6.241034	0.41606893
C_2	2.165437	0.61869633	1.7111704	0.48890584	2.175974	0.62170694
C_3	0.578035	0.28901734	0.3745318	0.18726592	0.442478	0.22123894
C_4	0.03046	0.05790932	30.363238	0.05772479	0.021409	0.04070128
C_5	446.2778	0.00378301	1097.7362	0.00930529	385.6411	0.003269
C_6	7.109066	0.14066545	15.9385822	0.16839036	7.162517	0.13961573
C_7	0.010014	0.03994292	0.014681	0.27246558	0.008312	0.04812553
C_8	0.042263744	2.3661E – 06	0.000431	0.02316457	0.000450677	0.00022189
C_9	98	0.98	90	0.9	90	0.9
C_{10}	100	1	7.4347019	0.07434702	6.166463	0.06166463
C_{11}	99.94	0.9994	93.36	0.9336	100.00	1

城市	昆 明		西 安		兰 州	
指标	实际值	标准值	实际值	标准值	实际值	标准值
C_{12}	73	0.73	58	0.58	42	0.42
C_{13}	100	1	98	0.98	33	0.33
C_{14}	40	0.4	86	0.86	91	0.91
C_{15}	55.47	0.5547	70.46	0.7046	62.33	0.6233
C_{16}	24.76	0.2476	15	0.15	15.6	0.156
C_{17}	5.11	0.1022	4.4	0.088	8.17	0.1634
C_{18}	49.8	0.71142857	41.1	0.58714286	50	0.71428571
C_{19}	234910	0.10423322	267357	0.11863046	10618	0.00471137
C_{20}	155602	0.09324409	763592	0.45758048	38986	0.02336226
C_{21}	21	0.3	30.2	0.43142857	15	0.21428571
C_{22}	61056	0.09463362	6762	0.01048075	26391	0.04090467

城市	西 宁		银 川		乌鲁木齐	
指标	实际值	标准值	实际值	标准值	实际值	标准值
C_1	3.929287	0.26195248	4.080499	0.27203325	6.373515	0.42490103
C_2	1.773213	0.50663222	1.100331	0.31438033	2.751701	0.7862002
C_3	0.243902	0.12195122	0.471698	0.23584906	0.204082	0.10204082
C_4	0.014352	0.02728514	0.018656	0.03546792	0.03417	0.06496231
C_5	227.9653	0.00193242	206.0719	0.00174683	403.5499	0.00342081
C_6	10.95339	0.09129596	12.9099	0.07745992	10.31044	0.0969891
C_7	0.022208	0.01801119	0.007578	0.05278781	0.020284	0.01971954
C_8	0.000498133	0.00020075	0.003574	2.798E – 05	0.000785717	0.00012727
C_9	91	0.91	90	0.9	92	0.92
C_{10}	0	0	79.77506	0.79775057	49.52554	0.49525538
C_{11}	76.65	0.7665	44.89	0.4489	97.96	0.9796
C_{12}	24	0.24	87	0.87	64	0.64
C_{13}	92	0.92	100	1	59	0.59
C_{14}	39	0.39	93	0.93	64	0.64
C_{15}	40	0.4	83.85	0.8385	16.19	0.1619

城市\指标	西　宁		银　川		乌鲁木齐	
	实际值	标准值	实际值	标准值	实际值	标准值
C_{16}	0.63	0.0063	0	0	20.77	0.2077
C_{17}	0	0	0.1	0.002	20.23	0.4046
C_{18}	42	0.6	50	0.71428571	39	0.55714286
C_{19}	3521	0.00156232	4518	0.00200471	9119	0.00404624
C_{20}	341298	0.20452192	38560	0.02310698	106316	0.06370958
C_{21}	16	0.22857143	8.3	0.11857143	23.2	0.33142857
C_{22}	44828	0.06948106	3857	0.00597815	28689	0.04446645

附录7 西安市城市生活垃圾
减量化研究调查问卷

各位女士、先生：

  此次问卷调查是为了了解西安市居民对城市生活垃圾处理的态度以及对减少城市生活垃圾排放量、促进垃圾的源削减与回收利用的支付意愿。您的见解和意见对于改善西安市环境、促进西安市可持续发展至关重要。问卷匿名填写，我们将对您的问卷填答内容严格保密。请您认真填写，感谢您的积极参与和支持！

填写说明：

1. 请您单独填写，并依照自己的实际情况和想法客观发表意见。
2. 以下问题，请在您认可的选项前的□内画"√"号，或在横线处填写具体数字或其他您认可的内容。
3. 请务必在填写问卷前阅读背景资料介绍。

第一部分 对生活垃圾减量化的认知与态度

1-1 您认为目前急需改善生活垃圾排放量大的问题吗？

□ 1. 非常急迫 □ 2. 急迫 □ 3. 一般 □ 4. 不急迫

□ 5. 不必改善

1-2 您对所居住区域的生活垃圾处理状况满意吗？

□ 1. 满意 □ 2. 一般 □ 3. 不满意

1-3 您认为减少生活垃圾排放量，主要是谁的责任？

□ 1. 政府　　□ 2. 居民　　□ 3. 政府和居民共同承担

□ 4. 其他_____

1-4 您认为目前西安市垃圾费征收方式合理吗？

□ 1. 很不合理　　□ 2. 不合理　　□ 3. 一般　　□ 4. 合理

□ 5. 很合理

1-5 您是否赞成垃圾处理费用应由垃圾制造者负担？

□ 1. 是　　　　　□ 2. 否

1-6 您是否赞成按垃圾的产生量多少交纳垃圾处理费？

□ 1. 是　　　　　□ 2. 否

1-7 您是否赞成政府实施燃气（如天然气）普及政策？

□ 1. 是　　　　　□ 2. 否

1-8 您是否赞成政府实施净菜进城政策？

□ 1. 是　　　　　□ 2. 否

1-9 您是否赞成政府实施限制一次性餐具使用的政策？

□ 1. 是　　　　　□ 2. 否

1-10 您是否赞成政府实施限用购物包装袋的政策（购物后欲使用塑料袋，需向店家付费）？

□ 1. 是　　　　　□ 2. 否

1-11 您是否赞成对垃圾进行分类收集（将垃圾按类别进行投放，以利于回收利用)？

□ 1. 是　　　　　□ 2. 否

1-12 您是否赞成政府实施经济手段（如回收补贴、押金返还制）促使市民回收资源垃圾？

□ 1. 是　　　　　□ 2. 否

第二部分　对生活垃圾减量化的支付意愿

2-1 目前，西安市生活垃圾的排放量约为 3300 吨/日，如果可以在未来 5 年内使垃圾排放量减少 30%，您是否愿意付一些费用（您所支付的费用将会全部用于减少西安市的垃圾排放量）？

　　□ 1. 愿意　　　　□ 2. 不愿意

　　2 - 2　如果您愿意为减少垃圾排放量而支付一些费用，那么您最多愿意每月花多少元？（在下列数字中圈选出您认为最接近的）

　　□ 0.50 元　□ 1.00 元　□ 1.50 元　□ 2.00 元　□ 2.50 元
　　□ 3.00 元　□ 3.50 元　□ 4.00 元　□ 4.50 元　□ 5.00 元
　　□ 5.50 元　□ 6.00 元　□ 6.50 元　□ 7.00 元　□ 7.50 元
　　□ 8.00 元　□ 8.50 元　□ 9.00 元　□ 9.50 元　□ 10.00 元
　　□ 10.50 元　□ 11.00 元　□ 11.50 元　□ 12.00 元　□ 12.50 元
　　□ 13.00 元　□ 13.50 元　□ 14.00 元　□ 14.50 元　□ 15.00 元
　　□ 15 元及以上，_____元（请填写具体金额）

　　2 - 3　据西安市环卫科研所预测，5 年后西安市生活垃圾排放量可达 6712 吨/日，如果可以在未来 5 年内使垃圾排放量保持在现有水平，不再增加，您是否愿意付一些费用（您所支付的费用将会全部用于保证西安市的垃圾排放量不再增加）？

　　□ 1. 愿意　　　　□ 2. 不愿意

　　2 - 4　如果您愿意为垃圾排放量不再增加而支付一些费用，那么您最多愿意每月花多少元？（在下列数字中圈选出您认为最接近的）

　　□ 0.50 元　□ 1.00 元　□ 1.50 元　□ 2.00 元　□ 2.50 元
　　□ 3.00 元　□ 3.50 元　□ 4.00 元　□ 4.50 元　□ 5.00 元
　　□ 5.50 元　□ 6.00 元　□ 6.50 元　□ 7.00 元　□ 7.50 元
　　□ 8.00 元　□ 8.50 元　□ 9.00 元　□ 9.50 元　□ 10.00 元
　　□ 10.50 元　□ 11.00 元　□ 11.50 元　□ 12.00 元　□ 12.50 元
　　□ 13.00 元　□ 13.50 元　□ 14.00 元　□ 14.50 元　□ 15.00 元
　　□ 15 元及以上，_____元（请填写具体金额）

　　2 - 5　如果您不愿意多付一些费用，请问您的理由是：

　　□ 垃圾污染并不严重，不需要改善。

　　□ 改善垃圾排放量主要是政府的事，与我无关。

　　□ 家庭经济困难，出不起这笔钱。

□ 其他_____

2-6 您认为目前西安市每人每月 3 元的垃圾处理费是高还是低？

□ 1. 偏高　□ 2. 偏低　□ 3. 合适（请回答第三部分问题）

2-7 如果您认为目前垃圾费的征收额度不合适，那么您希望每月承担多少元垃圾处理费？

□ 0.50 元　□ 1.00 元　□ 1.50 元　□ 2.00 元　□ 2.50 元

□ 3.00 元　□ 3.50 元　□ 4.00 元　□ 4.50 元　□ 5.00 元

□ 5.50 元　□ 6.00 元　□ 6.50 元　□ 7.00 元　□ 7.50 元

□ 8.00 元　□ 8.50 元　□ 9.00 元　□ 9.50 元　□ 10.00 元

□ 10.50 元　□ 11.00 元　□ 11.50 元　□ 12.00 元　□ 12.50 元

□ 13.00 元　□ 13.50 元　□ 14.00 元　□ 14.50 元　□ 15.00 元

□ 15 元及以上，_____元（请填写具体金额）

第三部分　个人基本信息

3-1 性别：□ 男　□ 女

3-2 年龄：_____岁

3-3 职业：

□ 1. 农民　□ 2. 工人　□ 3. 服务业　□ 4. 商人　□ 5. 公务员

□ 6. 教师　□ 7. 学生　□ 8. 无业者　□ 9. 家庭主妇

□ 10. 个体经营者　□ 11. 自由职业者　□ 12. 退休者

□ 13. 其他_____

3-4 教育程度：

□ 1. 研究生　□ 2. 大学　□ 3. 大专　□ 4. 高中

□ 5. 中专　□ 6. 初中　□ 7. 小学　□ 8. 未上学

3-5 请问您「个人每月收入」大概多少？_____元

3-6 请问您「全家每月收入」大概多少？_____元

3-7 您的家庭人口数共_____人。

3-8 您在西安已经住了_____年。

3-9　您所居住的行政区域？

☐ 1. 新城区　　☐ 2. 碑林区　　☐ 3. 莲湖区

☐ 4. 雁塔区　　☐ 5. 未央区　　☐ 6. 灞桥区

衷心感谢您的积极配合！

调查员：＿＿＿＿＿

调查时间：＿＿＿年＿＿＿月＿＿＿日

附录 8 西安市生活垃圾减量化研究问卷调查的统计分析结果

附表 8 – 1 教育程度

	频　数	有效百分比	累计百分比
研究生	23	4.1	4.1
大　学	180	31.7	35.8
大　专	116	20.5	56.3
高　中	120	21.2	77.4
中　专	40	7.1	84.5
初　中	68	12.0	96.5
小　学	16	2.8	99.3
未上学缺失值	4	0.7	100.0
总　数	567		

附表 8 – 2 行政区域

		频　数	有效百分比	累计百分比
有效值	新城区	88	15.3	15.3
	碑林区	120	20.9	36.2
	莲湖区	97	16.9	53.1
	雁塔区	100	17.4	70.6
	未央区	81	14.1	84.7
	灞桥区	88	15.3	100.0
	总　数	574	100.0	
缺失值	System	1		
总　数		575		

附表 8-3　主城区的个人每月收入

	总　数	最小值	最大值	均　数	方　差
新城区	78	200.00	7000.00	1588.9744	1079.68561
碑林区	107	150.00	5000.00	1669.6262	1033.37597
莲湖区	75	200.00	10000.00	1745.0133	1640.25398
雁塔区	93	400.00	13000.00	1820.8602	2011.43073
未央区	72	0.00	10000.00	1620.5556	1596.62927
灞桥区	75	100.00	10000.00	976.6667	1239.23727

附表 8-4　主城区的全家每月收入

	总　数	最小值	最大值	均　数	方　差
新城区	74	800.00	15000.00	3429.0541	2242.30811
碑林区	107	350.00	12000.00	3490.1869	1955.01821
莲湖区	73	300.00	14000.00	3832.1918	2856.24766
雁塔区	90	700.00	20000.00	4091.6667	3299.15932
未央区	69	500.00	20000.00	3642.0290	3060.63266
灞桥区	82	200.00	8000.00	1699.5122	1177.55124

附表 8-5　垃圾减量化的急迫性

		频　数	有效百分比	累计百分比
有效值	非常急迫	217	37.8	37.8
	急　迫	247	43.0	80.8
	一　般	92	16.0	96.9
	不急迫	13	2.3	99.1
	不必改善	5	0.9	100.0
	Total	574	100.0	
缺失值	System	1		
总　数		575		

附表 8-6　对所居住区域垃圾处理情况的满意度

		频　数	有效百分比	累计百分比
有效值	满　意	101	17.6	17.6
	一　般	306	53.2	70.8
	不满意	168	29.2	100.0
	总　数	575	100.0	

附表 8 - 7　垃圾减量化的主体

		频　数	有效百分比	累计百分比
有效值	政　府	102	18.1	18.1
	居　民	68	12.0	30.1
	政府和居民共同承担	395	69.9	100.0
	Total	565	100.0	
缺失值	System	10		
总　数		575		

附表 8 - 8　目前垃圾费征收方式的合理性

		频　数	有效百分比	累计百分比
有效值	很不合理	18	3.2	3.2
	不合理	151	26.5	29.7
	一　般	263	46.2	75.9
	合　理	133	23.4	99.3
	很合理	4	0.7	100.0
	Total	569	100.0	
缺失值	System	6		
总　数		575		

参 考 文 献

一、外文文献

［1］Richard Register, *Ecocity Berkeley, Building Cities For a Healthy Future*, North Atlantic Books, 1987.

［2］Schattegger and Sturm, *Okologische Rationalitat: Ansatzpunkte zur Ausgestaltung von Okologieorienttierten Managementinstrumenten*, Die Unternehmung 4, 1990.

［3］Bjrn Stigson, *Eco-efficiency: Creating More Value with Less Impact*, WBCSD, 2000.

［4］World Business Council for Sustainable Development, *Measuring Eco-Efficiency: A Guide to Reporting Company Performance*, WBCSD, 2000.

［5］Helge Brattebo, "Toward a Methods Framework for Eco-efficiency Analysis?" *Journal of Industrial Ecology*, 2005, 9 (4).

［6］Matti Melanen, Jyri Seppala, Tuuli Myllymaa, et al., *Measuring Regional Eco-efficiency: Case Kymenlaakso*, Helsinki: Edita Publishing Ltd, 2004.

［7］Odum H. T., Odum E. C., *Energy Basis of Man and Nature* ［M］. New York: Mc Graw-Hill, 1981.

［8］Karen Palmer, Hilary Sigman, Margaret Walls, *The Cost of Reducing Municipal Solid Waste* ［R］. Washington: Resources for the Future, 1996.

［9］Ruslana Palatnik, Ofira Ayalon, Mordechai Shechter, "Household

Demand for Waste Recycling Services" [J] . *Environmental Management*, 2005, 35 (2).

[10] Randall, A. Hoehn, B. J. Brookshire, D. S. , "Contingent Valuation Surveys for Evaluating Environmental Assets" [J] . *Natural Resources Journal*, 1983, 23 (3).

[11] National Oceanic and Atmospheric Administration, "Report of the NOAA panel on contingent valuation" [J] . *Federal Register*, 1993, 58 (10).

[12] Miranda M. L. , J. W. Everett, D. Blume, et al. , "Market-based Incentives and Residential Municipal Solid Waste" [J] . *Journal of Policy Analysis and Management*, 1994, 13 (4).

[13] Callan, Scott J. , Thomas, et al. , "The Impact of State and Local Policies on the Recycling Effort" [J] . *Eastern Economic Journal*, 1997, 23 (4) .

[14] Craig D. Allen, Melissa Savage, "Ecological Restoration of Southwestern Ponderosa Pine Ecosystems: A Broad Perspective" [J] . *Ecological Applications*, 2002, (5).

[15] Paul A. Keddy, Chris G. Drummond, "Ecological Properties for the Evaluation, Management, and Restoration of Temperate Deciduous Forest Ecosystems" [J] . *Ecological Applications*, 1996, (3).

[16] David Cooper, "Restoring the Vegetation of Mined Peatlands in the Southern Rocky Mountains of Colorado" [J] . *U. S. A. Restoration Ecology*, 2000, (8).

[17] Margaret A. de Gruchy, " Natural Recovery and Restoration Potential of Severely Disturbed Talus Vegetation at Niagara Falls: Assessment Using a Reference System" [J] . *Restoration Ecology*, 2001, (9).

[18] Brian J. Palik, P. Charles Goebel, "Using Llandscape Hierarchies to Guide Restoration of Disturbed Ecosystems" [J] . *Ecological Applications*, 2000, (1).

[19] Daily G. , *Nature's Services: Societal Dependence on Natural*

Ecosystem，Washington DC：Island Press，1997.

［20］Richard W. Dunforda，Thomas C. Ginn，William H. Desvousges，"The Use of Habitat Equivalency Analysis in Natural Resource Damage Assessments"［J］．*Ecological Economics*，2004，48（1）.

［21］Brian Roach，William W. Wade，"Policy Evaluation of Natural Resource Injuries Using Habitat Equivalency Analysis"［J］．*Ecological Economics*，2006，58（1）.

［22］Hansjoerg Griese，Harald Poetter，Kasten Schischke，"Reuse and Lifetime Extention Strategies in the Context of Technology Innovation，Global Markets，and Environmental Legislation"，*IEEE*，2004.

［23］Pierre D. Esrochers，"Cities and Industrial Symbiosis—Some Historical Perspectives and Policy Implications"［J］．*Journal of Industrial Ecology*，2002，5（4）.

［24］D. Bazin，J. Ballet，D. Touahri，"Environmental responsibility versus taxation"［J］．*Ecological Economics*，2004（49）.

［25］J. Marjolijn C. KNnot，Jan C. M. van den Ende，Philip J. Vergragt：Flexibility Strategies for Sustainable Technology Development［J］．*Technovation* 2001（21）.

［26］Tomohiro Tasaki，Atsushi Tazono，Yuichi Moliguchi，"Effective Assessment of Japanese Recycling Law for Electrical Home Appliances：Four years after the full enforcement of the law"，*ISEE*，2005.

［27］Scheaffer，Richard L.，William Mendenhall，et al.，*Elementary Survey Sampling*［M］．2nd ed. North Scituate，MA：Duxbury Press，1979.

二、中文文献

［1］鲍锋、孙虎、延军平：《森林主导生态价值评估及生态补偿初探》，载《水土保持通报》2005年第25卷第6期。

［2］蔡方：《政府绿色采购呼之欲出》，载《中国环境报》2005年7月1日第5版。

［3］蔡平：《陕西生态环境建设问题初探》，载《咸阳师范专科学校学报》2000 年第 15 卷第 16 期。

［4］曹鹏程：《从垃圾中"淘金"：日本全力打造循环经济型社会》，载《人民日报》2006 年 7 月 14 日。

［5］Nick Hanley、Jason F. Shogren、Ben White 著，曹和平等译：《环境经济学教程》，中国税务出版社 2005 年版。

［6］常纪文：《欧盟循环经济立法经验及其对我国的启示》，载《当代法学》2005 年第 1 期。

［7］陈浩：《生态企业与企业生态化机制的建立》，载《管理世界》2003 年第 2 期。

［8］陈德敏：《循环经济的核心内涵是资源循环利用——兼论循环经济概念的科学运用》，载《中国人口·资源与环境》2004 年第 2 期。

［9］陈彬、李红伟：《生态工业园建设是发展循环经济的有效途径》，载《科技情报开发与经济》2005 年第 15 期。

［10］陈克亮：《循环经济在城市生态农业中的应用》，载《生态经济》2005 年第 6 期。

［11］陈德敏：《循环经济发展模式中的企业行为分析》，载《经济问题》2003 年第 9 期。

［12］陈勇：《循环经济理念下我国环境保护立法问题研究》，湖南师范大学硕士学位论文，2005 年 4 月。

［13］陈德敏：《我国资源综合利用的技术政策和法制环境》，载《中国资源综合利用》2002 年第 7 期。

［14］陈源泉、高旺盛：《基于生态经济学理论与方法的生态补偿量化研究》，载《系统工程理论与实践》2007 年第 4 期。

［15］陈东琪：《打破地方保护下的产品市场分割过剩品市场"进入壁垒"的案例和对策》，载《福建论坛》2001 年第 1 期。

［16］成红、张辉：《论循环经济法律调整机制》，载《社会科学》2006 年第 4 期。

［17］储亚玲：《产业集群——陕西"一线两带"建设的有效途径》，载《陕西综合经济》2006 年第 4 期。

［18］崔旭：《德国循环经济的发展经验及其对我国的可借鉴性分析》，载《城市环境与城市生态》2006 年第 3 期。

［19］戴世明：《循环经济的机理分析》，载《南通职业大学学报》2004 年第 3 期。

［20］戴永务、刘燕娜等：《生态工业园区建设的国内外比较研究》，载《福建农林大学学报》2006 年第 9 期。

［21］邓媛雯：《2010：建成国内样板城市》，载《深圳特区报》2006 年 3 月 9 日。

［22］邓南圣、吴峰：《国外生态工业园研究概况》，载《安全与环境学报》2001 年第 4 期。

［23］丁东：《辽宁："3＋1"循环经济模式》，载《环境经济》2005 年第 1 期。

［24］J. A. 迪克逊、L. F. 斯库拉、R. A. 卡朋特等：《环境影响的经济分析》，中国环境科学出版社 2001 年版。

［25］董慧凝：《略论日本循环经济立法对我国环境立法的启示》，载《现代法学》2006 年第 1 期。

［26］董宪军：《生态城市论》，中国社会科学出版社 2001 年版。

［27］段永清：《我国循环经济立法论略》，载《四川师范大学学报（社会科学版）》2006 年 5 月第 33 卷第 3 期。

［28］段宁、孙宁等：《关于推进我国生态工业园区建设的思考和建议》，载《环境保护》2002 年第 2 期。

［29］段宁：《清洁生产在中国》，载《中国环境报》2003 年 2 月 24 日。

［30］段宁：《清洁生产、生态工业和循环经济》，载《环境科学研究》2001 年第 6 期。

［31］范连颖：《日本循环经济的特点及发展现状》，载《现代日本经济》2006 年第 1 期。

［32］范连颖：《中国发展循环经济可借鉴的日本经验》，载《贵州社会科学》2004 年第 5 期。

［33］冯静冬等：《依托循环经济理念建设生态工业城市》，载《内

蒙古科技与经济》2004 年第 8 期。

[34] 冯之浚、郭强、张伟：《循环经济干部读本》，中共党史出版社 2005 年版。

[35] 冯之浚：《循环经济与立法研究》，载《中国软科学》2006 年第 1 期。

[36] 高路：《司法独立对完善我国司法制度的探讨》，载《法学与实践》2006 年第 1 期。

[37]《各大部委缄默"燃油税开征"》，载《东方早报》2005 年 3 月 3 日。

[38] 耿勇、武春友：《国内外生态工业园发展述评》，载《产业与环境》2003 年增刊。

[39] 龚晓宁、钟书华：《生态工业园园区的结构》，载《科技管理研究》2005 年第 9 期。

[40]《关于进一步做好创建国家环境友好企业工作的通知》，环办 [2005] 27 号。

[41] 郭汉丁：《循环经济与企业经营管理绿色变革》，载《中国农业大学学报（社会科学版）》2005 年第 1 期。

[42] 国家发展改革委员会环境和资源综合利用司：《关于德国发展循环经济的考察报告》，载《理论参考》2005 年第 8 期。

[43] 国家发改委环境和资源综合利用司：《关于德国发展循环经济的考察报告》，载《中国经贸导刊》2005 年第 7 期。

[44] 国家发改委经济体制与管理研究所"我国循环经济发展战略研究"课题组：《发达国家发展循环经济的基本经验》，载《宏观经济研究》2005 年第 4 期。

[45] 国家环保总局科技司：《依托循环经济解决复合型问题——借鉴日本的经验发展中国的循环经济》，载《中国环境报》2005 年 7 月 6 日第 3 版。

[46] 国家环境保护总局：《中国环境状况公报》，2005 年。

[47] 国家环境保护总局科技标准司编著：《清洁生产审计培训教材》，中国环境科学出版社 2001 年版。

［48］国家环境保护总局赴日考察团：《从理念到行动：日本建设循环社会的主要做法》，载《环境保护》2005 年第 9 期。

［49］《国务院七部委通报"打击不法排污"专项检查结果　黑吉黔三省因环保问题受批评》，载《法制日报》2006 年 10 月 14 日第 1 版。

［50］《国务院关于加快发展循环经济的若干意见》，国发〔2005〕22 号。

［51］韩建国：《中国西部地区退化草地恢复与重建》，载《林业科学》2000 年第 6 期。

［52］韩良、宋涛等：《典型生态产业园区发展模式及其借鉴》，载《地理科学》2006 年第 2 期。

［53］何发理：《陕西构建循环型农业体系的实践与思考》，载《环境保护》2006 年第 2 期。

［54］何发理：《树立循环经济理念　促进区域环境改善》，陕西省环保局网站，2005 年 4 月 7 日。

［55］何劲：《发展生态企业面临的问题及对策研究》，载《市场经济研究》2003 年第 4 期。

［56］何灵巧：《国外循环经济立法比较分析及对我国的启示》，载《科技与法律》2005 年第 3 期。

［57］何宪存等：《发展循环经济是生态城市建设的根本之策》，载《江南论坛》2004 年第 3 期。

［58］何晓霞：《浅论法制与法治》，载《宜宾学院学报》2002 年第 4 期。

［59］黄朴、王进东：《循环经济发展战略下我国企业面临的问题及对策》，载《经济纵横》2005 年第 5 期。

［60］侯晓龙、马祥庆：《中国城市垃圾的处理现状及利用对策》，载《污染防治技术》2005 年第 6 期。

［61］胡锦涛：《在中央人口资源环境工作座谈会上的讲话》，载《人民日报》2004 年 4 月 5 日第 2 版。

［62］胡建渊等：《生态城市模糊综合评价及其决策支持系统》，载

《现代管理科学》2006 年第 2 期。

　　[63] 胡颜霞：《西安市生态城市的格局、评价与发展对策》，西北大学硕士学位论文，2004 年 5 月。

　　[64]《环境税初露雏形，专家提三种方案》，载《经济参考报》2005 年 12 月 1 日第 2 版。

　　[65] 黄光宇、陈勇：《论城市生态化与生态城市》，载《城市规划》1997 年第 6 期。

　　[66] 黄静：《发展循环经济，促进环境经济健康发展》，载《湖南商学院学报》2005 年第 2 期。

　　[67] 黄少鹏：《影响生态工业园建设的制约性因素分析》，载《技术经济》2006 年第 4 期。

　　[68] 黄海峰：《德国发展循环经济的经验及其对我国的启示》，载《北京工业大学学报（社会科学版)》2005 年第 2 期。

　　[69] 黄敬华：《我国循环经济发展模式研究》，东北师范大学硕士学位论文，2006 年 5 月。

　　[70] 冀大圈：《禹王水泥公司向废物要效益》，载《中国环境报》2005 年 9 月 28 日。

　　[71] 姬会君等：《生态城市——城市发展的必然趋势》，载《平顶山工学院学报》2006 年第 1 期。

　　[72] 贾德昌：《循环经济在中国》，载《中国工程咨询》2005 年第 6 期。

　　[73] 贾庆军：《发达国家循环经济法的构建及对我国的启示》，载《西北第二民族学院学报》2004 年第 4 期。

　　[74] 蒋和平、何忠伟：《生态旅游农业开发模式的研究——珠海生态农业科技园区开发实证分析》，载《古今农业》2004 年第 3 期。

　　[75] 蒋雪梅：《对推进贵阳市建设循环经济型生态城市的思考》，载《贵州工业大学学报（社会科学版)》2004 年第 1 期。

　　[76] 金建君、王志石：《澳门改善固体废弃物管理的总经济价值评估》，载《中国人口·资源与环境》2005 年第 15 卷第 6 期。

　　[77] 晋海：《日本循环经济立法及其对我国的启示》，载《科技进

步与对策》2006 年第 3 期。

［78］蓝盛芳等：《生态经济系统能值分析》，化学工业出版社 2002 年版。

［79］蓝庆新：《来自丹麦卡伦堡循环经济工业园的启示》，载《环境经济杂志》2006 年第 4 期。

［80］蓝庆新：《日本发展循环经济的成功经验及对我国的启示》，载《东北亚论坛》2006 年第 1 期。

［81］李建明：《走生态型企业之路》，载《企业管理》2004 年第 12 期。

［82］李芳：《生态企业——现代企业的必由之路》，载《北方经贸》2002 年第 12 期。

［83］李爱年、同利平：《可持续发展与奖励资源综合利用制度》，载《湖南师范大学社会科学学报》1998 年第 4 期。

［84］李菲：《山东模式破解循环经济难题》，载《新华每日电讯》2006 年 4 月 19 日第 3 版。

［85］李庆生：《牡丹江探索循环经济发展模式》，载《中国环境报》2005 年 5 月 12 日。

［86］李翔、许兆义等：《生态工业园区建设理论探讨》，载《中国安全科学学报》2004 年第 12 期。

［87］李科林、杨志等：《长株潭经济一体化进程中的生态工业园建设》，载《中南林学院学报》2005 年第 2 期。

［88］李舒瑜：《2010 年建成循环经济基础设施体系》，载《深圳特区报》2006 年 5 月 16 日第 7 版。

［89］李文华、李芬、李世东等：《森林生态效益补偿的研究现状与展望》，载《自然资源学报》2006 年第 21 卷第 5 期。

［90］李远：《美国日本产业政策：比较分析与启示》，载《经济经纬》2006 年第 1 期。

［91］李振京：《发展循环经济需遵循四大原则》，载《中国西部科技》2005 年第 20 期，第 1 页。

［92］李炳武、王良健：《长沙市发展循环经济的战略设计》，载

《企业改革与管理》2006 年第 3 期。

[93] 李莹：《意愿调查价值评估法的问卷设计技术》，载《环境保护科学》2001 年第 27 卷第 12 期。

[94] 李振福：《城市化水平综合测度模型研究》，载《北方交通大学学报（社会科学版）》2003 年第 2 期。

[95] 李海峰、李江华：《日本在循环社会和生态城市建设上的实践》，载《自然资源学报》2003 年第 2 期。

[96] 李晓磊：《城市水环境治理的经济学问题及国外水环境治理的经验》，载《经济师》2006 年第 9 期。

[97] 李静云：《循环经济立法必要性及其立法模式和原则探讨》，载《2005 年中国法学会环境资源法学研究会年会论文集》。

[98] 李东华：《国外发展循环经济做法》，载《今日浙江》2005 年第 4 期。

[99] 李振京：《我国循环经济的发展现状与战略选择》，载《环境经济杂志》2006 年 4 月总第 28 期。

[100] 梁洪：《创建生态工业园走可持续发展之路—— 来自广西贵糖（集团）股份有限公司的报告》，载《沿海环境》2001 年第 9 期。

[101] 林建华：《倡导绿色消费构建节约型社会》，载《发展研究》2006 年第 1 期。

[102] 刘永涛：《农业产业化的经营模式探索》，载《当代经理人》2006 年第 9 期。

[103] 刘文强、周宏春：《国外发展循环经济的做法与启示》，载《经济研究参考》2006 年第 46 期。

[104] 刘铁军：《汉江上中游遭遇水污染威胁防污治污亟待提速》，载《中国水利报》2005 年 9 月 14 日第 4 版。

[105] 刘超：《用循环经济理念建设生态型城镇——以杨凌农业高新技术产业示范区为例》，载《农业现代化研究》，2005 年第 26 卷第 6 期。

[106] 刘向华、马忠玉、刘子刚：《我国生态服务价值评估方法的述评》，载《理论月刊》2005 年第 7 期。

［107］刘炳路：《中国环保资金困局：执法成本高于违法成本》，载《新京报》2005 年 3 月 6 日。

［108］刘斌等：《循环经济理论在生态城市建设中的运用》，载《科技创业》2005 年第 11 期。

［109］刘玉梅：《从耗散结构理论的视角论生态城市的建设》，载《内蒙古科技与经济》2005 年第 1 期。

［110］刘德玉、王志：《鲁北集团：打造园区循环经济模式》，载《今日新疆》2006 年第 1 期。

［111］刘雪娟：《关于生态工业园的几点思考》，载《科技管理》2003 年第 6 期。

［112］刘庆斌：《我国企业循环经济的实践及发展对策》，载《科技与管理》2005 年第 5 期。

［113］刘黎辉：《发展循环经济：中国企业应有的对策》，载《中国科技信息》2005 年第 15 期。

［114］刘春雁：《发展循环经济是钢铁企业的必由之路》，载《包钢科技》2006 年第 1 期。

［115］柳海鹰：《生态城市研究进展》，载《四川环境》2005 年第 2 期。

［116］卢福财：《促进中部崛起的六大战略重点》，载《光明日报》2005 年 4 月 20 日。

［117］卢兵友、赵景柱：《生态产业园区：可持续发展的一种理想模式》，载《环境科学》2001 年第 2 期。

［118］鲁成秀：《生态工业园区规划建设理论与方法研究》，东北师范大学硕士学位论文，2003 年 5 月。

［119］鲁成秀、尚金城：《生态工业园规划建设的理论与方法初探》，载《经济地理》2004 年第 5 期。

［120］陆玲：《略论企业生态学原理》，载《世界科学》1996 年第 3 期。

［121］罗吉文：《生态文明建设与生态工业园初探》，载《现代管理科学》2005 年第 10 期。

[122] 罗宏、孟伟、冉圣宏编著：《生态工业园区——理论与实证》，化学工业出版社 2004 年版。

[123] 吕惠兰：《我国循环经济法制建设存在的问题及其对策》，载《法制与经济》2006 年第 4 期。

[124] 吕忠梅：《论环境纠纷的司法救济》，载《华中科技大学学报（社会科学版）》2004 年第 4 期。

[125] 马凯：《发展循环经济，建设资源节约型和环境友好型社会》，载《求是》2005 年第 16 期。

[126] 马凯：《以科学发展观为指导大力推进循环经济发展》，载《中国资源综合利用》2004 年第 10 期。

[127] 马瑞婧：《推行绿色消费的障碍及其对策》，载《商业时代》2006 年第 12 期。

[128] 马交国等：《生态城市理论研究综述》，载《兰州大学学报（社科版）》2004 年第 5 期。

[129] 马交国等：《国外生态城市建设经验及其对中国的启示》，载《世界地理研究》2005 年第 1 期。

[130] 马冰：《生态工业园区建设中的政府角色定位》，载《特区经济》2005 年第 8 期。

[131] 马强：《建设节约型社会政府应先行》，载《山东行政学院山东省经济管理干部学院学报》2006 年第 2 期。

[132] 马俊杰、程金香等：《生态工业园区建设中的耦合问题及其实施途径研究》，载《地球科学进展》2004 年 6 月增刊。

[133] 马荣：《德国循环经济的发展概况》，载《中国环保产业》2005 年第 5 期。

[134] ［美］保罗·R. 伯特尼、罗伯特·N. 史蒂文斯：《环境保护的公共政策》（第 2 版），上海人民出版社 2004 年版。

[135] 《美国实行循环经济的成功经验》，载《决策与信息》2005 年第 11 期。

[136] 孟赤兵：《胡锦涛论循环经济》，载《循环经济要览》，航空工业出版社 2005 年版。

[137] 聂永丰：《三废处理工程技术手册：固体废物卷》，化学工业出版社 2000 年版。

[138] 宁立志：《我国循环经济法律的建构和完善》，载《人民日报》2006 年 11 月 10 日第 15 版。

[139] 牛桂敏：《城市生态回归与循环经济体系的构建》，载《南方论业》2005 年第 4 期。

[140] 牛桂敏：《城市循环经济发展模式》，载《城市环境与城市生态》2006 年第 2 期。

[141] 欧阳中海、叶雪均：《论在矿区进行生态工业园建设》，载《广州化工》2006 年第 2 期。

[142] 潘岳：《绿色 GDP：如何挣脱现实的"枷锁"》，载《人民日报》2004 年 4 月 15 日。

[143] 齐建国：《中国循环经济发展的若干理论与实践探索》，载《学习与探索》2005 年第 2 期。

[144] 邱德胜、钟书华：《生态工业园区理论研究述评》，载《科技管理研究》2005 年第 2 期。

[145] 谯薇、蒋斌：《主要发达国家发展循环经济的经验及对我国的启示》，载《东北财经大学学报》2006 年第 2 期。

[146] 任润厚：《发展循环经济建设能化集团》，载《经济问题》2005 年第 10 期。

[147] 任勇等：《我国循环经济的发展模式》，载《中国人口·资源与环境》2005 年第 5 期。

[148] 任勇等：《我国发展循环经济的政策与法律体系探讨》，载《中国人口·资源与环境》2005 年第 5 期。

[149]《日本发展循环经济型社会的经验——Ⅰ 完备立法与制定经济优惠政策》，载《中国生态农业学报》2006 年第 1 期。

[150]《日本发展循环经济型社会的经验——Ⅲ 强化政府职责与加强科技研究》，载《中国生态农业学报》2006 年第 1 期。

[151]《生态工业园区如何搭台唱戏——日本生态工业园区的发展现状和管理模式》，载《中国环境报》2005 年 6 月 22 日。

[152] 尚杰：《黑龙江省发展循环经济的战略构想》，载《学习与探索》2005年第2期。

[153] 尚正永等：《兰州生态城市建设现状定量评价》，载《城市问题》2004年第1期。

[154] 石芝玲、侯晓珉、包景岭、郝国英：《清洁生产缺乏动力原因分析》，载《城市环境与城市生态》2004年第5期。

[155] 石磊、钱易：《清洁生产的回顾与展望——世界及中国推行清洁生产的进程》，载《中国人口·资源与环境》2002年第2期。

[156] 沈大维：《企业生态系统研究生态位理论与企业竞争策略》，山西大学硕士学位论文，2006年8月。

[157]《税制改革要体现环保要求》，载《经济日报》2005年9月2日第5版。

[158] 宋君广、党勇、王香芬：《如何提高企业工艺技术水平的探讨》，载《新技术新工艺》2006年第6期。

[159] 宋永昌等：《生态城市的指标体系与评价方法》，载《城市环境与城市生态》1999年第5期。

[160] 宋晓岚、詹益兴：《绿色化工技术与产品开发》，化学工业出版社2005年版。

[161] 宋菊芳等：《武汉城市生态化程度评价》，载《武汉大学学报（工学版）》2006年第3期。

[162] 苏杨：《中国特色循环经济面面观》，载《中国化工报》2006年8月21日第5版。

[163] 孙国强：《循环经济的新范式——循环经济生态城市的理论和实践》，清华大学出版社2005年版。

[164] 孙育玮：《"法制"与"法治"概念再分析》，载《求是学刊》1998年第4期。

[165] 孙秀艳等：《国家环保总局负责人指出违法排污根在行政不作为》，载《人民日报》2006年9月15日第5版。

[166] 孙平：《南京市固体废弃物循环利用规划研究》，载《生态经济》2006年第5期。

［167］孙国强：《发展循环经济是贵州经济发展的必由之路》，载《财经界》2005 年第 9 期，第 78～79 页。

［168］孙邦国：《我国发展循环经济存在的问题及对策措施》，载《华东经济管理》2006 年第 7 期。

［169］汤天滋等：《生态城市建设必须坚持的几个原则问题》，载《城市发展研究》2006 年第 4 期，第 87～92 页。

［170］汤天滋：《主要发达国家发展循环经济经验述评》，载《财经问题研究》2005 年第 2 期。

［171］唐荣智、钱水娟、王珍：《论循环经济法的若干基本问题》，载《北京政法职业学院学报》2006 年第 1 期。

［172］陶飞：《沈阳市建设生态城市的指标及对策研究》，载《环境保护科学》2004 年第 6 期。

［173］滕藤：《推进生态省建设和循环经济实践》，载《循环经济要览》，航空工业出版社 2005 年版，第 178 页。

［174］田龙：《基于能值分析的工业园区生态效率评价研究》，大连理工大学硕士毕业论文，2005 年 7 月。

［175］汪上：《中小企业发展循环经济的动力机制研究》，载《技术经济》2006 年第 2 期。

［176］汪毅、陆雍森：《论生态产业链的柔性》，载《生态学杂志》2004 年第 6 期。

［177］汪士果：《循环经济与生态城市建设：理念与实践》，载《城市发展研究》2006 年第 3 期。

［178］汪天雄：《生态城市的规划原则探讨》，载《中国建设信息》2006 年第 15 期。

［179］王羚：《中国环保业为何难长大》，载《环球财经》2005 年第 4 期。

［180］王玉庆：《发展循环经济要解决机制问题》，载《中国环境报》2006 年 1 月 6 日第 3 版。

［181］王兆华、尹建华：《循环经济理论的国际实践及启示》，载《改革》2005 年第 3 期。

［182］王文臣：《从国际比较看中国发展循环经济的机制建构与路径选择》，载《生产力研究》2005 年第 8 期。

［183］王辉：《不同行为主体在发展循环经济中的努力途径》，载《环境保护》2005 年第 1 期。

［184］王志彬：《建设可持续发展的中国生态城市》，载《中国勘察设计》2002 年第 11 期。

［185］王祥荣：《生态建设论——中外城市生态建设比较分析》，东南大学出版社 2004 年版。

［186］王波、李成：《试谈生态工业园》，载《工业建筑》2002 年第 7 期。

［187］王瑞贤：《我国长沙黄兴国家生态工业园区规划设计的研究》，东北师范大学博士学位论文，2005 年 3 月。

［188］王兆华等：《生态工业园我国工业可持续发展的战略抉择》，载《科技进步与对策》2002 年第 10 期。

［189］王信：《循环经济理论在创建生态城市中的重要意义》，载《商业时代》2006 年第 14 期。

［190］王国良：《循环经济与立法构建》，载《企业经济》2005 年第 4 期。

［191］王建新：《循环经济的环境法治研究》，东北林业大学硕士学位论文，2005 年 6 月。

［192］王丹：《"地方保护主义"问题分析及对策》，载《沈阳大学学报》2005 年第 1 期。

［193］王圣宏：《论循环经济发展的技术支撑》，载《学术交流》2006 年第 4 期。

［194］王桂芳：《生态企业的构架与考核指标的探讨》，载《环境保护科学》2004 年第 6 期。

［195］王冰冰、于传利、宫国靖：《循环经济——企业运行与管理》，企业管理出版社 2005 年版，第 43 页。

［196］王欧：《退牧还草地区生态补偿机制研究》，载《中国人口·资源与环境》2006 年第 16 卷第 4 期。

［197］王慧、耿宏强：《陕西调整空间结构综合评价分析》，载《统计与决策》2005 年第 14 期。

［198］王青：《对日本建立循环型社会的一点思考》，载《日本问题研究》2004 年第 1 期。

［199］王爱兰：《世界发达国家推进循环经济发展的战略举措》，载《决策与信息》2005 年第 10 期。

［200］《温州：每年 500 万元支持节能研发》，载《温州日报》2006 年 5 月 22 日第 1 版。

［201］文娱、钟书华：《美国生态工业园区建设的特点与发展趋势》，载《科技管理研究》2006 年第 1 期。

［202］文娱、钟书华：《日本生态工业园区建设的特点与发展趋势》，载《科技管理研究》2006 年第 1 期。

［203］吴义丽：《四川省县级妇幼卫生工作评价指标体系研究》，四川大学出版社 2005 年版。

［204］吴松毅：《中国生态工业园区研究》，南京农业大学博士学位论文，2005 年 6 月。

［205］吴贵生：《发达国家发展循环经济的实践及对中国的启示》，载《技术经济》2006 年第 1 期。

［206］吴海燕：《推进我国循环经济发展进程的政策体系研究》，载《经济与管理研究》2004 年第 5 期。

［207］武春友、邓华等：《产业生态系统稳定性研究述评》，载《中国人口·资源与环境》2005 年第 5 期。

［208］武丽丽：《法制与法治》，载《伊梨论坛》2000 年第 1 期。

［209］武永巨：《经济体制转轨时期地方保护主义问题与对策探析》，载《江西金融职工大学学报》2006 年第 3 期。

［210］奚旦立：《清洁生产与循环经济》，化学工业出版社 2005 年版。

［211］夏晶等：《生态城市动态指标体系的构建与分析》，载《环境保护科学》2003 年第 2 期。

［212］西安市环境卫生科学研究所：《环卫信息》2006 年第 2 期。

［213］肖玉、谢高地、安凯：《莽措湖流域生态系统服务功能经济

价值变化研究》，载《应用生态学报》2003 年第 14 卷第 5 期。

［214］谢钰敏：《循环经济与企业生态管理研究》，载《华东经济管理》2005 年第 1 期。

［215］谢旭人：《发展循环经济，实施可持续发展》，载《节能与环保》2003 年第 3 期。

［216］解振华：《关于循环经济理论与政策的几点思考》，载《中国环境报》2003 年 11 月 15 日。

［217］刑振纲：《天津市发展循环经济的战略思考》，载《环经保护》2005 年第 1 期。

［218］熊文强、张洁等：《生态工业园区建设思考》，载《重庆大学学报（社会科学版)》2005 年第 6 期。

［219］徐琳瑜、杨志峰、帅磊等：《基于生态服务功能价值的水库工程生态补偿研究》，载《中国人口·资源与环境》2006 年第 16 卷第 4 期。

［220］徐兵等：《广西生态城市建设的评价指标体系初探》，载《规划师》2006 年第 6 期。

［221］徐宁等：《武汉市加快推进都市工业园建设》，载《湖北日报》2005 年 3 月 30 日。

［222］徐达华：《积极推进"三个创新"、大力发展循环经济》，载《领导科学》2005 年第 22 期。

［223］徐辉：《论可持续消费理论及我国政府的对策》，载《消费经济》2003 年第 2 期。

［224］许彬：《公共经济学导论》，黑龙江人民出版社 2003 年版。

［225］许桂兰、王秀明：《山西循环经济发展现状及对策分析》，载《经济师》2006 年第 2 期。

［226］《循环经济在国外》，载《江苏经济报》2004 年 4 月 3 日。

［227］薛德升、闫小培：《生态工业园：理论基础、发展阶段与竞争优势》，载《城市规划》2006 年第 8 期。

［228］杨永芳、胡良民：《我国企业生态化建设的问题及其发展思路》，载《辽宁师范大学学报（自然科学版)》2005 年第 4 期。

［229］杨同宇：《发展循环经济需要建设循环型社会》，载《生态经济》2005 年第 9 期。

［230］杨咏：《生态工业园区述评》，载《经济地理》2000 年第 4 期。

［231］杨如松、李怡靖：《企业战略层面推行循环经济的探讨》，载《经济理论研究》2006 年第 9 期。

［232］杨松茂、张鸿：《建设陕西生态省的循环经济发展研究》，载《水土保持通报》2005 年第 3 期。

［233］杨靖：《天津市发展循环经济的科技需求》，河北工业大学硕士学位论文，2005 年 7 月。

［234］杨斌：《软科学大辞典》，中国社会科学出版社 1991 年版。

［235］杨春平：《试论我国循环经济的发展》，载《宏观经济管理》2005 年第 5 期。

［236］杨先明、黄宁：《环境库兹涅茨曲线与增长方式转型》，载《云南大学学报（社会科学版)》2004 年第 6 期。

［237］易成栋、罗志军：《中国生态工业园初探》，载《中国人口·资源与环境》2002 年第 3 期。

［238］袁婷：《从国外经验看我国城市固体废弃物的循环利用》，载《山东工商学院学报》2006 年第 1 期。

［239］袁增伟、毕军：《苏州工业园区生态工业园建设构想及效益预分析》，载《地域研究与开发》2005 年第 5 期。

［240］尤太生：《农业可持续发展的必由之路——农业信息化》，载《河南职技师院学报》2000 年第 3 期。

［241］余建辉：《福建生态省建设对策的思考》，载《福建论坛·人文社会科学版》2005 年第 7 期。

［242］余晓私：《日本企业的环境经营》，载《环境保护》2003 年第 9 期。

［243］章轲：《环保总局：高能耗高污染项目盲目扩张势头强劲》，载《第一财经日报》2006 年 10 月 13 日。

［244］《中国统计年鉴 2004》。

［245］中华人民共和国国务院令第 369 号，2003 年。

[246]《重大水污染事件多发的背后：企业无赖，环保无奈》，载《中国青年报》2006 年 1 月 16 日第 6 版。

[247] 中国环境与发展国际合作委员会循环经济战略课题组：《走循环经济之路：中国别无选择》，载《经济参考报》2004 年 12 月 15 日。

[248] 赵成瑜：《"消费与环境"年中看循环经济》，载《消费经济》2006 年第 3 期。

[249] 赵鹏高：《全国资源综合利用工作会议记述》，载《粉煤灰综合利用》1997 年第 1 期。

[250] 张雪：《论我国循环经济立法体系的构建》，载《2005 年中国法学会环境资源法学研究会年会论文集》，http：//www. riel. whu. edu. cn/show. asp？ ID=3498。

[251] 张越：《城市生活垃圾减量化管理经济学》，化学工业出版社 2004 年版。

[252] 张丽利：《浅议我国目前的环境执法现状及对策》，载《环境科学与技术》2006 年第 29 卷增刊。

[253] 张春杰：《哈市出台企业落户松北新政策，进生态工业园买房优惠》，载《新晚报》2006 年 5 月 31 日第 3 版。

[254] 张云：《城市化与生态化视角的生态城市建设机理研究——以北京为例》，首都师范大学硕士学位论文，2004 年 5 月。

[255] 张庆彩：《论我国生态城市建设的思路、原则与对策》，载《合肥工业大学（社会科学版）》2003 年第 1 期。

[256] 张庆普：《生态企业探讨》，载《学习与探索》1998 年第 6 期。

[257] 张燚等：《生态公司论》，载《科技管理研究》2005 年第 6 期。

[258] 张思锋、周华：《循环经济发展阶段与政府循环经济政策》，载《西安交通大学学报（社会科学版）》2004 年第 3 期。

[259] 张成考：《基于生态学理论的生态工业园系统模型研究》，载《工业技术经济》2006 年第 3 期。

[260] 张思锋、刘建伟：《西安市循环经济发展战略及其推进机制研究》，载《科学·经济·社会》2006 年第 2 期。

[261] 张庆普、胡运权：《我国建立完善型生态企业的主要对策及措施探讨》，载《哈尔滨工业大学学报（社会科学版）》2000 年第 4 期。

[262] 张玉川：《论发展循环经济的若干法律问题》，吉林大学硕士学位论文，2006 年 4 月。

[263] 郑文彬：《节能技术应用实践的回顾与展望》，载《华东电力》2005 年第 6 期。

[264]《职场竞争渐平缓，环保人才需求增长快》，载《文汇报》2005 年 6 月 17 日第 5 版。

[265] 中国循环经济网。

[266]《中国统计年鉴 2005》。

[267] 中国企业联合会研究部：《大力发展循环经济走生态型企业之路》，载《现代企业》2005 年第 6 期。

[268] 中关村国际环保产业促进中心：《循环经济国际趋势与中国实践》，人民出版社 2005 年版。

[269] 钟丽锦：《可持续发展的"零排放"生态城市模式初探》，载《环境污染治理技术与设备》2002 年第 5 期。

[270] 周国梅：《中外循环经济比较研究》，载《国外城市规划》2005 年第 6 期。

[271] 周志家：《生态城市中社会生态的分析框架》，载《厦门大学学报（自然科学版）》2004 年第 43 卷增刊。

[272] 周长益、冯良：《日本发展循环经济及建设循环型社会的基本情况》，载《节能与环保》2004 年第 4 期。

[273] 周一虹：《生态效率指标：环境业绩指标和财务业绩指标结合方法探讨》，载《兰州商学院学报》2005 年第 3 期。

[274] 朱志红：《生态城市建设中循环经济理论与实践的探讨》，载《齐齐哈尔人学学报（哲学社会科学版）》2006 年第 1 期。

[275] 朱秋云：《世界上第一个包装废弃物回收利用系统——绿点——德国回收利用系统股份公司（DSD）》，载《再生资源研究》

1999 年第 4 期。

[276] 诸大建、黄晓芬：《循环经济的对象—主体—政策模型研究》，载《南开学报（哲学社会科学版）》2005 年第 4 期。

[277] 诸大建、朱远：《循环经济：三个方面的深化研究》，载《社会科学》2006 年第 4 期。

[278] 诸大建：《可持续发展呼唤循环经济》，载《科技导报》1998 年第 9 期。

[279] 诸大建、钱斌华：《循环经济的 C 模式及保障体系研究》，载《铜业工程》2006 年第 1 期。

[280] 左铁镛：《发展循环经济构建资源循环型社会》，载《中国城市经济》2005 年第 5 期。

[281] 日照市环境保护局网站：《日照市环保局关于日照市发展循环经济工作情况的报告》，http：//www. rzhb. gov. cn/news2/list. asp？id = 2214，2005 年 1 月 28 日。

[282] http：//www. zhb. gov. cn/tech/qjsc/gjhzxm/200607/t20006072791411. htm，《国际清洁生产进展》，2004 年 4 月 8 日。

[283] 国家环保总局：《2005 年中国环境状况公报》，http：//www. sepa. gov. cn/。

[284] 金羊网：http：//www. ycwb. com/gb/content/2002-10/29/content_442953. htm，《工业园零地价：湛江官渡生态工业园吸引投资者》。

[285] 生态工业网：http：//www. xaddy. com/index72. asp。

[286] http：//www. danfeng. gov. cn/info_show. asp？id = 154，《商洛生态工业园优惠政策》。

[287] 江苏盐城政府网：http：//www. zg0515. com。

[288] 广州经贸网：《我国全面推行城市生活垃圾收费制》，http：//www. gzii. gov. cn 2002 年 6 月 26 日。

[289] http：//www. xa. gov. cn/cenweb/xagov/xazl/xazonglan. jsp？flag = 3，西安市政府门户网站，西安人口 [EB/OL]。

[290] http：//www. tingyuan. com. cn/xxlr1. asp？ID = 428，平原：《草地退化现状及其恢复方法》，2006 年 9 月 26 日。

［291］http：//www. gov. cn/test/2005-07/28/content＿17792. htm，于卫亚：《生态环境》，2005 年 7 月 28 日。

［292］http：//soci. hust. edu. cn/daobao-ziliao/daobao2-7. htm，李喜梅：《实物换保障：我国农村社会保障的理性选择》。

［293］http：//www. cng. com. cn/bbs/printpage. asp? BoardID ＝9&ID＝15386，陈越光：《再造中国"大西线"的梦想与困惑》，2005年 5 月 22 日。

［294］http：//www. yunfu. gov. cn/govmach/lyj/2118-14323. html，《2004 年六大林业重点工程统计公报》，2005 年 7 月 21 日。

［295］中华人民共和国国家统计局：《环境统计数据 2005 ［DB/OL]》。http：//www. stats. gov. cn/tjsj/qtsj/hjtjzl/hjtjsj2005/。

［296］陕西省省政府研究室：《陕西发展循环经济的现状、问题及政策建议》，www. sare. com. cn/sxnw/ncjj. asp? pages ＝2&bs，2006 年10 月 6 日。

［297］http：//news. shaanxi. gov. cn/shownews. asp? id ＝ 28760，《陕西日报》2004 年 2 月 6 日

［298］《三大因素制约陕西经济发展》，http：//post. baidu. com/f?kz ＝2047424，2006 年 10 月 3 日。

［299］http：//www. sei. sn. cn/ShowArticle. asp? ArticleID ＝ 79962，陕西省信息中心：《陕西省经济增长质量的评价和分析》。

［300］《西部经济发展变化与陕西经济增长模式分析》，http://61.133. 107. 180/news/FinanceNews/roll/20050711/114789322t. shtml，2005年 7 月 12 日。

后　记

承担本书写作任务的是张思锋（绪论）、樊晓燕（第12章）、刘建伟（第5章）、常琳（第3章，第9章）、董继红（第7章，第10章）、李灿（第2章，第8章）、余平（第11章）、郭丹（第1章）、马伟（第4章第4节第2目、第5节）、石晶（第4章第3节第1目，第6章第7、8节）、郭娇娜（第3章第3节第2、3目，第6章第5、6节）、马力佳（第2章第1节、第2节第1、2目，第6章第3、4节）、王立剑（第4章第4节第1、2目，第6章第1、2节）、张靖（第4章第1节）、吕晨红（第4章第3节第2、3目）、常格非（第4章第2节）

张思锋设计了全书的总体思路、研究内容和研究方法，会同承担具体写作任务的同志对第8、9、10、11章进行了逐句修改，对全书进行了审查定稿。樊晓燕具体负责了全书著述过程的组织工作；雍岚、张文学、封铁英分别主持了载体篇、推进篇、案例篇第三稿的讨论和修改；刘建伟、常琳、董继红组织了前期的文献和初稿写作工作。常琳、董继红、李灿、吕静、余平、郭丹、权希全程参与了文献检索、中英文资料汇编、实地调研、问卷调查等工作。吕静提供了第六章的初稿，权希提供了绪论的初稿；孙博、张冬敏、吕晨红、杜元北、常格非参加了第三稿的讨论和修改；唐远志对第8、9、10、11章的模型推导和数据测算进行了验证；刘佳、郭丹、权希、刘庆对书稿的格式、文字进行了校订和编辑。

陕西省环保局何发理局长、陕西省循环经济研究会孙宁生秘书长、陕西省环境管理体系咨询中心李敬喜主任、韩城市环保局段局长和他们的同事们，为我们提供了实地调研、数据采集、资料收集等所必需的基本条件。在此我们表示衷心的感谢。

责任编辑:陈　登　沈宪贞

图书在版编目(CIP)数据

循环经济:建设模式与推进机制/张思锋等 著.
-北京:人民出版社,2007.10
ISBN 978－7－01－006570－0

Ⅰ. 循… Ⅱ. 张… Ⅲ. 自然资源-资源利用-研究-中国
Ⅳ. F124.5

中国版本图书馆 CIP 数据核字(2007)第 154788 号

循环经济:建设模式与推进机制

XUNHUAN JINGJI:JIANSHE MOSHI YU TUIJIN JIZHI

张思锋　樊晓燕　雍　岚等　著

人 民 出 版 社 出版发行
(100706　北京朝阳门内大街166号)

北京新魏印刷厂印刷　　新华书店经销

2007 年 10 月第 1 版　2007 年 10 月北京第 1 次印刷
开本:710 毫米×1000 毫米 1/16　印张:21.5
字数:320 千字　印数:0,001－3,000 册

ISBN 978－7－01－006570－0　定价:42.00 元

邮购地址 100706　北京朝阳门内大街 166 号
人民东方图书销售中心　电话 (010)65250042　65289539